**权威·前沿·原创**

皮书系列为
"十二五""十三五""十四五"时期国家重点出版物出版专项规划项目

**BLUE BOOK**

智库成果出版与传播平台

双创蓝皮书
BLUE BOOK OF INNOVATION AND ENTREPRENEURSHIP

# 中国双创发展报告（2022~2023）

ANNUAL REPORT ON THE DEVELOPMENT OF CHINA'S INNOVATION AND ENTREPRENEURSHIP (2022-2023)

主　　编 / 王京生
执行主编 / 陶一桃
副 主 编 / 李　凡

社会科学文献出版社
SOCIAL SCIENCES ACADEMIC PRESS (CHINA)

图书在版编目(CIP)数据

中国双创发展报告.2022-2023/王京生主编;陶一桃执行主编;李凡副主编.--北京:社会科学文献出版社,2023.12
(双创蓝皮书)
ISBN 978-7-5228-2355-3

Ⅰ.①中… Ⅱ.①王… ②陶… ③李… Ⅲ.①创业-研究报告-中国-2022-2023 Ⅳ.①F249.214

中国国家版本馆CIP数据核字(2023)第153135号

## 双创蓝皮书
## 中国双创发展报告(2022~2023)

| 主　　编 / 王京生 |
| 执行主编 / 陶一桃 |
| 副 主 编 / 李　凡 |

| 出 版 人 / 冀祥德 |
| 组稿编辑 / 周　丽 |
| 责任编辑 / 王玉山　李艳芳 |
| 文稿编辑 / 张　爽 |
| 责任印制 / 王京美 |

| 出　　版 / 社会科学文献出版社·城市和绿色发展分社 (010) 59367143 |
|          地址:北京市北三环中路甲29号院华龙大厦　邮编:100029 |
|          网址:www.ssap.com.cn |
| 发　　行 / 社会科学文献出版社 (010) 59367028 |
| 印　　装 / 三河市东方印刷有限公司 |
| 规　　格 / 开　本:787mm×1092mm 1/16 |
|          印　张:19　字　数:280千字 |
| 版　　次 / 2023年12月第1版　2023年12月第1次印刷 |
| 书　　号 / ISBN 978-7-5228-2355-3 |
| 定　　价 / 158.00元 |

读者服务电话:4008918866

▲ 版权所有 翻印必究

本报告得到 2022 年度广东省深圳市宣传文化事业发展专项基金——"深圳双创实践经验"系列宣传活动（项目编号：ND-2022-000111）资助，系该项目重要结项成果。

# 中国双创发展报告（2022~2023）
# 编 委 会

主　　编　王京生

执行主编　陶一桃

副 主 编　李　凡

编委会委员　（按姓氏拼音首字母排序）
　　　　　　陈庭翰　黄义衡　赖勉珊　兰　赛　李景林
　　　　　　李　桐　李胜利　罗一峰　苗　璐　王　晴

# 主要编撰者简介

**王京生** 联合国教科文组织"孔子奖章"获得者，国务院参事室社会调查中心副理事长，国家文化艺术智库特聘专家。先后被聘为国务院参事，北京大学、北京师范大学、武汉大学、深圳大学等高校客座教授，深圳读书月组委会总顾问、南方科技大学城市文明典范研究院总顾问。曾任深圳市文化局局长，深圳市盐田区委书记，深圳市委常委、宣传部部长等职。出版和主编《文化主权论》《文化是流动的》《我们需要什么样的文化繁荣》《让城市因热爱读书而受人尊重：阅读与城市发展》等著作60余部；发表论文200余篇，文章多次被《新华文摘》等多家媒体转载。

**陶一桃** 教授，博士生导师，享受国务院政府特殊津贴专家，广东省优秀社会科学家，教育部人文社科重点研究基地——深圳大学中国经济特区研究中心主任，理论经济学一级学科带头人。

**李　凡** 深圳市"孔雀计划"海外高层次人才，教育部人文社科重点研究基地——深圳大学中国经济特区研究中心教授，美国佛罗里达大学经济学博士。

# 摘　要

党的二十大报告强调，中国共产党的中心任务就是团结带领全国各族人民全面建成社会主义现代化强国、实现第二个百年奋斗目标，以中国式现代化全面推进中华民族伟大复兴。在新中国成立以后特别是改革开放以来的长期探索和实践基础上，经过党的十八大以来在理论和实践上的创新突破，中国共产党成功推进和拓展了中国式现代化。中国式现代化是人口规模巨大的现代化，是全体人民共同富裕的现代化，是物质文明和精神文明相协调的现代化，是人与自然和谐共生的现代化，是走和平发展道路的现代化。在中国式现代化建设过程中，让创新成为中国式现代化建设第一动力是新时代的要求。因此，及时准确并全面地评估中国创新创业发展状况对激发市场活力和社会创造力，推动我国经济高质量发展，建设中国式现代化具有重要的现实意义。

在此背景下，《中国双创发展报告（2022~2023）》从环境—资源—绩效的创新创业生态链视角出发，构建环境支持、资源配置和绩效价值"三位一体"的一级指标及11项二级指标和35项三级指标；从城市经济发展状况出发，兼顾区域均衡标准，筛选100座城市作为研究样本，立足城市、展望全国，综合测评我国双创发展状况，探索我国双创活动未来的发展方向和前进路径。测评结果表明，北京、深圳和上海连续6年位居中国双创总指数排行榜前三，成都、杭州、南京等新一线城市表现亮眼，反映出我国双创新高地建设成效初显。

除了对各城市综合评价分析外，本书还从多个层级揭示了我国双创发展的特征，其内容体现了双创发展的时代性和前瞻性，既包括企业数字化转型的微观聚焦，也包括国内区域与国际层面的宏观比照。本书指出，在双创产业发展方面，大健康产业、数字化平台建设等成为极具双创潜力的新兴行业；在国内区域双创发展方面，东部地区全面占优的局势未改变，但是各区域发展更加均衡，西部地区以微弱优势实现了对中部地区的超越；在国际双创发展方面，中国虽然在创业表现上略有退步，但总体创业环境和创业活动依然处于较高水平，尤其是在全球数字化背景下，中国的创业生态今后将得到极大的改善。

**关键词：** 双创城市　双创指数　双创模式

# 序言：高质量发展的文化支撑

王京生

党的二十大报告指出，高质量发展是全面建设社会主义现代化国家的首要任务。当前，全国各地正铆足干劲拼发展，招商引资、人才引进、重大项目落地、优化营商环境、发展数字经济等一系列推动高质量发展的举措正如火如荼地推进。

要推动高质量发展行稳致远，必须弄清楚三个问题：一是什么是高质量发展，二是实现高质量发展的根本基础是什么，三是如何夯实高质量发展的基础。

## 一 高质量发展的内涵

2021年3月7日，习近平总书记在参加十三届全国人大四次会议青海代表团审议时强调："高质量发展不只是一个经济要求，而是对经济社会发展方方面面的总要求。"国家发改委对高质量发展的内涵进行了概括："高质量发展是能够满足人民日益增长的美好生活需要的发展，是体现新发展理念的发展，是创新成为第一动力、协调成为内生特点、绿色成为普遍形态、开放成为必由之路、共享成为根本目的的发展。"①

---

① 《"十四五"规划〈纲要〉名词解释之31 高质量发展》，中华人民共和国国家发展和改革委员会网站，2021年12月24日，https://www.ndrc.gov.cn/fggz/fzzlgh/gjfzgh/202112/t20211224_1309252_ext.html。

可以看出，高质量发展不仅是经济发展，更是中华民族走向伟大复兴的关键一步，可以从纵向和横向两个维度理解。

从纵向维度理解，高质量发展标志着中国改革开放和经济社会发展进入新阶段，也可以说是实现中华民族伟大复兴的关键一役。在过去商品短缺的时代，无论是产品质量还是管理制度，都是在改革开放中向世界学习，再经过自己的努力，进行生产制造，实现商品从短缺到丰富的转变，追求的是高速和产能。当今的中国已成为世界制造业大国，并进入创新型国家行列，社会的主要矛盾已经变成人民日益增长的美好生活需要和不平衡不充分发展之间的矛盾，人民的普遍追求也由解决温饱，变成全方位追求更有品质的美好生活。全方位的质量追求成为增强国力的核心。

从横向维度理解，高质量发展是我国进入人类文明新形态后，在各个方面的需求，它是一个综合概念，涉及经济建设、政治建设、文化建设、社会建设和生态文明建设的各个方面。虽然发展科学技术、推动生产发展、发展经济，都是高质量发展的重要组成部分，但它们并不能完全代表高质量发展，特别是发展经济，它虽然是高质量发展的重要组成部分，但绝不是唯一的部分。

## 二　高质量发展的根本基础

要支撑高质量发展这样一个历史的、综合的概念，最强大的动力是什么？我认为，高质量发展的推动力是强大的文化。因为，高质量发展的背后必然站着高素质的国民，没有高素质的国民，高质量发展就是一句空话，而高素质的国民必须靠文化去培养。虽然提高国民素质需要从各个方面发力，包括思想教育、专业知识传授、能力培养，以及道德教育和法治教育，但是最根本的还是文化熏陶。

经济社会的发展首先是人的发展，无论是生产力水平的提高，还是科学技术水平的提升，都离不开国民素质和社会文明程度的提高。所以，高质量发展，需要高素质的国民来推动。比如，要持续建设创新型国家，就需要有创新型人才，需要文化强国建设和文化竞争力的提高，也需要一大批文化素养高的国民。国民有了创新素养才能实现科技创新，有了环保素养才能建设生态文明和美丽中国，有了法治素养才能实现社会治理的法治化和现代化。① 总之，高素质的国民是高质量发展的基石。

文化涉及社会生活的方方面面，而文化建设必须落实到人的素质提高这个根本上来。只有这个根本问题解决了，即中国人民的整体素质提高了，我们的社会主义先进文化建设才能取得显著成效，才能更加有力地推进先进文化持久地蓬勃发展。

人类创造了文化，文化反过来促进人的全面发展。文化在本质上是指向人的。首先，文化是一种价值观念体系，涉及人的理念、思想和精神层面。其次，文化是人的生活方式和行为模式，涉及人的社会层面。最后，文化是人格培养和个性形成的基础，涉及人自身的层面。② 归结为一点，文化能够塑造人及影响人。

## 三 夯实高质量发展的文化基础

文化如何提高人的素质，推动高质量发展。我认为，最重要的就是培育"三大精神"，践行"三个全民"。

### （一）培育"三大精神"

"三大精神"就是企业家精神、创新精神、工匠精神。观念是行动的先导，有什么样的发展观念就会引领什么样的发展实践。要实现高质量发展，就要在全社会进一步弘扬企业家精神、创新精神、工匠精神，以文化观念为引领，以产品质量为重心，不断实现人民对美好生活的向往。

第一，企业家精神。企业家指用自己的组织能力和产品来实现梦想的

---

① 杨丽娥：《国家发展与国民素质》，《中华文化论坛》2003年第3期，第57页。
② 袁朝会：《国民素质是先进文化之根本》，《创造》2003年第12期，第45页。

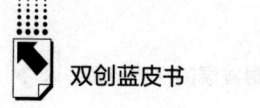

人。在企业层面，企业家精神决定着企业的经营发展方向；在国家层面，企业家精神会影响整个国家的经济面貌、社会风气及发展状况。企业家精神是经济发展的重要引擎。改革开放以来的实践证明，高效有为的创业型政府和具有企业家精神的个人与企业共同缔造了中国经济发展的奇迹。企业家精神不但是企业健康发展的基础，也是中国特色社会主义发展的重要精神动力之一。① 也就是说，哪个地区的企业家精神展示得越充分，哪个地区的经济就越活跃。

西方著名政治经济学家约瑟夫·熊彼特在《经济发展理论》一书中说："典型的企业家比起其他类型的人，是更加以自我为中心的，因为相比其他类型的人，他不那么依靠传统和社会关系，他的独特任务……恰恰在于打破旧传统，创造新传统。"熊彼特认为企业家精神包括："首先，存在一种梦想和意志，要去找到一个私人王国，常常也是（虽然不一定是）一个王朝。其次，存在征服的意志，战斗的冲动，证明自己比别人优越的冲动，求得成功不是为了成功的果实，而是为了成功本身。最后，存在创造的欢乐，把事情办成的欢乐，或者只是施展人的能力和智谋的欢乐。这类似于一个无所不在的动机……寻找困难，为改革而改革，以冒险为乐事。"

熊彼特所说的这种企业家精神就包含梦想、实干和创新精神，这样的企业家精神与对高质量发展的追求是内在统一的。世界上一流的企业家，虽然生产的是产品，但是他们无不怀抱实现自我、造福社会的愿望。所以，他们才能够把产品看成自己的信誉和人格去保护，才会在产品上不断地精益求精，并且进行有效的组织。他们同时是目光远大的人，不断地看到事物发展的新方向，从而解决人类还未解决的问题。

如果一个人没有文化素质，就很难说他具有高尚的追求和进取的精神，以及对自我的不断超越。所以，企业家通常是"认识自己，实现自己，超越自己"的典范。

第二，创新精神。对于创新和创新精神，所有中国人都耳熟能详，因为

---

① 张东祥：《大力弘扬新时代企业家精神》，《学习月刊》2022年第11期，第38页。

序言：高质量发展的文化支撑

它是改革开放的根本动力。创新主要是对传统的突破，打破旧传统，创造新传统，它的取向更偏重于求异、求新、批判、颠覆、突破，在创新具体过程中的某些阶段，质量可能并不是它追求的直接目标，但创新最终追求和实现的一定是质量的提升和飞跃。这里要强调的是，真正的创新一定是有质量的，更是落实在质量上的。

这里简单概括了文化对创新的八个作用。一是文化具有支撑国家创新战略的核心价值。二是文化提供支撑国家创新战略的心理定式。三是文化为国家创新战略提供与时俱进的观念支撑。四是文化提供国家创新战略所需的创新自觉和创新自信。五是文化锻造国家创新战略所需的企业家精神。六是文化培育国家创新战略所依赖的创新创意阶层。七是文化为国家创新战略提供实现空间和环境支持。八是文化为实现国家创新战略营造"鼓励创新、宽容失败"的氛围。这八个方面概括成一句话就是，创新驱动发展，而文化驱动创新。

第三，工匠精神。对于工匠精神，中西方有不同的理解。中国的工匠精神，简单地说，就是精益求精。而美国的亚力克·福奇认为"任何人只要有好点子并且有时间去努力实现，就可以被称为工匠"。① 而这些人，我们往往将其看作具有创新创意的人。曹顺妮在《工匠精神——开启中国精造时代》一书封面上写"专注、细致、登峰造极，任岁月荏苒，初衷不改"。②

工匠对自己的产品精雕细琢，精益求精，追求尽善尽美，其直接结果就是产品质量的提升。今天的中国，要想实现复兴必须坚持以制造业为主，并且中国正从"制造大国"走向"制造强国"。中国只有提高创新设计能力和工艺生产水平，才能成功迈向制造业价值链中高端和掌控产业链核心环节，才能真正实现制造强国目标。而工匠精神所蕴含的精细化管理、精品制造理念，正是实现"制造强国"的关键所在。"一国产品之质量，乃一国国民之素质；一国产品之信誉，乃一国国民之尊严"，只有拥有精益求精的工匠精

---

① 〔美〕亚力克·福奇：《工匠精神——缔造伟大传奇的重要力量》，陈劲译，浙江人民出版社，2014，第9页。
② 曹顺妮：《工匠精神——开启中国精造时代》，机械工业出版社，2016。

神，我国制造业才能适应国内消费者更加多样化、个性化、高端化的需求，才能完善供给体系和优化供给结构，才能凭借优质的产品在激烈的国际和国内市场竞争中立于不败之地。

今天，一提起工匠精神，人们就会联想到德国、日本及其产品，这不仅是对其产品的认可，实际上也是对其民族的敬意。从"山寨大国"到"制造强国"，德国用了100年的时间。1909年德国人在我国青岛江苏路基督教堂三面墙上安装的机械报时钟，至今仍在精准报时。让德国制造领先全球的首要因素是标准化，1917年成立的德国标准化协会（DIN），专门制定行业标准，现如今DIN每年发布上千项行业标准，其中，80%以上被欧洲的国家采用。在日本，金刚组、池坊华道会、须藤本家等7家企业拥有上千年历史，这些企业能够存续千年，真正的原因在于其将工匠精神作为永续传承的核心基因。①

概述以上的"三大精神"，工匠精神是产品之魂，也是一个民族的信仰；创新精神是高质量发展的根本动力，是一个民族除旧布新的思想之源；企业家精神是工匠精神与创新精神的集纳者。以工匠精神为基本，以创新精神为引领，将企业家精神、工匠精神、创新精神凝聚起来，能更好地推动高质量发展。

因为有这"三大精神"，深圳才有许多企业家，才有"6个90%"，即90%以上的创新型企业是本土企业、90%以上的研发机构设立在企业、90%以上的研发人员集中在企业、90%以上的研发资金来源于企业、90%以上的职务发明专利出自企业、90%以上的重大科技项目发明专利来源于龙头企业。正是因为有"深圳观念"和"深圳精神"的引领，深圳才能创造世界城市发展史上的奇迹。

## （二）践行"三个全民"

"三个全民"就是全民阅读、全民创意、全民创建，这是提高国民素质

---

① 曹顺妮：《工匠精神——开启中国精造时代》，机械工业出版社，2016，第59~77页。

## 序言：高质量发展的文化支撑

的基础工程，也是我国文化和文明复兴的基本工程。

首先，谈谈"全民阅读"。强国自国民始，国民自教育始，教育自读书始。只有善于学习和读书的民族才能自强于世界。全民阅读，关乎每一个人文化权利的实现，关乎城市的可持续发展，更是中华民族伟大复兴的基础工程。读书的意义是多方面的。

其一，人们通过阅读获取知识、增长见识，阅读是人们提升文化素质的重要手段。人们可以通过阅读传承文明，增加知识积累，开阔视野，丰富想象，提升思维品质，提升创造能力和文化品位。阅读可以帮助人们开启心灵之窗，丰富人们的精神世界，引导人们积极向上。阅读可以丰富情感，使人们更懂得求真、为善和审美。中华民族的伟大复兴，首先是传承文明，如果只有文字，但没有人阅读，那么文明将黯然失色。

其二，阅读是创新的"发动机"。通过读书能发现和提出问题，能找寻解决问题的途径；通过阅读能进行创造，产生创新成果。最原始的创新来自思想创新，这就是思想引领，思想引领的源头就是"阅读"。并且任何创新都不是凭空的想象，它必须通过在现实中遇到问题，然后在书本中训练自己的思维，激发想象力来实现。"书籍"正是培养创新能力的土壤。同时，阅读为创新提供知识基础、思维模式和路径。阅读贯穿创新的全过程。从某种意义上来讲，阅读的过程就是人们灵感产生的过程，也是人们在创新中寻找答案的过程，所以阅读是创新的一个重要基础。无论是城市要创新还是国家要创新，抑或实现高质量发展，没有阅读作为基础，一切都是空谈。阅读还为创新提供全链条服务。阅读的过程本身就是知识积累的过程，也是创新成果孕育的过程。今天产生的创新成果也是后人阅读和创新的基础，即阅读产生创新，创新成果被再阅读，推动再创新，形成"阅读—创新—再阅读—再创新"的螺旋上升路径，形成无穷无尽的创新链条。没有持续创新，就没有持续发展，也谈不上真正的高质量发展，而这一切都离不开阅读为之注入源头活水。最重要的是，全民阅读的风气和氛围，能为创新营造良好的环境和提供可持续的动力。全民阅读的环境，是全民思考能力和价值取向的体现，当全社会都有这样的阅读环境时，创新成果将更容易产生，这就是文化软环境的力量。党的二十大报告将"全民阅读"正式写入，正体现了国家对阅读的重视。

其三，阅读是人的精神富足的标志。我们提出以"读书为荣""读书为乐""读书为用"，这些都是人的幸福感的重要组成部分。深圳是第一个在全国提出"全民阅读"的城市，并被联合国教科文组织授予世界上唯一的"全球全民阅读典范城市"，这是深圳全体市民的荣耀。

其次，谈谈全民创意。其一，"创意"并不神秘。美国的詹姆斯·韦伯·杨在他的《创意的生成》一书中指出"创意其实没有什么深奥的，不过是旧元素的新组合"；英国经济学家约翰·霍金斯认为每个人都具有创意的天赋。所以，创意是人的本能与天赋，必须满足。"阅读"和"创意"都是实现人的文化权利。文化权利分成四个方面：一是文化享有的权利，二是文化参与的权利，三是文化创造的权利，四是创造成果被保护的权利。从个体的视角来看，只有每个人的文化权利都得到保障，才能实现人的全面发展，才能更好地培育高素质国民。从作用和效果来看，如果说全民阅读更多的是满足每个人的文化享有权和文化参与权，那么，全民创意则更多的是让全体民众实现文化创造权和其创造成果被保护的权利。

其二，全民创意是思想解放的璀璨成果，是中华民族走向创新型民族的基础。现在城市之间乃至国家之间的竞争，已经从过去的拼经济、拼管理进入拼文化的阶段，迈向"以文化论输赢、以文明比高低、以精神定成败"的时代。实现高质量发展，最终拼的也是文化、精神和文明。

我们曾经探究，既然创新驱动发展，那是什么驱动创新？得出的结论是，文化和观念驱动创新。没有文艺复兴哪来的工业革命和科技革命，创新必须以解放思想为前提。而高度活跃的全民创意正是思想解放的璀璨成果，同时为实现高质量发展提供强大的动力。

中华民族要想成为创新型民族，就必须提升自身强大的创意能力。可以说，创意是建设创新型民族、创新型国家的重要基础条件。

创新型民族的形成，与每个人息息相关。当每个人的创意能力都得到充分发扬时，这个民族必定是创新型民族，而且必定是世界上最先进的创新型民族。而创新型民族是支撑创新型国家的最稳固基础。

其三，全民创意的发动与普及，决定高质量发展的速度与水平。只有激发每个人的创新、创意和创造能力，国家才能实现高质量发展。同时，全民创意也为城市创意文化产业的发展奠定坚实的基础。正如蒋述卓老师所说"文化创意、文化策划就是打造城市核心竞争力"。最典型的例子是香格里拉，一位英国作家曾写到，在东方有一个香格里拉，是非常宁静的人间乐园。有两位中国导游认为云南的一个地方与小说里描写的类似，就建议把地名改为香格里拉。① 结果香格里拉一下子火了起来。这就是创意的魅力。

其四，中国要想实现由"创意大国"向"创意强国"的转变，就必须以全民创意为基础，以数字创意为引领。我国有着5000多年的悠久历史，自古就是一个"创意大国"。历史上数不胜数的文人雅士在诗词歌赋、琴棋书画上的创意创作和意境营造，以及著书立说的成就等，乃至中国人在各行各业进行的创造发明和采用的工艺技巧，包括日常服饰、美食等各个方面的丰富成果，都反映出我国是一个"创意大国""文明大国"。但是，从今天的世界格局和创意文化产业的发展情况来看，我国还不是一个"创意强国"，还需要以全民创意为基础，以数字创意为引领，推动创意文化产业大发展、大繁荣。当前，我们已进入数字时代。2021年，我国数字经济规模已超过45万亿元，位居世界第二。数字经济的发展离不开数字创意产业的发展。数字创意是以数字科技为手段，实现创意与科技的结合，也就是"文化+科技"。虽然，目前数字创意产业的发展需要面对人才壁垒、技术壁垒等，但伴随国际上火热的人工智能和元宇宙的发展，将来每一个使用互联网的人都可以进行创意，或者通过数字技术将自己的创意模拟出来，带来更多的应用场景，催生更多的商业模式。

其五，全民创意必须以各行各业艺术家的引领和强大的文化产业作为支撑。各级政府要为艺术家创造更多展示和交流的空间，方便市民欣赏和参与，激发创意灵感。

---

① 蒋述卓：《城市文化与城市审美》，选自《2008珠海文化大讲堂讲座精编》，第196页。

最后,谈谈"全民创建"。所有深圳人当前必须注意三件事。其一,国家层面提出了"人类文明新形态";其二,深圳已将"城市文明典范"作为先行示范区建设的"五大目标"之一;其三,目前正在进行第七届全国文明城市和首届全国文明典范城市的评选。城市文明典范是人类文明新形态的一个代表和窗口,能够充分反映我国在改革开放中建设人类文明新形态的情况,也是在原来文明创建的基础上,一个高质量发展的产物,它没有停留在原来的标准上,而是更加精彩、生动,具有磅礴的力量。

夺得第七届文明城市称号,是深圳成为城市文明典范的重要一步。深圳作为城市文明典范,应该是"人类文明新形态"的代表者。而福田作为深圳的"首善之区"义不容辞,必须走在最前列。

"全民创建"的核心是"以人民为中心"。简单地说,就是不要把群众当成被创建的对象,让他们被动接受某种要求、某种规则,而是要让他们成为创建的动力、主力,以个人的精彩创建活动,实现整个区、市的精彩。也就是,变创建对象为创建动力。这就要求,每个人都要从我做起,主动提高素质。深圳全市也都要动员全体市民参与创建工作。如果没有全民参与,那么深圳作为文明城市典范将难以形成真正强大的凝聚力。

"全民创建"要实现"三个典范"。我们需要认识到,国民素质是不断提高的,如果说全民阅读和全民创意都带有从思想层面提高国民素质的意思,那么"全民创建"则是从实践层面提高国民素质。

第一,深圳应当成为市民文明举止的典范。深圳已获得6届全国文明城市称号,可以说在全国文明城市创建中,从未缺席。全体深圳人还要继续努力,在"言谈举止"上下功夫。言,就是说话谦和、诚实;谈,就是平等友善;举,就是举手投足既能展示自己的形象和人格,又能让人看出修养;止,就是对于一切不符合道德规范和法律规范的行为,坚决不为。同时,要以法治为灯塔,指引人们走文明的道路;以法治为框架,搭建文明的高地;以法治为戒尺,惩戒不文明行为。

第二,深圳应当成为实现市民文化权利的典范。文化深圳从阅读开始,文化深圳以创意为代表,正如前文所述,阅读和创意是市民最基本的文化权利,它不同于其他文化权利,只涉及一部分人,它涉及每一个人。这种权利的实现,不仅可以极大地提高市民的文化素养,也可以提高一座城市的文明素质。以"深圳读书月"为例,其产生的影响深远。但是,通过读书月推广阅读所取得的实际效果,与阅读立法中所期望达到的目标,还有很大的距离。除此之外,深圳已连续举办了18届文博会和"创意12月"活动,还需要进一步丰富活动形式,拓宽全社会的参与面,打造"文化深圳"。

第三,深圳应当成为体现时代精神的典范。改革开放40余年来,深圳在物质文明建设上的成就有目共睹,在精神文明创造上也书写了传奇。比如,40多年积淀而成的"深圳观念""深圳精神","时间就是金钱,效率就是生命""空谈误国,实干兴邦""城市因热爱读书而受人尊重""来了就是深圳人"等十大观念,从深圳传遍大江南北,影响并推动了中国解放思想、实事求是、改革开放的进程。因此,"深圳精神"不是普通的城市精神,它与红船精神、井冈山精神、延安精神一脉相承,是改革开放的精神代表。要让更多的市民参与"深圳观念""深圳精神"的梳理和创造,并聚合群众的力量,锻造出符合时代发展的新观念、新风尚,引领经济社会高质量发展。

"满眼生机转化钧,天工人巧日争新。预支五百年新意,到了千年又觉陈。"文化是高质量发展的重要支撑力量,要以观念创新为突破,以提高国民素质为目标,大力弘扬和培育企业家精神、创新精神和工匠精神,深入推进全民阅读、全民创意、全民创建,不仅要让市民更方便地提升个人素质、实现个人文化权利,还要营造观念创新和支持企业家成长的人文环境,培育更多优秀的企业家,创造高质量的文化,为城市的高质量发展奠定坚实的基础。

# 前言：中国式现代化与中国特色渐进式改革

陶一桃

党的二十大报告郑重提出了中国式现代化的伟大目标与宏伟蓝图，指出在新中国成立以后特别是改革开放以来长期探索和实践基础上，经过党的十八大以来在理论和实践上的创新突破，我们党成功推进和拓展了中国式现代化。从现在起，中国共产党的中心任务就是团结带领全国各族人民全面建成社会主义现代化强国、实现第二个百年奋斗目标，以中国式现代化全面推进中华民族伟大复兴。[1] 习近平总书记进一步指出，中国式现代化，是中国共产党领导的社会主义现代化，既有各国现代化的共同特征，更有基于自己国情的中国特色。[2] 因此，中国特色的现代化，不仅是中国共产党人百年探索的思想与智慧的积淀，同时又源于改革开放40多年来中国所选择的独特的、适合中国国情的实现现代化的道路。这条道路，就是以中国特色渐进式改革为路径的中国道路。如果说中国式现代化是目标，那么中国特色渐进式改革则是实现这一目标的路径选择；如果说中国特色渐进式改革很好地诠释了中国道路的国别性，那么经济特区作为中国特色渐进式改革的载体与中国式现代化的先行者，则以其成功的实践在证明中国式现代化道路选择的正确性的同时，丰富了中国道路的理论内涵，为中国式现代化提供了现实思考与理论依据。

---

[1] 习近平：《高举中国特色社会主义伟大旗帜　为全面建设社会主义现代化国家而团结奋斗》，《人民日报》2022年10月26日，第6页。

[2] 习近平：《高举中国特色社会主义伟大旗帜　为全面建设社会主义现代化国家而团结奋斗》，《人民日报》2022年10月26日，第7页。

## 一　中国式现代化的思想沿革及理论基础

习近平总书记关于中国式现代化的重要论述，是科学化、体系化的思想理论。它不仅集中反映了我们党 100 多年来，特别是党的十八大以来探索、推进现代化建设的思想历程与伟大成就，而且是马克思主义中国化的又一伟大实践。回顾中国改革开放 40 多年的历史进程，我们可以更加清晰地看到中国共产党关于现代化建设的思想演进逻辑。

1977 年 8 月 12 日，党的十一大在宣告"文化大革命"结束的同时，重申在 20 世纪内把中国建设成为社会主义现代化强国的根本任务；1978 年 12 月 18 日至 22 日，中国共产党第十一届中央委员会第三次全体会议决定，停止使用"以阶级斗争为纲"的口号，将全党的工作重点和全国人民的注意力转移到社会主义现代化建设上来，提出了改革开放和实现四个现代化的总任务；1987 年 10 月 25 日，党的十三大提出，加快和深化改革开放，并高度评价了十一届三中全会以来我党找到建设有中国特色社会主义道路的伟大意义；1992 年 10 月 12 日，党的十四大提出，动员全党全国人民进一步解放思想，加快改革开放和现代化建设步伐，将建设有中国特色社会主义的理论和党的基本路线写进党章修正案；1997 年 9 月 12 日，党的十五大从世纪之交的历史高度，科学地总结过去、筹划未来，对我国改革开放和社会主义现代化建设跨世纪的发展做出全面部署；2002 年 11 月 8 日，党的十六大提出，全面贯彻"三个代表"重要思想，继往开来，与时俱进，全面建设小康社会，加快推进社会主义现代化，为开创中国特色社会主义事业新局面而奋斗；2007 年 10 月 15 日，党的十七大提出，深入贯彻落实科学发展观，继续解放思想，坚持改革开放，推动科学发展，促进社会和谐，为夺取全面建设小康社会新胜利而奋斗；2012 年 11 月 8 日，党的十八大提出，坚定不移沿着中国特色社会主义道路前进，为全面建成小康社会而奋斗；2017 年 10 月 18 日，党的十九大提出，决胜全面建成小康社会，夺取新时代中国特色社会主义伟大胜利，为实现中华民族伟大复兴的中国梦不懈奋斗。

## 前言：中国式现代化与中国特色渐进式改革

2022年10月16日，党的二十大宣告："从现在起，中国共产党的中心任务就是团结带领全国各族人民全面建成社会主义现代化强国、实现第二个百年奋斗目标，以中国式现代化全面推进中华民族伟大复兴。"同时，对中国式现代化的内涵特征进行了五个方面的高度概括。其一，中国式现代化是人口规模巨大的现代化。我国十四亿多人口整体迈进现代化社会，规模超过现有发达国家人口的总和，向现代化社会迈进过程的艰巨性和复杂性前所未有，发展途径和推进方式也具有自己的特点。其二，中国式现代化是全体人民共同富裕的现代化。共同富裕是中国特色社会主义的本质要求，也是一个长期的历史过程，实现人民对美好生活的向往是现代化建设的出发点和落脚点，维护和促进社会公平正义则是全体人民实现共同富裕的保证。其三，中国式现代化是物质文明和精神文明相协调的现代化。物质富足、精神富有是社会主义现代化的根本要求。正如贫穷不是社会主义一样，物质贫困不是社会主义，精神贫乏也不是社会主义。其四，中国式现代化是人与自然和谐共生的现代化，人与自然是生命共同体，一个社会不能陷入以更多的资源消耗来创造财富的恶性循环之中。坚定不移地走生产发展、生活富裕、生态良好的文明发展道路，是实现中华民族永续发展的必由之路。其五，中国式现代化是走和平发展道路的现代化。实践证明，在坚定维护世界和平与发展中谋求自身的发展，以自身发展更好地维护世界和平与发展不仅是中国奇迹创造之路，更是中国持久发展繁荣之路。党的二十大报告还对中国式现代化的本质要求做了九个方面的完整概括，那就是坚持中国共产党领导、坚持中国特色社会主义、实现高质量发展、发展全过程人民民主、丰富人民精神世界、实现全体人民共同富裕、促进人与自然和谐共生、推动构建人类命运共同体、创造人类文明新形态。[①] 至此，党关于中国式现代化的思想更加明确，其体系也更加科学完整。

从思想逻辑来看，中国式现代化是人类社会发展所遵循的客观规律之普

---

① 习近平：《高举中国特色社会主义伟大旗帜　为全面建设社会主义现代化国家而团结奋斗》，《人民日报》2022年10月26日，第7页。

遍性与立足中国国情之特殊性的统一，是马克思辩证唯物主义与历史唯物主义的基本原理在中国式现代化建设进程中的科学体现。历史唯物主义是马克思主义哲学中关于人类社会发展的一套科学的理论体系。它不仅是科学的社会历史观，也是人们认识世界、改造世界的科学的方法论。历史唯物主义认为，所有历史事件发生的根本原因是物质的丰富程度，社会历史的发展有其自身固有的客观规律。物质生活的生产方式决定社会生活、政治生活和精神生活的一般过程；社会存在（社会的系统和架构与组成社会的各个要素）决定社会意识（伴随体系架构产生的意识、诉求、思想等），社会意识又可以塑造与改变社会存在；生产力和生产关系（生产要素所有者与生产力提供者之间的关系）之间的矛盾、经济基础（由生产力和生产关系揭示的经济组织形式）与上层建筑之间的矛盾，可以作为研究社会发展的出发点。在谈到对未来社会设想时，马克思与恩格斯从全人类幸福发展的视角全面阐述了科学社会主义的基本原理与宗旨，"每个人的自由发展是一切人自由发展的条件"①，并提出了"自由人联合体思想"。正如马克思对人类未来社会发展设想所描述的那样，中国式现代化实现的进程，是发展全过程人民民主的过程，是丰富人民精神世界的过程，是实现全体人民共同富裕的过程，也必然是人的自由全面发展与社会制度文明昌盛的过程，而"以人民为中心"正是"自由人联合体思想"的中国表述与体现。所以马克思、恩格斯从全人类幸福发展的视角对未来社会的勾勒，不仅是中国式现代化的理论渊源，而且对中国特色渐近式改革实践，同样具有重要的理论指导意义。因此，马克思辩证唯物主义和历史唯物主义，为党关于中国式现代化的理论提供了科学的世界观和方法论。

## 二 中国式现代化与中国特色渐进式改革

从某种意义上来讲，中国式现代化是指适合中国国情的实现现代化的道路，这条道路就是以中国特色渐进式改革为路径的中国道路。因此，中国式

---

① 《马克思恩格斯全集》第2卷，人民出版社，2009，第53页。

## 前言：中国式现代化与中国特色渐进式改革

现代化是在中国独特的历史、文化与社会背景下具有鲜明国别性的现代化的实践，是对人类文明与现代化的丰富和完善。

中国特色"渐进式改革"指1978年以来中国所采取的既不同于《华盛顿共识》所推崇的"激进式改革"，又不同于典型的渐进式改革所形成的中国特色制度变迁和社会转型的路径与模式，它具有以下鲜明特征：以中央授权改革为主导，以举国体制为保障；以建立经济特区为重要实践载体，以先行先试为主要实践逻辑与步骤；以自上而下强制性制度变迁为主导，以自下而上诱致性制度变迁为潜能；以经济体制改革为切入口，以全方位改革为方向；以发展经济为着眼点，以全面发展为目标；以非均衡发展为路径，以协调与共享发展为宗旨。一方面，中国式现代化决定了实现现代化的路径选择；另一方面，中国特色渐进式改革的基本路径，又反映了中国道路前行的轨迹与中国式现代化的内在逻辑。

相对于典型的渐进式改革，中国特色渐进式改革以经济特区为实践载体，通过四个逻辑路径影响中国社会制度变迁与中国式现代化实现的进程：其一，中央顶层设计的强制性制度变迁与特殊政策诱发的诱致性制度变迁，作为改革过程中制度供给与需求的两个方面，形成了推进改革开放的相辅相成的有机进程；其二，占绝对主导地位的自上而下的强制性制度变迁，与作为强制性制度变迁结果和推动力的自下而上的诱致性制度变迁相结合，构成了中国特色渐进式改革的内在强有力的演进逻辑；其三，中央政府和中央授权"先行先试""先行示范"的"次级行动集团"的经济特区，构成了中国特色渐进式改革中既在地位、作用、力度上截然不同，又缺一不可的独特的制度变迁的"双主体结构"；其四，中国特色渐进式改革通过经济特区的先行先试，以"虹吸效应"、"扩散效应"、"涓滴效应"和迅速展现出的"倒U形曲线"提升中国社会转型的制度绩效和加快中国特色现代化的实现速度。

改革开放40多年的实践证明，中国特色渐进式改革是适合中国国情的制度变迁方式与路径，也是实现中国式现代化的路径选择，这一改革方式与路径不仅减少了中国改革开放的成本，降低了制度转型的风险，避免了社会转轨有可能发生的动荡，还加快了中国实现现代化的步伐，创造出了令世人瞩目的"中国奇迹"，令新兴市场经济国家接受并借鉴的中国发展经验与模式。中国特色渐进式改革既是中国式现代化的实践模式与实施路径，又是"中国道路"不可或缺的重要组成部分。中国特色渐进改革不仅赋予了中国经济特区不同于西方区域经济学理论所定义的独特功能与使命，还生动而深刻地诠释了"中国道路"与中国式现代化的独特内涵。

## 三 经济特区与中国式现代化的制度绩效

从社会转型与制度变迁的路径选择来看，以首先建立经济特区为实施载体的中国特色渐进式改革，作为中国式现代化的实践模式与实施路径，在"摸着石头过河"的实践中，不断用富有制度绩效的改革措施与方案书写着"中国道路"的理论篇章，彰显着中国式现代化的制度魅力。

经济特区作为中国特色渐进式改革的实践模式与路径，从四个方面使中国式现代化的制度绩效不断提升。

其一，经济特区在形成政策性"虹吸效应"的同时，以其中央政府授权下的诱致性制度变迁，如先行先试、先行示范，创造出较强的"拉动效应"，从而提高了中国式现代化的制度绩效。

基于增长极理论，中国经济特区既有经济增长极的一般功能属性，又展示出其独特的国别性，即中国特色的功能属性。作为中央政府确定的率先改革开放的政策性经济增长极，其政治使命不可避免而又符合逻辑地使经济增长极具来自制度力量的附加值。因此，在举国体制推动与经济规律作用的有机结合下，以深圳为典型代表的经济特区在改革开放初期不仅可以快速产生对要素的"虹吸效应"，而且可以较为迅速地释放、形成对周边乃至全国经济的"拉动效应"。同时，"极化效应"又在经济特区大胆探索、率先发展的进程中，加大了"虹吸效应"的力度，经济特区在实践中央改革总目标的同时，以其授权下的诱致性制度变迁，不断创造出更加强大的"虹吸效应"，从而提高了实现中国式现代化进程的制度绩效。

## 前言：中国式现代化与中国特色渐进式改革

其二，经济特区在形成政策性"虹吸效应"的同时，以其中央政府授权下的诱致性制度变迁创造、释放出"扩散效应"，从而提升了中国式现代化的制度绩效。

在中国特色渐进式改革的框架中，中央的整体战略部署对经济特区形成"扩散效应"起着相当大的主导与引导作用，这也正是中国社会自上而下的强制性制度变迁的特点所在。一方面，随着经济特区自身的发展，在"乘数效应"机理的作用下，"扩散效应"自然形成并向周边相对落后的地区迅速释放产能；另一方面，在"先富带后富"的中国特色渐进式改革所遵循的理念下，由于"回流效应"小于"扩散效应"，所形成的富者愈富、贫者愈贫的区域发展差距扩大化的状况并没有呈现范围扩大的趋势。"扩散效应"所产生的正的溢出效应又以率先改革的制度力量，通过经验复制、借鉴的途径扩大"扩散效应"的辐射范围，形成在中央统一部署下的日益扩大化的"扩散效应"，从而提高了实现中国式现代化进程的制度绩效。

其三，经济特区在形成制度化的"涓滴效应"和较迅速展现出来的先行城市"倒 U 形曲线"现象的同时，从内在逻辑与机理上提高了中国式现代化的制度绩效。

在中国特色渐进式改革的框架中，"涓滴效应"作为改革开放的方针与内容，在改革之初就被制度性地确定了下来。让一部分人、一部分地区先富起来，先富带后富，就是最具代表意义的中国式"涓滴效应"的生动展示。以深圳为典型代表的经济特区，作为政策性经济增长极所释放出来的"虹吸效应"，在吸引资金、技术、人力资本的同时，"虹吸"了数以千计的农民工。这种镶嵌在改革开放之初的顶层设计之中的制度安排，使"虹吸效应"在改革伊始就具有与"涓滴效应"相互作用、相互依存的机制性关系。"虹吸效应"使"涓滴效应"的迅速释放成为可能，而"涓滴效应"又在"虹吸效应"的作用下得以快速扩大。在"扩散效应"的助推下，"涓滴效应"在中国以前所未有的速度发酵着，在向经济特区提供劳动力的同时，也改变了部分人和部分地区的生活状况，缩小了城乡及区域之间的发展差距，并呈现了某种程度上的具有区域差异性的"倒 U 形曲线"趋势。即在经济特区率先发展的带动下，作为改革开放和社会经济飞速发展的结果，人们整体收入水平的提高和赤贫人口绝对数量的减少，共同以边际增量的方式使经济增长过程中收入差距扩大，以生活质量得到提高和获得感得以增强的方式表现出来。由于"涓滴效应"在改革开放伊始，就以国家整体战略部署的方式成为经济特区的功能之一，又由于"虹吸效应"与"扩散效应"既是经济特区这一政策性增长极的内在机理，又以不同机理推动"涓滴效应"的释放与"倒U形"曲线的差异性展现，从而以不同于西方经典理论所预测的方式，提高了实现中国式现代化的制度绩效。可以说，在新的历史时期，经济特区先行先试、先行示范的城市品格与政策性功能，可升华为引领中国式现代化的重要原则。

根据马克思主义历史观，人类社会的发展道路即是一般性与特殊性的统一。必然性通过偶然性表现出来，并为自身开辟道路；社会形态更替的一般规律，也是在各种偶然性和特殊性之中为自身开辟道路。中国改革开放的发展过程，既遵循了人类社会发展的一般规律，又体现了中国社会自身发展的独特性。从某种意义上说，中国式现代化实现的过程，就是在普遍性中寻找特殊性，在特殊性中发现普遍性的过程。这一过程在证明马克思历史唯物主义基本原理的同时，印证了中国特色渐进式改革与中国式现代化的必然性。从根本上说，中国式现代化探索、实践的过程是对人类文明的认同过程，又是为世界提供"中国智慧"的过程。这一过程承载着一个民族独立自主谋求富强的美丽故事，更体现了改革开放倡导者、领导者的政治智慧与民族担当。

# 目 录

## Ⅰ 总报告

**B.1** 中国双创发展报告（2022~2023） ………… 李　凡　陈　翘 / 001
　　一　宏观背景与研究意义 ……………………………………… / 002
　　二　双创指数构建与评估机制 ………………………………… / 005
　　三　测度结果与综合分析 ……………………………………… / 010
　　四　基本判断与对策建议 ……………………………………… / 017

## Ⅱ 中国双创指数篇

**B.2** 双创指数城市排名及其变动 ………… 黄义衡　李　贵　马锐颖 / 021
**B.3** 双创指数子特征百强城市排名分析 ………… 李胜利　董婧文 / 043
**B.4** 双创主要指标分析 ……………… 苗　璐　黄晓林　蒋子健 / 079

## Ⅲ 前沿篇

**B.5** 基于双创指数的区域总体情况分析 ………………… 陈庭翰 / 114

B.6　深圳市大健康产业发展分析 ………………………… 赖勉珊　刘运翔 / 123

B.7　化工企业"互联网+"数字化转型平台建设启示
　　　——以中盐常化为例 …… 李景林　顾留杰　孙永登　顾晶晶 / 139

B.8　2022年中国双创发展及其对深圳双创的启示 ………… 李　桐 / 155

B.9　广东省高等教育发展分析 …………………………………… 罗一峰 / 167

## Ⅳ　国际篇

B.10　全球创业指数分析 ………………… 王　晴　王淑婷　李　苗 / 186

B.11　全球数字经济发展研究 …………… 兰　赛　吴映君　王　晴 / 221

后　记 ……………………………………………………………………… / 251

Abstract …………………………………………………………………… / 253

Contents …………………………………………………………………… / 255

皮书数据库阅读使用指南

# 总 报 告
## General Report

## B.1 中国双创发展报告（2022~2023）

李凡 陈翘*

**摘　要：** 当前，全球范围内的新一轮科技革命和产业变革加速演进，积极推进创新创业有利于开辟经济发展的新领域、新赛道，催生更多新技术、新产业。为分析全国"大众创业、万众创新"的发展情况，本报告构建了由35项统计指标组成的中国双创指数评价体系，并通过数据汇总和系统计算对全国100座主要城市的双创发展近况进行评估。结果显示，北京、深圳和上海连续6年位居中国双创总指数排行榜前三。基于环境支持、资源能力和绩效价值3个维度的测评结果，本报告进一步比较分析了全国排名前十城市的创新创业特征。最后，从加大政策对科技创新的支持力度、提升企业创新能力及激发人才创新活力等方面提出了具有针对性的建议。

---

* 李凡，经济学博士，深圳大学中国经济特区研究中心教授，主要研究方向为产业组织、数字经济、资源经济学和应用计量经济学；陈翘，深圳大学中国经济特区研究中心理论经济学博士研究生，主要研究方向为产业组织、数字经济。

**关键词：** 双创指数　双创城市　创新创业

## 一　宏观背景与研究意义

### （一）宏观背景

2022年，党的二十大胜利召开，描绘了全面建设社会主义现代化国家的宏伟蓝图。在创新方面，党的二十大报告指出，到2035年，实现高水平科技自立自强，进入创新型国家前列。2022年12月13日，《人力资源社会保障部等八部门关于实施重点群体创业推进行动的通知》强调通过实施"创业环境优化"计划、"创业主体培育"计划以及"创业服务护航"计划等8个主要举措，力争到2024年底前实现，每年创业培训规模不少于200万人次，高校毕业生离校5年内创新创业不少于30万人，返乡入乡创业人数累计超过1400万人，就业困难人员能够以更加灵活的方式实现就业增收。国务院为引导创新创业活动发展，接连出台了相关政策：2015年发布《关于发展众创空间推进大众创新创业的指导意见》，2018年发布《关于推动创新创业高质量发展打造"双创"升级版的意见》，2021年发布《关于进一步支持大学生创新创业的指导意见》。在各省区市的积极响应下，我国双创事业呈现配套环境与要素资源深度融合、成果转换与价值增值不断升级的态势。

2022年，我国经济发展受到国内外多重超预期因素的冲击，多数企业和个体工商户遇到特殊困难。与此同时，国务院办公厅多次印发相关通知，强调创新创业在就业中发挥的重要作用。[1]截至2022年9月底，我国

---

[1] 《国务院办公厅关于应对新冠肺炎疫情影响强化稳就业举措的实施意见》中指出，优化自主创业环境、支持多渠道灵活就业等；《国务院办公厅关于提升大众创业万众创新示范基地带动作用进一步改革稳就业强动能的实施意见》指出，积极应对疫情，巩固壮大创新创业内生活力以及发挥多元主体带动作用，打造创业就业重要载体；《国务院办公厅关于进一步支持大学生创新创业的指导意见》指出，纵深推进大众创业、万众创新是深入实施创新驱动发展战略的重要支撑，大学生是大众创业、万众创新的生力军，支持大学生创新创业具有重要意义；《国务院办公厅关于进一步做好高校毕业生等青年就业创业工作的通知》指出，支持自主创业和灵活就业。

登记在册的个体工商户有 1.11 亿户，占市场主体总量的 2/3，带动就业近 3 亿人，① 该项数据表明个体工商户是我国独有的市场主体类型，在稳增长、促就业、惠民生等方面发挥着重要作用。据此，深圳大学中国经济特区研究中心和一带一路国际合作发展（深圳）研究院在整合相关研究的基础上，充分考虑国内就业创业的主要形式，首次将个体就业、私营企业的创业绩效纳入中国双创指数评价体系，沿用《中国双创发展报告（2021~2022）》研究中采用的权威量化指标，构建 2022~2023 年中国双创指数评价体系并开展全面分析。

目前，国际上关于创新创业的研究较为成熟，具有较高认知度和广泛应用范围的创新创业指数包括硅谷指数（Silicon Valley Index）、考夫曼创业活动指数（Kauffman Index: Startup Activity）、全球创业指数（Global Entrepreneurship Index）、全球创业观察（Global Entrepreneurship Monitor）和全球创新指数（Global Innovation Index）等。根据侧重点的差异，上述指数可分为三类。第一类是综合型指数，如硅谷指数通过人口、经济、社会、环境和治理指标，对硅谷的经济社会发展情况进行了全面的分析和解读。第二类是侧重于创新的指数，如全球创新指数通过科学与创新投资、技术进展、技术采用和社会经济影响来衡量全球 100 多个经济体的创新表现；欧盟创新指数则从创新驱动力、知识创造力、企业创新力和知识产权维度入手，构建指标体系评估欧盟内部经济体的创新表现。第三类是侧重于创业类的指数，如全球创业观察从属性、愿景、态度、认知和意图 5 个方面测度研究主体的创业行为，在全球化创业研究报告中较为权威；全球创业指数强调了创业态度、创业活动和创业愿景的交互作用，并以此为基础对全球主要经济体进行分析；考夫曼创业活动指数则通过城市、州和国家 3 个视角追踪分析创业活动指数。

目前，国内关于创新创业的相关研究获得了政府、学术界和产业界的重点关注。多数指数将其研究重点置于创新层面，在中华人民共和国科学技术部构建的指标体系中，国家创新能力评价指标体系以全球 40 个国家为评价

---

① 资料来源：国家市场监督管理总局。

对象，包含创新资源、知识创新、企业创新、创新绩效及创新环境5个一级指标和33个二级指标。关注我国境内创新活动的区域创新能力监测指标体系则包含创新环境、创新资源、企业创新、创新产出和创新效果等方面的评价指标。中国科学技术发展战略研究院发布的《中国区域科技创新评价报告》关注我国的科技创新水平，对科技创新环境、科技活动投入、科技活动产出、高新技术产业化和科技促进社会发展等方面进行研究。尽管国内研究中涉及区域创新评价与测度的内容较为丰富，但关注创业成效的研究较少。目前，国内同时囊括了创新和创业两个方面评价的研究是北京大学企业大数据研究中心编制的中国区域创新创业指数（IRIEC），该指数从新建企业数量、吸引外来投资、吸引风险投资、专利授权数量和商标注册数量5个维度衡量中国区域创新创业成效。值得注意的是，中国区域创新创业指数主要考量了城市层面和企业层面的表现，并未将我国广大的市场主体纳入考量范围。

相比于国际成熟的指数及研究报告，国内对于双创的研究仍处于发展阶段，尚未全面地反映国内双创事业的发展情况。据此，本年度报告将继续沿用之前"环境—资源—绩效"的创新创业生态链，同时参考国际创业指标体系的构建方法，在绩效价值中添加"创业绩效"的二级指标。

### （二）研究意义

2022年，面对急剧变化的外部局势和艰巨繁重的国内改革发展稳定任务，以习近平同志为核心的党中央团结带领全国各族人民迎难而上，全面落实疫情要防住、经济要稳住、发展要安全的要求，加大宏观调控力度，实现了经济平稳运行、发展质量稳步提升、社会大局保持稳定。面对复杂多变的国内形势，大众创业、万众创新为我国经济发展提供了内生动力，促进新动能快速增长，为稳就业、促就业提供了有力保障。纵深推进双创活动是深入实施创新驱动发展战略的重要支撑，是激发市场活力和社会创造力的关键举措，也是着力稳市场主体、保就业的关键一步。本报告通过构建一套综合的、可量化的指数评价体系，较为全面地评估分析了我国城市的双创能力和潜力，这对全面建成社会主义现代化强国，推动我国经济高质量发展具有重要意义。

第一，有利于为政府部门动态调整相关政策提供决策参考，践行新发展理念。新冠疫情期间，中央及各地政府采取积极措施帮助中小微企业走出经营及财务困境，政策出台速度快、覆盖面广、效率高，尽管迅速、灵活的调整凸显了我国政治和经济体制的优越性与高效性，但仍需以及时、精确的政策效果评估作为配合，实现长期高效治理的目标。本报告的研究结论能够有效地为各地政府制定、完善、调整创新创业政策提供参考和决策依据，推动我国创新创业高质量发展。

第二，有利于激发市场潜力，促进中小微企业、个体工商户等市场主体高质量发展。推动大众创业、万众创新向纵深发展，需要进一步激发市场活力和社会创造力，以新动能支撑保就业、保市场主体。中国双创指数始终贯彻"企业在创新市场中居于主体地位"的理念，在原有的基础上深入考虑当前国内发展形势，创新性地将地区个体工商户相关指标纳入考量范围，全面评估地区创业、创新现状，为创业者、投资者等相关主体提供翔实且具有对比性的研究内容。

第三，有利于建立健全我国双创指数评价体系，推进评价体系国际化。创新创业对我国发展具有重要意义，科学精准地构建双创指数评价体系有利于我国创新创业的持续健康发展。基于联合国（UN）创新创业三元评估体系，采用国际通用、可获得、可量化的指标，构建具有国际可比性的中国双创指数评价体系，有利于吸引全球优秀创业者及国际资本来华创业、投资。

## 二 双创指数构建与评估机制

### （一）指数评价体系构建

当下，我国正面临日趋复杂的国际形势和艰巨繁重的结构性调整任务，坚持创新驱动发展战略，全面塑造发展新优势是全面建设社会主义现代化国家，推动经济高质量发展的题中应有之义。

基于此背景，深圳大学中国经济特区研究中心和一带一路国际合作发展（深圳）研究院构建了一套具有动态循环、自演化特点的指标评价体系，从环境—资源—绩效的创新创业生态链角度出发，把脉我国主要城市的双创发展状况，综合评估、科学研判我国双创未来的发展态势。本报告在构建中国双创指数评价体系时，主要遵循以下三个基本原则。

第一，指数评价体系的构建注重创业创新生态链有效循环、动态演化等特点。基于联合国创新创业的三元评价指标体系，借鉴国内外权威的、有影响力的创新创业指数研究，从环境支持、资源能力、绩效价值三个维度对双创发展现状和发展潜力进行评估。

第二，指数评价体系的构建注重体现创新和创业的特点及趋势。顺应新时期经济发展趋势，抓住新发展格局下双创的发展重点与特征。注重研究的时代性、前瞻性是本报告追求和努力的方向。党的二十大报告指出，要完善促进创业带动就业的制度保障，支持和规范发展新就业形态。随着中国产业结构的调整与升级，创新创业逐步形成了对就业、社会及经济发展的良性传导。其中，创业是市场经济中一种重要的经济现象，一个国家经济的繁荣发展，以不断出现新创企业为重要特征。《中国市场主体发展活力报告（2021）》指出，作为我国经济运行的"细胞"，亿万个市场主体已成为我国稳定宏观经济大盘的关键力量、就业机会的主要提供者和技术创新的主要推动者。因此，为响应党的二十大以及国务院与创业、稳就业、促就业相关的指示精神，本报告在2022~2023年的双创指数评价体系中加入衡量地区创业绩效的指标，以衡量该地区创新创业发展水平以及经济活力。

第三，指数评价体系的构建注重数据来源的全面性、权威性和可获得性。在选取中国双创指数评价体系的具体指标时，本报告坚持目标导向与问题导向相结合，所选的大多数指标与国家战略规划要求高度相关，保证所选指标具有充分的现实意义。为确保指标数据的权威性和公开性，本报告绝大部分基础数据来源于政府统计调查，采用各市或省级部门公布的统计数据。此外，不同于传统研究报告，其指标大多采用官方来源，本报告的部分数据指标还来源于高校院所、民间智库或第三方机构的公开出版物，旨在更全面、更客观地衡量全国主要城市的双创活跃程度与区域特点。

## （二）指数评价体系构成

中国双创指数评价体系及各级指标权重如表1所示。为更加精准地衡量城市创业效果，本年度报告在综合国际创业指数研究成果的基础上，选取"私营企业法人数占常住人口比例（％）"和"个体就业人数占常住人口比例（％）"来衡量区域创业绩效。

表1 中国双创指数评价体系及各级指标权重

| 一级指标（权重） | 二级指标（权重） | 三级指标 | 三级指标权重（％） |
| --- | --- | --- | --- |
| 环境支持（33%） | 市场结构（7.08%） | 非公有制企业数量比重（％） | 2.36 |
| | | 规模以上工业小微企业数量比重（％） | 2.36 |
| | | 实际利用外商直接投资占GDP比重（％） | 2.36 |
| | 产业基础（7.08%） | 对外进出口总额（亿元） | 2.36 |
| | | 规模以上工业总产值（亿元） | 2.36 |
| | | 民间资本固定资产投资总额占GDP比重（％） | 2.36 |
| | 制度文化（7.08%） | 政府效率指数 | 2.36 |
| | | 商业信用环境指数 | 2.36 |
| | | 每万人藏书册数（册） | 2.36 |
| | 配套支持（11.80%） | 公共交通车辆数（辆） | 2.36 |
| | | 货物运输总量（万吨） | 2.36 |
| | | 互联网宽带普及率（％） | 2.36 |
| | | 医院占医疗机构比重（％） | 2.36 |
| | | 国家级科技企业孵化器数量（个） | 2.36 |
| 资源能力（33%） | 人力资源（15.00%） | 净流入常住人口数量（万人） | 3.00 |
| | | 高等教育学历人口比例（％） | 3.00 |
| | | 普通高校在校生数量（万人） | 3.00 |
| | | 知识密集型服务业从业人员比例（％） | 3.00 |
| | | 规模以上工业企业R&D人员（人） | 3.00 |
| | 资本市场（9.00%） | 年末总市值（亿元） | 3.00 |
| | | 年度IPO规模（亿元） | 3.00 |

续表

| 一级指标（权重） | 二级指标（权重） | 三级指标 | 三级指标权重（%） |
|---|---|---|---|
| 资源能力（33%） | 资本市场 | 年度新三板上市企业数量（个） | 3.00 |
| | 科技投入（9.00%） | 基础研究经费支出占万元 GDP 比重（%） | 3.00 |
| | | 应用研究经费支出占万元 GDP 比重（%） | 3.00 |
| | | 试验发展经费支出占万元 GDP 比重（%） | 3.00 |
| 绩效价值（34%） | 产业绩效（10.20%） | 人均 GDP（元） | 3.40 |
| | | 高新技术企业数量（个） | 3.40 |
| | | 规模以上工业企业利润总额（亿元） | 3.40 |
| | 创新绩效（10.20%） | 专利授权量（件） | 3.40 |
| | | 每万人国内发明专利申请量（件/万人） | 3.40 |
| | | 中国城市数字经济指数 | 3.40 |
| | 可持续发展（6.80%） | 单位 GDP 能耗（吨标准煤/万元） | 3.40 |
| | | 空气质量优良（二级及以上）天数占比（%） | 3.40 |
| | 创业绩效（6.80%） | 私营企业法人数占常住人口比例（%） | 3.40 |
| | | 个体就业人数占常住人口比例（%） | 3.40 |

### （三）研究样本选择

本报告根据各城市的经济社会发展状况兼顾区域均衡，从全国筛选出100座城市作为研究样本。城市研究样本的具体入选条件有以下3个方面。第一，直辖市、省级行政区省会（首府）城市及副省级城市应当入选。第二，综合考虑全国各省份的人口分布、经济发展质量、创新资源分配情况，合理均衡地选择样本城市，避免研究样本所属区域高度集中于经济发达地区。第三，若入选数量小于该省份的样本配额，则根据各省份下辖地级行政区的地区生产总值和人口流动情况等进行分级排序，按照所剩配额从高到低选取排名靠前的地级行政区。

根据以上筛选条件，中国双创指数评价体系的研究样本名单如表2所示。其中，东部地区包括57座城市，入选城市最多的省份为江苏省，入选13座城市，其次是广东省，入选11座城市；中部地区包括18座城市，入选城市最多的省份为安徽省，入选5座城市；西部地区包括20座城市，入选城市最多的省份为广西壮族自治区和陕西省，均有3座城市入选；东北地区包括5座城市，入选城市最多的省份为吉林省和辽宁省，均有2座城市入选。

表2 中国双创指数评价体系研究样本名单

| 城市 | 地区 | 城市 | 地区 | 城市 | 地区 | 城市 | 地区 |
| --- | --- | --- | --- | --- | --- | --- | --- |
| 安庆 | 中部 | 湖州 | 东部 | 莆田 | 东部 | 西安 | 西部 |
| 包头 | 西部 | 淮安 | 东部 | 青岛 | 东部 | 西宁 | 西部 |
| 保定 | 东部 | 惠州 | 东部 | 泉州 | 东部 | 咸阳 | 西部 |
| 北京 | 东部 | 吉林 | 东北 | 三亚 | 东部 | 湘潭 | 中部 |
| 沧州 | 东部 | 济南 | 东部 | 厦门 | 东部 | 襄阳 | 中部 |
| 常州 | 东部 | 嘉兴 | 东部 | 汕头 | 东部 | 徐州 | 东部 |
| 成都 | 西部 | 江门 | 东部 | 上海 | 东部 | 烟台 | 东部 |
| 滁州 | 中部 | 金华 | 东部 | 绍兴 | 东部 | 盐城 | 东部 |
| 大连 | 东北 | 九江 | 中部 | 深圳 | 东部 | 扬州 | 东部 |
| 德州 | 东部 | 昆明 | 西部 | 沈阳 | 东北 | 宜昌 | 中部 |
| 东莞 | 东部 | 拉萨 | 西部 | 石家庄 | 东部 | 银川 | 西部 |
| 东营 | 东部 | 兰州 | 西部 | 苏州 | 东部 | 榆林 | 西部 |
| 鄂尔多斯 | 西部 | 廊坊 | 东部 | 宿迁 | 东部 | 岳阳 | 中部 |
| 佛山 | 东部 | 连云港 | 东部 | 台州 | 东部 | 湛江 | 东部 |
| 福州 | 东部 | 柳州 | 西部 | 太原 | 中部 | 漳州 | 东部 |
| 赣州 | 中部 | 龙岩 | 东部 | 泰州 | 东部 | 长春 | 东北 |
| 广州 | 东部 | 洛阳 | 中部 | 唐山 | 东部 | 长沙 | 中部 |
| 贵阳 | 西部 | 马鞍山 | 中部 | 天津 | 东部 | 镇江 | 东部 |
| 桂林 | 西部 | 茂名 | 东部 | 威海 | 东部 | 郑州 | 中部 |
| 哈尔滨 | 东北 | 绵阳 | 西部 | 潍坊 | 东部 | 中山 | 东部 |
| 海口 | 东部 | 南昌 | 中部 | 温州 | 东部 | 重庆 | 西部 |
| 邯郸 | 东部 | 南京 | 东部 | 乌鲁木齐 | 西部 | 珠海 | 东部 |
| 杭州 | 东部 | 南宁 | 西部 | 无锡 | 东部 | 株洲 | 中部 |
| 合肥 | 中部 | 南通 | 东部 | 芜湖 | 中部 | 淄博 | 东部 |
| 呼和浩特 | 西部 | 宁波 | 东部 | 武汉 | 中部 | 遵义 | 西部 |

（四）中国双创指数数据来源

中国双创指数评价体系的指标丰富而全面，其数据来源呈现多样化的特点。大部分数据来源于各省、区、市统计局发布的统计年鉴与国民经济和社会发展统计公报或通过统计数据计算得到。非常规数据则通过高校院所、民间智库或第三方机构发布的测评报告等获取，具体的数据来源如表3所示。

表3 中国双创指数评价体系指标数据来源

| 数据来源 | 主要发布机构 |
| --- | --- |
| 统计年鉴 | 各省、区、市统计局 |
| 国民经济和社会发展统计公报 | 各省、区、市统计局 |
| 全国1%人口抽样调查主要数据公报 | 各省、区、市统计局 |
| 财政决算报告 | 各省、区、市财政局 |
| 国家级科技企业孵化器名单 | 中华人民共和国科学技术部 |
| 中国地方政府效率研究报告 | 江西师范大学管理决策评价研究中心 |
| 中国城市商业信用环境指数（CEI） | 中国城市商业信用环境指数课题组 |
| Wind 数据 | 万得信息技术股份有限公司 |
| 中国城市数字经济指数 | 新华三集团数字经济研究院 |
| 空气质量优良（二级及以上）天数 | 中国环境监测总站 |

《中国双创发展报告（2022~2023）》是对城市样本在2021年的双创发展状况进行评估，原则上由反映2021年发展状况的相应数据构成。截至本指标体系完善前，发布机构尚未公布2021年数据或发布机构已发布但由于统计口径不同导致数据不适用的情形，视为该数据缺失。对于缺失数据，优先选用测评年度近3年的最新数据；否则采用类比法，依据相似城市的数据，通过拟合法或加权平均法进行补充。

## 三 测度结果与综合分析

### （一）中国双创城市综合测评结果

通过数据收集、整理，根据前文所述方法计算得到2021年各城市双创总指数及排名，如表4所示。2021年，受新冠疫情影响，国内部分城市经济承压前行，城市双创总指数的均值较2020年下降2.03分。但从单个城市来看，头部城市的双创总指数基本与上年持平，甚至略有上升。北京以77.06分居中国双创总指数排名榜首位，较上年增加0.80分。深圳以75.65分位居中国双创总指数排名榜第二，较上年下降0.78分。2021年北交所设立，与上交所、深交所形成三足鼎立的局面，提升了北京在资本市场二级指标中的得分。具体而言，北京以1215.15亿元的年度IPO募资额居全国首位，远超上海（684.7亿元）和深圳（336.32亿元），可见资本市场对实体经济，特别是对科技创新的支持作用进一步增强。总体来看，北京、深圳和上海以超过位居第四的广州10分以上的总指数领跑全国，位于中国双创发展第二梯队的广州、苏州和杭州3座城市的得分均在60分左右，南京、武汉和宁波则以50分以上的成绩紧随其后。成都的双创总指数排名较上年下降4位，同属西部城市的重庆双创总指数也较上年有所下降，但依然入围全国双创10强。宁波则依靠其在人力资源方面的优势，再次入围10强（排名较上年上升两位）。在排名前二十的城市中，长三角和珠三角城市占据多数席位，西部城市只有重庆和成都，中部城市只有武汉和合肥，表明我国双创事业发展仍存在较为显著的地区差异。

表4　2021年各城市双创总指数及排名

单位：分

| 排名 | 城市 | 总指数 | 地区 | 排名 | 城市 | 总指数 | 地区 |
| --- | --- | --- | --- | --- | --- | --- | --- |
| 1 | 北京 | 77.06 | 东部 | 9 | 宁波 | 50.25 | 东部 |
| 2 | 深圳 | 75.65 | 东部 | 10 | 重庆 | 49.32 | 西部 |
| 3 | 上海 | 75.14 | 东部 | 11 | 天津 | 48.41 | 东部 |
| 4 | 广州 | 60.93 | 东部 | 12 | 厦门 | 45.79 | 东部 |
| 5 | 苏州 | 60.53 | 东部 | 13 | 佛山 | 45.41 | 东部 |
| 6 | 杭州 | 59.53 | 东部 | 14 | 成都 | 45.18 | 西部 |
| 7 | 南京 | 54.07 | 东部 | 15 | 青岛 | 45.09 | 东部 |
| 8 | 武汉 | 50.55 | 中部 | 16 | 常州 | 45.01 | 东部 |

续表

| 排名 | 城市 | 总指数 | 地区 | 排名 | 城市 | 总指数 | 地区 |
|---|---|---|---|---|---|---|---|
| 17 | 东莞 | 44.94 | 东部 | 51 | 江门 | 34.35 | 东部 |
| 18 | 济南 | 44.84 | 东部 | 52 | 乌鲁木齐 | 34.07 | 西部 |
| 19 | 无锡 | 44.35 | 东部 | 53 | 芜湖 | 34.05 | 中部 |
| 20 | 合肥 | 44.24 | 中部 | 54 | 徐州 | 33.98 | 东部 |
| 21 | 嘉兴 | 44.2 | 东部 | 55 | 金华 | 33.84 | 东部 |
| 22 | 西安 | 43.83 | 西部 | 56 | 兰州 | 33.77 | 西部 |
| 23 | 珠海 | 43.72 | 东部 | 57 | 镇江 | 33.74 | 东部 |
| 24 | 郑州 | 43.43 | 中部 | 58 | 长春 | 33.72 | 东北 |
| 25 | 长沙 | 42.63 | 中部 | 59 | 东营 | 33.62 | 东部 |
| 26 | 绍兴 | 41.83 | 东部 | 60 | 南宁 | 33.57 | 西部 |
| 27 | 福州 | 41.17 | 东部 | 61 | 鄂尔多斯 | 33.55 | 西部 |
| 28 | 南昌 | 40.12 | 中部 | 62 | 拉萨 | 33.40 | 西部 |
| 29 | 泉州 | 39.74 | 东部 | 63 | 唐山 | 33.29 | 东部 |
| 30 | 大连 | 39.73 | 东北 | 64 | 石家庄 | 33.10 | 东部 |
| 31 | 温州 | 39.17 | 东部 | 65 | 泰州 | 32.99 | 东部 |
| 32 | 贵阳 | 39.10 | 西部 | 66 | 宜昌 | 32.88 | 中部 |
| 33 | 沈阳 | 38.66 | 东北 | 67 | 扬州 | 32.88 | 东部 |
| 34 | 南通 | 37.54 | 东部 | 68 | 连云港 | 32.67 | 东部 |
| 35 | 惠州 | 37.51 | 东部 | 69 | 淮安 | 32.58 | 东部 |
| 36 | 台州 | 36.92 | 东部 | 70 | 盐城 | 32.54 | 东部 |
| 37 | 马鞍山 | 36.58 | 中部 | 71 | 柳州 | 32.48 | 西部 |
| 38 | 中山 | 36.19 | 东部 | 72 | 漳州 | 32.46 | 东部 |
| 39 | 太原 | 36.05 | 中部 | 73 | 包头 | 32.23 | 西部 |
| 40 | 湖州 | 35.92 | 东部 | 74 | 汕头 | 32.00 | 东部 |
| 41 | 昆明 | 35.92 | 西部 | 75 | 榆林 | 31.85 | 西部 |
| 42 | 三亚 | 35.76 | 东部 | 76 | 保定 | 31.82 | 东部 |
| 43 | 威海 | 35.75 | 东部 | 77 | 沧州 | 31.59 | 东部 |
| 44 | 海口 | 35.72 | 东部 | 78 | 九江 | 31.48 | 中部 |
| 45 | 银川 | 35.38 | 西部 | 79 | 淄博 | 31.43 | 东部 |
| 46 | 哈尔滨 | 35.32 | 东北 | 80 | 岳阳 | 31.37 | 中部 |
| 47 | 潍坊 | 34.91 | 东部 | 81 | 宿迁 | 31.30 | 东部 |
| 48 | 呼和浩特 | 34.73 | 西部 | 82 | 德州 | 31.20 | 东部 |
| 49 | 西宁 | 34.61 | 西部 | 83 | 桂林 | 31.18 | 西部 |
| 50 | 烟台 | 34.56 | 东部 | 84 | 龙岩 | 31.02 | 东部 |

续表

| 排名 | 城市 | 总指数 | 地区 | 排名 | 城市 | 总指数 | 地区 |
|---|---|---|---|---|---|---|---|
| 85 | 莆田 | 30.86 | 东部 | 93 | 邯郸 | 30.13 | 东部 |
| 86 | 湘潭 | 30.73 | 中部 | 94 | 咸阳 | 30.12 | 西部 |
| 87 | 洛阳 | 30.70 | 中部 | 95 | 吉林 | 29.89 | 东北 |
| 88 | 绵阳 | 30.57 | 西部 | 96 | 赣州 | 29.55 | 中部 |
| 89 | 廊坊 | 30.53 | 东部 | 97 | 安庆 | 29.50 | 中部 |
| 90 | 襄阳 | 30.31 | 中部 | 98 | 茂名 | 29.36 | 东部 |
| 91 | 遵义 | 30.24 | 西部 | 99 | 湛江 | 29.35 | 东部 |
| 92 | 株洲 | 30.14 | 中部 | 100 | 滁州 | 29.12 | 中部 |

注：东部、中部、西部和东北四大经济区域以《中共中央、国务院关于促进中部地区崛起的若干意见》《国务院发布关于西部大开发若干政策措施的实施意见》为依据划分。

双创总指数排名前100的城市中有26座城市属于长三角城市群。作为国家战略发展规划示范区，长三角城市群在创新创业发展中处于全国领先水平。双创总指数排名前100的城市中有8座城市属于京津冀城市群。随着北京非首都功能疏解，周边城市的活力、潜力得到进一步释放，创新创业水平不断提高。同时，值得注意的是，双创总指数排名前100的城市中有11座城市属于广东省，珠三角城市群的双创总指数得分较高且较为均衡，并形成了向粤东和粤西辐射的格局。总体而言，我国双创发展呈现"南高北低"和"东高西低"的空间格局。

## （二）双创环境支持维度测评结果

表5展示了2021年双创环境支持维度得分排名前10的城市。综合来看，双创环境支持维度得分排名前10城市的得分均值较上年上涨1.01分。上海连续5年名列第一。深圳的双创环境支持维度得分较上年上涨3.69分，位居第二。北京的双创环境支持维度得分较上年上涨1.29分，以20.50分紧随其后。佛山的双创环境支持维度得分较上年上涨1.51分，排名从第15位跃升至第10位。具体来看，本年度佛山的产业基础以及制度文化两项二级指标的得分均有所上升。其中，佛山规模以上工业总产值

为 26312 亿元，位居第五，居深圳、苏州、上海、重庆之后。佛山坚持制造业立市、兴市、强市，高质量推进"制造业当家"，逐步建立起门类齐全、配套完善的现代产业体系，产品远销 100 多个国家和地区。同时，佛山大力发展以"互联网+智造"等为代表的技术，产业结构呈高端化发展趋势，在疫情下表现出极强的发展韧性。

在环境支持维度得分前 10 的城市中，本年度表现突出的还有居第 9 位的天津，其双创环境支持维度得分较上年上涨 0.35 分，从上年的第 11 位上升至第 9 位，时隔一年再次进入全国双创环境支持维度十强。2021 年，天津规模以上工业总产值突破 2 万亿元，增长 18.4%，增幅排名靠前。天津是全国先进制造研发基地，是中国最早的工业基地之一，具有优越的工业制造基础和强大的产业基地辐射力。与此同时，天津地处京津冀协同发展战略核心，为推进京津冀一体化、环渤海经济圈发展，天津不断优化政策体系。2020 年天津印发了《天津市支持重点平台服务京津冀协同发展的政策措施》，2021 年滨海新区出台《关于加快滨海—中关村科技园高质量发展的若干措施》等政策文件，不断完善优化创新创业政策体系，加大双创环境建设支持力度，逐步构建了集产学研、金融、市场等于一体的创新创业新高地。

表 5　2021 年双创环境支持维度得分排名前 10 的城市

单位：分

| 排名 | 城市 | 得分 | 地区 |
| --- | --- | --- | --- |
| 1 | 上海 | 26.17 | 东部 |
| 2 | 深圳 | 24.34 | 东部 |
| 3 | 北京 | 20.50 | 东部 |
| 4 | 广州 | 18.85 | 东部 |
| 5 | 苏州 | 18.85 | 东部 |
| 6 | 南京 | 17.99 | 东部 |
| 7 | 杭州 | 17.13 | 东部 |
| 8 | 重庆 | 16.84 | 西部 |
| 9 | 天津 | 16.43 | 东部 |
| 10 | 佛山 | 16.26 | 东部 |

## （三）双创资源能力维度测评结果

表6展示了2021年双创资源能力维度得分排名前10的城市。综合来看，双创资源能力维度得分前10位的城市得分均值较上年下降3.45分。北京、深圳和上海连续5年位居前三，广州、苏州和杭州的得分相近，紧随其后，杭州从上年的第9位上升到第6位。综合来看，新一线城市①表现亮眼，杭州排名跃升至第6位，西安时隔一年再次入围全国双创资源能力维度十强。其中，变化较为明显的是净流入常住人口数量这一指标。

2021年，从常住人口增量来看，成都、杭州净增人口分别为24.5万人、23.9万人，位居前二；排名前10的城市还包括青岛、郑州、宁波、南京等新一线城市。一线城市中，北京人口减少0.4万人，上海人口增长1.07万人，深圳人口增长5.16万人，广州人口增长7.03万人。相比于新一线城市以及二线城市，北京、上海、深圳的净流入常住人口承压，"北上广深"不再是首选，年轻人逐渐涌向新一线城市。人口越来越趋于向省会城市或省内重点城市流动，这是近年来人口流动的重要特征。

表6 2021年双创资源能力维度得分排名前10的城市

单位：分

| 排名 | 城市 | 得分 | 地区 |
| --- | --- | --- | --- |
| 1 | 北京 | 26.20 | 东部 |
| 2 | 深圳 | 22.57 | 东部 |
| 3 | 上海 | 21.92 | 东部 |
| 4 | 广州 | 18.95 | 东部 |
| 5 | 苏州 | 18.86 | 东部 |
| 6 | 杭州 | 18.83 | 东部 |
| 7 | 西安 | 18.54 | 西部 |
| 8 | 武汉 | 17.94 | 中部 |
| 9 | 郑州 | 16.48 | 中部 |
| 10 | 南京 | 16.43 | 东部 |

① 此处"一线""新一线"城市的划分参照第一财经·新一线城市研究所发布的《2022城市商业魅力排行榜》中对全国城市的划分标准。

## （四）双创绩效价值维度测评结果

表7展示了2021年双创绩效价值维度得分排名前10的城市。综合来看，2021年双创绩效价值得分排名前10的城市得分均值较上年上升1.59分。2021年，北京的双创绩效价值得分较上年上升2.19分，位于榜首，深圳以28.92分位居第二，上海则以27.08分的分数保持在第3位。2021年，在疫情反复冲击和经济下行压力加大的背景下，各地不断完善微观政策，帮助市场主体减负纾困、恢复发展，持续激发市场主体活力，市场主体总体呈现数量持续增长和结构更加优化的趋势。2021年，我国各类市场主体新增2887.26万家，相比2012年底增长了1.8倍。其中，新增企业901.32万家，新增个体工商户1985.94万家。在培育市场主体方面，由于拥有良好的创业氛围，深圳创业成效表现突出。截至2021年底，深圳全市共有市场主体380万家，数量位居全国第一，包括139万家个体工商户和241万家企业，其中规模以上工业企业1.3万家，限额以上批发和零售业企业1.2万家，规模以上服务业企业1.1万家，形成了小企业"铺天盖地"、大企业"顶天立地"的发展格局。2022年4月8日，深圳发布了《深圳市人民政府关于加快培育壮大市场主体的实施意见》，满足"个转企""小升规""规做精""优上市""国家级高新技术企业""独角兽企业"六类不同市场主体发展的特性需求。

在2021年双创绩效价值得分排名前10的城市中，宁波的双创绩效价值得分较上年增加1.40分，从上年的第11位上升至第8位，表现亮眼。截至2021年底，宁波有各类市场主体120.76万家，同比增长9.35%，新设各类市场主体22.05万家，同比增长16.69%。从2020年开始，宁波率先实施市场主体经营范围登记规范化改革，精准解决原经营范围登记申请人"填报难"、登记机关"规范难"、许可部门和社会公众"识别难"的问题。同年8月，宁波在全省率先、全国第二实现了电子营业执照和电子印章免费同步发放，实现企业开办全程网上身份认证和电子签名，进一步简化了填报流程。截至2021年，宁波全市市场主体开办网办率达99.9%。① 宁波的政策及相关措施服务于各类市场主体，提高了效率，极大地激发了市场活力，为地区创新创业注入了新的动力。

表7　2021年双创绩效价值维度得分排名前10的城市

单位：分

| 排名 | 城市 | 得分 | 地区 |
| --- | --- | --- | --- |
| 1 | 北京 | 30.49 | 东部 |
| 2 | 深圳 | 28.92 | 东部 |
| 3 | 上海 | 27.08 | 东部 |
| 4 | 杭州 | 23.69 | 东部 |
| 5 | 广州 | 23.20 | 东部 |
| 6 | 苏州 | 23.10 | 东部 |
| 7 | 南京 | 19.68 | 东部 |
| 8 | 宁波 | 19.41 | 东部 |
| 9 | 无锡 | 17.38 | 东部 |
| 10 | 武汉 | 17.26 | 中部 |

## 四　基本判断与对策建议

基于环境—资源—绩效的三角循环生态链视角，本报告通过构建三位一体的评价体系，对2021年全国主要城市的双创发展状况进行评估。双创指数测评结果发现，第一，中国双创事业发展较为平稳，部分地区提前谋划、全面布局，不断优化环境支持相关子指标，打通了双创发展中环境—资源—绩效的传导路径；第二，近年来，由于外部技术封锁及疫情的冲击，部分企业受到了严重影响，其所在城市的双创总指数呈下降趋势；第三，人才是创新发展的核心要素，目前我国创新创业的相关人才依旧匮乏，各地人力资源水平存在较大差距。

---

① 资料来源：宁波市商务局。

基于以上判断，本报告对新发展阶段纵深推进创新创业活动，着力建设创新型国家提出以下三个方面建议。

### （一）完善顶层设计，强化政策对科技创新的支持

加大科技创新政策支持力度，增强科技力量。第一，集中各地优势力量，增强国家战略科技力量。我国外部环境承压，在重点科技领域受到多国封锁。在未来一段时间，应当以强化国家战略科技力量为政策导向，集中各地优势力量，提前布局，加大对科技创新的支持力度，攻克技术重点与难点。第二，以城市群为核心，加强政策指导，优化技术要素配置。构建以需求为导向的创新体系，打通各城市之间的资源、技术壁垒，推进高等院校、科研院所和企业科研力量协同发力和共享资源。第三，各地因势利导，切实加强基础研究。制定适合当地长远发展目标的基础研究行动方案，打造系统的基础研究体系，以营造良好的科技创新环境。地方政府应积极探索基础研究经费的多元投入机制，强化企业投入主体地位，鼓励社会力量以捐赠和建立基金等方式多渠道参与基础研究。

### （二）加大支持力度，提升企业技术创新能力

强化企业创新主体地位，促进各类创新要素向企业集聚。第一，激励企业加大研发投入，增强企业创新动力。进一步推进研发费用加计扣除、高新技术企业税收优惠等政策落地，通过完善相关优惠、补贴及激励政策，鼓励各地企业加大研发投入，增强企业创新动力。第二，支持产业共性基础技术研发，提供公益性共性技术服务。通过优势企业、高等院校及科研院所共建技术平台，解决基础性、跨行业等技术难题，为初创企业、中小企业提供技术帮扶服务，推动技术链创新发展。第三，完善企业创新创业服务体系，保障各类市场主体发展需求。加快大型城市群制度一体化进程，推进企业异地查询、办证、缴费等业务一体化。

### （三）完善保障体系，激发人才创新活力

深化人才发展体制机制改革，全方位培养、引进、用好人才，充分发挥人才的作用。第一，培养造就高水平人才队伍，打造青年科技人才后备军。加强创新型人才培养，完善相关科学技术人员的学习、培训体系，打造与国际接轨的创新型人才培养机制。加强基础研究型、应用研究型人才培养，注重问题导向，以建立社会主义现代化强国为目标，加强对优秀科研人员的培养。第二，积极引进海外人才。放眼世界，主要发达国家都将吸引全球优秀人才作为重要政策。人才是立国之本，各地应积极宣传党和国家引进海外优秀人才的方针政策，为海外科学家、技术人员、高层次人才等提供具有国际竞争力和吸引力的环境条件。第三，激励人才更好地发挥作用，提高创新创业绩效。给予创新型人才充分的优惠政策，构建对标国际的薪酬绩效体系、社会保障体系，全力解决国家重点科技方面人才的住房、子女教育及养老等问题。

**参考文献**

李宏彬等：《企业家的创业与创新精神对中国经济增长的影响》，《经济研究》2009年第10期。

孙久文、高宇杰：《文化多样性与城市创业活力》，《中国软科学》2022年第6期。

万海远：《城市社区基础设施投资的创业带动作用》，《经济研究》2021年第9期。

叶文平、李新春、陈强远：《流动人口对城市创业活跃度的影响：机制与证据》，《经济研究》2018年第6期。

赵涛、张智、梁上坤：《数字经济、创业活跃度与高质量发展——来自中国城市的经验证据》，《管理世界》2020年第10期。

# 中国双创指数篇
China Innovation and Entrepreneurship Index

  中国双创指数篇基于总报告构建双创指数评价体系，首先，逐级评估研究样本城市的双创发展状况，描绘城市双创发展的整体轮廓；其次，探讨各级双创指标的筛选标准，重点分析一级指标间的相关性。

# B.2 双创指数城市排名及其变动

黄义衡 李贵 马锐颖*

**摘　要：** 在新冠疫情和全球经济增长放缓等宏观负面冲击下，各城市双创指数出现整体性回落，并呈现如下特征：与2020年双创指数大幅下降不同，2021年双创指数降幅显著缩小；在环境支持、资源能力和绩效价值3个一级指标中，资源能力得分下降是双创指数下降的主要原因，而环境支持和绩效价值得分变动对双创指数变动影响较小。此外，从双创指数城市分层结果来看，负面冲击拉大了各层城市双创指数的组内差距。双创指数的变动揭示了我国城市经济的韧性。随着新冠疫情的结束以及新时代高质量发展工作的全面推进，预测未来各城市双创指数将进一步提升。

**关键词：** 双创指数　环境支持　资源能力　绩效价值

## 一　双创指数城市排名总体分析

### （一）双创城市基本情况

基于《中国双创发展报告（2022~2023）》对双创指数测算的结果，

---

\* 黄义衡，经济学博士，深圳大学中国经济特区研究中心助理教授，主要研究方向为技术进步与工资差距、城市规模与产业构成、中国经济特区体制改革思想等；李贵，深圳大学中国经济特区研究中心硕士研究生，主要研究方向为人力资本投资、经济周期；马锐颖，深圳大学中国经济特区研究中心硕士研究生，主要研究方向为社会保障、收入分配。作者黄义衡感谢深圳市高等院校稳定支持计划（项目编号：20190826152739003）对本报告的支持。

2021年双创指数具有如下特征。

**1. 持续负面冲击下，双创指数整体下降**

在各种不利的宏观外部环境因素的影响下，我国各城市双创指数整体自2018年达到峰值以来持续下降。图1显示了2017~2021年双创100强城市的双创指数。不难发现，2018年双创指数达到峰值，随后各城市双创指数逐渐下降。

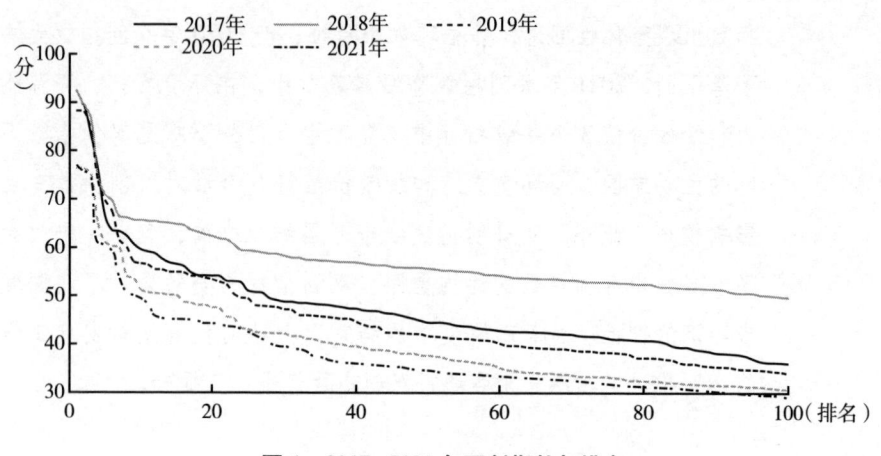

**图1　2017~2021年双创指数与排名**

值得注意的是，尽管2021年双创指数仍呈下降趋势，但其降幅已经缩小，甚至在部分排名区间上双创指数已不再明显下降。这不仅表明不利宏观外部环境的影响趋于结束，更显示了我国城市经济的韧性。

不妨以2017~2019年双创指数均值作为参照系，进一步考察2020年和2021年双创指数的变动情况。① 这里，变动指2020年或2021年双创指

---

① 本报告选择2017~2019年双创指数均值作为参照系，主要基于以下3个方面的考虑。其一，以2020年以前年份的双创指数作为参照，可以考察2020年和2021年双创指数的变动情况，即做更长周期的观察。其二，以2017~2019年双创指数均值作为参照，可以弱化单一年份双创指数波动带来的影响。其三，系统性下降是从2019年开始的，而且整体性的持续下降是2020年才出现的。需要指出的是，由于各城市双创指数及其排名一直在变动，因此不论选择哪一年作为参照系，都不可避免地会引起某种程度上的争议。

数与2017~2019年双创指数均值之间的差距。图2显示了这种变动的特征。

相较于2017~2019年双创指数均值，尽管所有城市2020年和2021年双创指数都出现了下降，但2021年双创指数的降幅较2020年有所减小。值得注意的是，2020年双创指数降幅呈现"两头低，中间高"的格局，即2017~2019年双创指数均值较高或较低的城市双创指数降幅较大。与2020年相反，2021年双创指数降幅呈现"两头高，中间低"的态势，即2017~2019年双创指数排名居中的城市呈现较大的降幅。图2中实线和虚线分别表示2020年和2021年双创指数变动趋势。

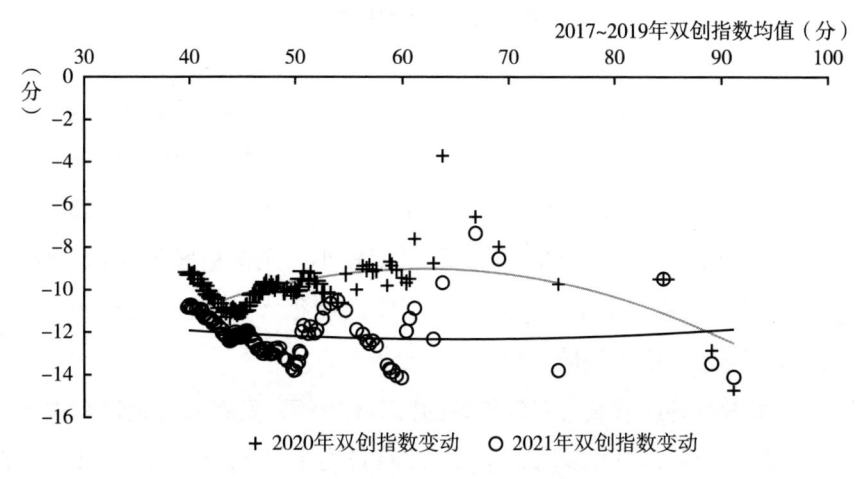

图2 2020年与2021年双创指数变动

图2所展示的双创指数变动特征同样印证了上文的判断：不利宏观外部环境的影响趋于平稳。此外，图2还表明双创指数排名靠后的城市所受到的负面冲击或许更为持久。本报告认为这一特征值得更深入的考察。

2. 不同区域内部城市双创指数的差距有所扩大

将双创城市按照东部地区、东北地区、中部地区和西部地区的地理区域划分方式进行分组，并考察其组内双创指数的变化，结果如图3所示。

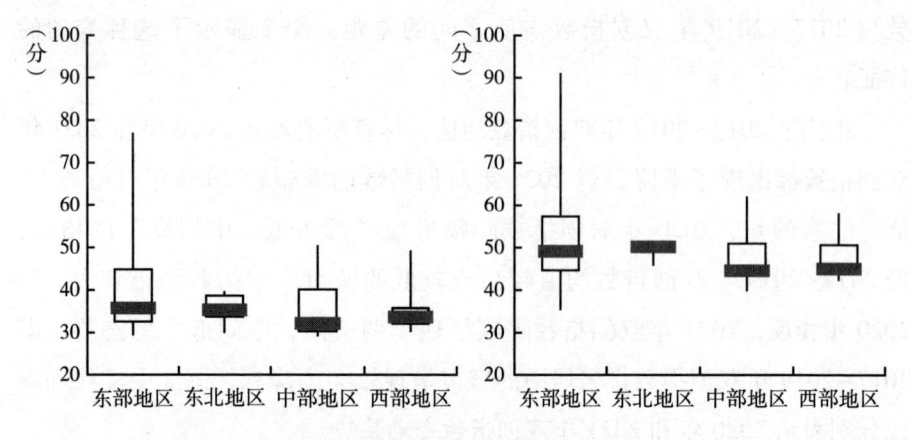

**图3 2021年各区域双创指数均值（左）与2017~2019年各区域双创指数均值（右）**

对比图3（左）和图3（右），西部地区和东北地区各个城市的全距①在2021年有所扩大。其中，东北地区双创指数上升幅度最大，为4.28517分；西部地区上升3.20733分，而东部地区和中部地区各城市之间双创指数的全距在2021年均出现下降，中部地区下降幅度较小，东部地区下降幅度最大，为8.1143分。尽管东部地区双创指数下降幅度很大，但是从绝对值来看，东部地区的全距值依然是最高的。

进一步考察各区域城市双创指数的四分位距②，发现东北地区和中部地区城市双创指数的四分位距分别上升3.78433分和2.40287分；相反，西部地区和东部地区分别下降2.87703分和0.39867分。

各区域城市双创指数全距和四分位距的不同变动方式，意味着负面冲击条件下不同的反应模式。对于中部地区和东北地区而言，区域内双创指数差异受两侧极端值变动影响较小。而近几年西部地区发展迅猛，部分城市的双创指数出现极端值，所以这些城市双创指数在四分位距下降的同时，全距有较大幅度上升。东部地区城市双创指数差异主要受两侧极端值变动的影响。

---

① 全距（Range）指一组观测值里面最大值和最小值之间的差。
② 四分位距（Inter Quartile Range，IQR）指一组观测值里面较大四分位数（75%位置）和较小四分位数（25%位置）之间的差。

据此，本报告认为在评估双创工作态势时，应特别关注东部地区双创指数较高的城市其双创指数的持续性下降问题，要避免负面冲击对双创城市影响的长期化。

**3. 资源能力得分下降是2021年双创指数下降的重要原因**

城市双创指数由环境支持、资源能力和绩效价值3个一级指标得分加总而得，这3个一级指标占比分别为33%、33%和34%。与前文类似，我们考察初始一级指标得分与2020年和2021年一级指标得分变动之间的关系。以2019年各一级指标得分作为参照系，对比结果如图4、图5和图6所示。

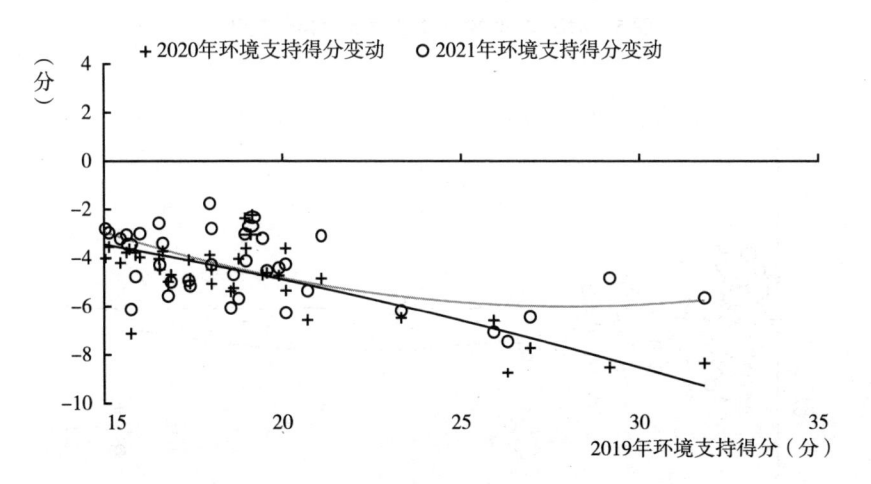

**图4　2020年和2021年环境支持得分变动**

对比图4、图5和图6可以发现，在环境支持和绩效价值两个一级指标上，双创指数百强城市在经历2020年得分大幅下降后，2021年得分并未进一步整体性下降，而是与2020年得分大致持平。相反，在2020年资源能力一级指标得分普遍下降之后，双创指数百强城市2021年资源能力得分进一步整体性下降。这表明一级指标资源能力得分的降低是2021年城市双创指数持续降低的重要原因。

另外，从图5可以发现，与2020年资源能力得分下降相比，2021年资

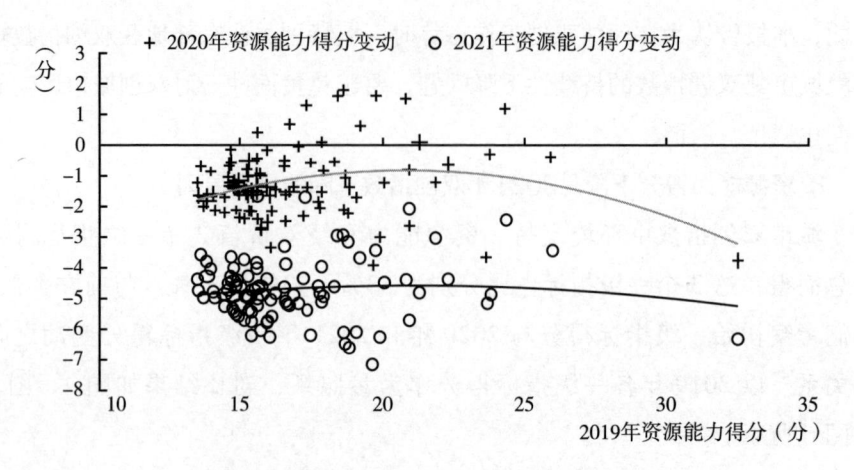

图 5　2020 年和 2021 年资源能力得分变动

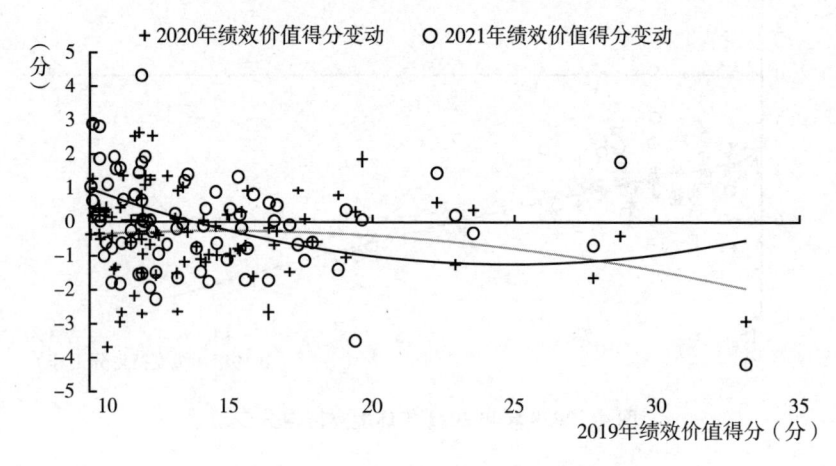

图 6　2020 年和 2021 年绩效价值得分变动

源能力得分的下降更多集中于初始资源能力得分排名中间及靠后的城市。这表明在各种负面冲击下，初始资源能力得分较高的城市在资源竞争过程中仍然能够保持相对优势，得分较低的城市则较容易落入更为不利的位置。

从图 4 可以发现，初始环境支持得分较高的城市在经历 2020 年得分大幅下降后，2021 年环境支持得分率先出现回升，初始环境支持得分较低的城市则未回升。由于双创指数 3 个一级指标得分高度正相关，这意味着双创指数较高的城市具有更强的经济韧性，双创指数较低的城市则在持续的负面冲击下处于更为不利的地位。

**4. 城市双创指数分布具有一定的稳定性**

图7（左）和图7（右）分别展示了2021年和2017~2019年双创指数前100名城市的分组情况。

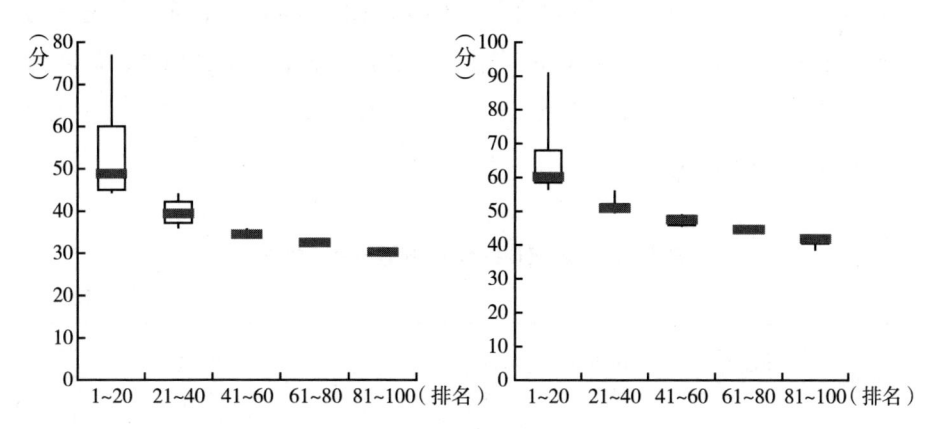

**图7 2021年双创指数排名分组情况（左）2017~2019年双创指数均值排名分组情况（右）**

对比图7（左）和图7（右）可以发现，尽管持续的负面冲击使城市双创指数出现整体性下降，但是双创指数排名1~20、21~40、41~60、61~80以及81~100这5个分组的组间差距都没有显著缩小或扩大。从组内差距来看，双创指数排名靠前的城市之间的组内差距仍远高于排名中间及靠后的城市。

城市双创指数分布呈现的稳定性揭示了城市系统演化规律在设计推进双创工作方案时的重要性。一方面，尽管在短期内城市可以通过财政投入和政策支持等方式改善本地双创工作态势，但是这种改善是否能够稳定地增强城市经济韧性是不确定的。另一方面，对于双创工作态势较弱的城市（双创指数排名中间及靠后的城市），是否存在过度竞争而导致资源浪费的情况也是值得进一步思考的。

## （二）双创指数10强与20强

### 1. 双创指数10强城市基本情况

表1展示了2021年双创指数10强城市的基本情况，10强城市依次为北京、深圳、上海、广州、苏州、杭州、南京、武汉、宁波和重庆。从表1可以看出，东部地区城市上榜数量较多，中西部地区相对较少，东北部地区则没有城市进入前十榜单。与2020年相比，北京双创指数超过深圳，位列第一；排名3~8位的城市未发生变动；宁波双创指数排名显著提升，排第9位，进入双创城市10强。

表1 2021年双创指数10强城市基本情况

单位：分

| 城市 | 环境支持得分 | 资源能力得分 | 绩效价值得分 | 双创指数 | 2021年双创指数排名 | 2017~2019年双创指数均值排名 |
|---|---|---|---|---|---|---|
| 北京 | 20.50 | 26.20 | 30.49 | 77.06 | 1 | 2 |
| 深圳 | 24.34 | 22.57 | 28.92 | 75.65 | 2 | 1 |
| 上海 | 26.17 | 21.92 | 27.08 | 75.14 | 3 | 3 |
| 广州 | 18.85 | 18.95 | 23.20 | 60.93 | 4 | 4 |
| 苏州 | 18.85 | 18.86 | 23.10 | 60.53 | 5 | 5 |
| 杭州 | 17.13 | 18.83 | 23.69 | 59.53 | 6 | 6 |
| 南京 | 17.99 | 16.43 | 19.68 | 54.07 | 7 | 7 |
| 武汉 | 15.49 | 17.94 | 17.26 | 50.55 | 8 | 8 |
| 宁波 | 15.34 | 15.58 | 19.41 | 50.25 | 9 | 11 |
| 重庆 | 16.84 | 15.67 | 16.94 | 49.32 | 10 | 16 |

2021年，在双创指数10强城市中，除北京之外，其余城市双创指数均有不同程度下降。其中，深圳、上海、苏州和杭州的双创指数较2020年轻微下降。相反，广州、南京、武汉与重庆的双创指数出现较大幅度下降。其中，南京双创指数下降幅度最大，达到5.9577分，广州、武汉与重庆双创指数下降幅度在3.5743~4.2019分。

从双创指数的绝对水平来看，2021年北京和深圳的双创指数相较其

2017～2019年双创指数均值，分别降低12.0163分和15.5111分，这说明自2019年以来的新冠疫情已经深刻地影响到双创工作态势较好的城市。

值得关注的是，与2020年相比，成都的双创指数下降了6.0094分，跌出双创指数10强，2021年排第14位；虽然宁波双创指数有小幅下降，但是其排名不降反升，从2020年的第11位上升到第9位，这意味着宁波在各种负面因素冲击下具有更强的韧性。

**2. 双创指数20强城市基本情况**

根据本蓝皮书对双创指数的测算，2021年双创指数20强城市如表2所示。

表2 2021年双创指数20强城市基本情况

单位：分

| 城市 | 双创指数 | 2021年双创指数排名 | 2017～2019年双创指数均值排名 | 城市 | 双创指数 | 2021年双创指数排名 | 2017～2019年双创指数均值排名 |
| --- | --- | --- | --- | --- | --- | --- | --- |
| 北京 | 77.06 | 1 | 2 | 天津 | 48.41 | 11 | 9 |
| 深圳 | 75.65 | 2 | 1 | 厦门 | 45.79 | 12 | 10 |
| 上海 | 75.14 | 3 | 3 | 佛山 | 45.41 | 13 | 14 |
| 广州 | 60.93 | 4 | 4 | 成都 | 45.18 | 14 | 18 |
| 苏州 | 60.53 | 5 | 5 | 青岛 | 45.09 | 15 | 20 |
| 杭州 | 59.53 | 6 | 6 | 常州 | 45.01 | 16 | 22 |
| 南京 | 54.07 | 7 | 7 | 东莞 | 44.94 | 17 | 13 |
| 武汉 | 50.55 | 8 | 8 | 济南 | 44.84 | 18 | 26 |
| 宁波 | 50.25 | 9 | 11 | 无锡 | 44.35 | 19 | 19 |
| 重庆 | 49.32 | 10 | 16 | 合肥 | 44.24 | 20 | 21 |

对比2021年双创指数排名与2017～2019年双创指数均值排名，可以看出，双创指数20强城市具有一定的稳定性。其中，2021年双创指数8强城市与2017～2019年双创指数均值8强城市完全一致；2021年双创指数20强中仅常州、济南和合肥3座城市的2017～2019年双创指数均值排名在20强之外。另外，长三角城市群和珠三角城市群中分别有7座和4座城市进入双创指数20强榜单，与2020年双创指数20强格局基本一致。这种双创城市分布的稳定性体现了这些城市本身的经济韧性，也意味着在政策资源有限的

条件下，优先考虑双创基础较好的城市予以扶持将产生更大的经济效益。

另外，对比2020年和2021年双创指数20强城市名单可以发现，长三角城市群和珠三角城市群以外的区域中心城市，如武汉、重庆、成都、天津和青岛等都稳居20强榜单，西安和郑州两座中心城市则因双创指数下降幅度较大而跌出20强榜单。这意味着西安和郑州以及以这两座城市为中心的城市群在推进双创发展以及抵御负面经济冲击方面仍有一定局限。

（三）双创指数城市总排名

参考本蓝皮书对双创指数测算的结果，2021年双创指数100强城市的基本情况如表3所示。

表3  2021年双创指数100强城市基本情况

单位：分

| 城市 | 双创指数 | 2021年双创指数排名 | 2017~2019年双创指数均值排名 | 城市 | 双创指数 | 2021年双创指数排名 | 2017~2019年双创指数均值排名 |
|---|---|---|---|---|---|---|---|
| 北京 | 77.06 | 1 | 2 | 嘉兴 | 44.20 | 21 | 25 |
| 深圳 | 75.65 | 2 | 1 | 西安 | 43.83 | 22 | 17 |
| 上海 | 75.14 | 3 | 3 | 珠海 | 43.72 | 23 | 12 |
| 广州 | 60.93 | 4 | 4 | 郑州 | 43.43 | 24 | 23 |
| 苏州 | 60.53 | 5 | 5 | 长沙 | 42.63 | 25 | 15 |
| 杭州 | 59.53 | 6 | 6 | 绍兴 | 41.83 | 26 | 31 |
| 南京 | 54.07 | 7 | 7 | 福州 | 41.17 | 27 | 24 |
| 武汉 | 50.55 | 8 | 8 | 南昌 | 40.12 | 28 | 40 |
| 宁波 | 50.25 | 9 | 11 | 泉州 | 39.74 | 29 | 38 |
| 重庆 | 49.32 | 10 | 16 | 大连 | 39.73 | 30 | 29 |
| 天津 | 48.41 | 11 | 9 | 温州 | 39.17 | 31 | 34 |
| 厦门 | 45.79 | 12 | 10 | 贵阳 | 39.10 | 32 | 33 |
| 佛山 | 45.41 | 13 | 14 | 沈阳 | 38.66 | 33 | 36 |
| 成都 | 45.18 | 14 | 18 | 南通 | 37.54 | 34 | 28 |
| 青岛 | 45.09 | 15 | 20 | 惠州 | 37.51 | 35 | 43 |
| 常州 | 45.01 | 16 | 22 | 台州 | 36.92 | 36 | 46 |
| 东莞 | 44.94 | 17 | 13 | 马鞍山 | 36.58 | 37 | 60 |
| 济南 | 44.84 | 18 | 26 | 中山 | 36.19 | 38 | 27 |
| 无锡 | 44.35 | 19 | 19 | 太原 | 36.05 | 39 | 70 |
| 合肥 | 44.24 | 20 | 21 | 湖州 | 35.92 | 40 | 37 |

续表

| 城市 | 双创指数 | 2021年双创指数排名 | 2017~2019年双创指数均值排名 | 城市 | 双创指数 | 2021年双创指数排名 | 2017~2019年双创指数均值排名 |
|---|---|---|---|---|---|---|---|
| 昆明 | 35.92 | 41 | 32 | 柳州 | 32.48 | 71 | 66 |
| 三亚 | 35.76 | 42 | 50 | 漳州 | 32.46 | 72 | 53 |
| 威海 | 35.75 | 43 | 48 | 包头 | 32.23 | 73 | 72 |
| 海口 | 35.72 | 44 | 39 | 汕头 | 32.00 | 74 | 100+ |
| 银川 | 35.38 | 45 | 81 | 榆林 | 31.85 | 75 | 85 |
| 哈尔滨 | 35.32 | 46 | 35 | 保定 | 31.82 | 76 | 90 |
| 潍坊 | 34.91 | 47 | 100+ | 沧州 | 31.59 | 77 | 86 |
| 呼和浩特 | 34.73 | 48 | 52 | 九江 | 31.48 | 78 | 68 |
| 西宁 | 34.61 | 49 | 89 | 淄博 | 31.43 | 79 | 74 |
| 烟台 | 34.56 | 50 | 100+ | 岳阳 | 31.37 | 80 | 69 |
| 江门 | 34.35 | 51 | 58 | 宿迁 | 31.30 | 81 | 100+ |
| 乌鲁木齐 | 34.07 | 52 | 62 | 德州 | 31.20 | 82 | 87 |
| 芜湖 | 34.05 | 53 | 30 | 桂林 | 31.18 | 83 | 63 |
| 徐州 | 33.98 | 54 | 67 | 龙岩 | 31.02 | 84 | 100+ |
| 金华 | 33.84 | 55 | 47 | 莆田 | 30.86 | 85 | 100+ |
| 兰州 | 33.77 | 56 | 59 | 湘潭 | 30.73 | 86 | 61 |
| 镇江 | 33.74 | 57 | 45 | 洛阳 | 30.70 | 87 | 71 |
| 长春 | 33.72 | 58 | 41 | 绵阳 | 30.57 | 88 | 65 |
| 东营 | 33.62 | 59 | 100+ | 廊坊 | 30.53 | 89 | 100+ |
| 南宁 | 33.57 | 60 | 44 | 襄阳 | 30.31 | 90 | 78 |
| 鄂尔多斯 | 33.55 | 61 | 54 | 遵义 | 30.24 | 91 | 83 |
| 拉萨 | 33.40 | 62 | 73 | 株洲 | 30.14 | 92 | 75 |
| 唐山 | 33.29 | 63 | 82 | 邯郸 | 30.13 | 93 | 98 |
| 石家庄 | 33.10 | 64 | 49 | 咸阳 | 30.12 | 94 | 100+ |
| 泰州 | 32.99 | 65 | 42 | 吉林 | 29.89 | 95 | 56 |
| 宜昌 | 32.88 | 66 | 100+ | 赣州 | 29.55 | 96 | 76 |
| 扬州 | 32.88 | 67 | 51 | 安庆 | 29.50 | 97 | 77 |
| 连云港 | 32.67 | 68 | 57 | 茂名 | 29.36 | 98 | 88 |
| 淮安 | 32.58 | 69 | 55 | 湛江 | 29.35 | 99 | 93 |
| 盐城 | 32.54 | 70 | 100+ | 滁州 | 29.12 | 100 | 100+ |

整体来看，在双创指数100强城市榜单里面，东部地区城市总体上占有绝对优势：东部地区共有57座城市进入榜单，且有32座城市排名在50

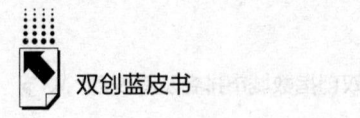

(含第50位）以内。中部地区和西部地区分别有18座和20座城市进入100强榜单，但排名在50以内的城市仅有7座和8座。东北地区仅大连、沈阳、哈尔滨、长春和吉林5座城市进入100强榜单，其中大连、沈阳和哈尔滨排名前50（分别为第30位、第33位和第46位）。

## 二 双创指数城市排名分层分析

### （一）双创指数城市排名分层依据与结果

为更好地体现不同城市的创新资源集中情况和城市发展程度、把握城市特征的变动规律，需要对城市系统进行适当的分层，以便更好地观察城市科技创新的发展进程。这里延续《中国双创发展报告（2019~2020）》B.2篇和《中国双创发展报告（2020~2021）》B.2篇的分层方式。

根据各个城市的双创能力，本报告将双创城市划分为双创核心城市、双创枢纽城市、双创节点城市、双创启动城市和双创潜力城市5个层次。各层双创城市的具体含义如表4所示。

表4 各层双创城市的含义

| 层次 | 含义 |
| --- | --- |
| 双创核心城市 | 双创核心城市指双创的生态链完整、具有良好的双创环境支持和资源能力，并且创造了巨大的双创绩效，对全国的双创工作产生了辐射作用，是全国双创的标杆城市 |
| 双创枢纽城市 | 双创枢纽城市指链接全国各区域的双创发展，在一定范围内产生了一定的辐射带动作用，是区域内双创发展的引领城市 |
| 双创节点城市 | 双创节点城市指全国双创发展网络上的各个子节点城市，其已经具备了一定的双创基础，积累了一定规模的双创资源，也具有一定的双创绩效价值 |
| 双创启动城市 | 双创启动城市指其双创发展已经有一定基础，但在规模、影响力和绩效价值方面仍然较弱的城市 |
| 双创潜力城市 | 双创潜力城市指其双创发展还处于起步阶段，双创所需的环境支持、资源能力具有较大开发潜力的城市 |

由于2020年和2021年双创指数持续整体性下降，为凸显这种持续性以及与本篇前半部分讨论保持一致，这里将2017~2019年双创指数均值作为分层标准。具体分层标准和结果如表5所示。

表5 双创城市分层标准与结果

单位：分

| 层次 | 分层标准 | 城市 | 2017~2019年双创指数均值 | 2017~2019年双创指数均值排名 |
| --- | --- | --- | --- | --- |
| 双创核心城市 | 双创指数均值≥68分 | 深圳 | 91.1638 | 1 |
| | | 北京 | 89.1217 | 2 |
| | | 上海 | 84.6315 | 3 |
| | | 广州 | 74.7162 | 4 |
| | | 苏州 | 68.0713 | 5 |
| 双创枢纽城市 | 60分≤双创指数均值<68分 | 杭州 | 67.8824 | 6 |
| | | 南京 | 63.3647 | 7 |
| | | 武汉 | 62.1513 | 8 |
| | | 天津 | 60.9899 | 9 |
| | | 厦门 | 60.1810 | 10 |
| | | 宁波 | 60.1595 | 11 |
| 双创节点城市 | 55分≤双创指数均值<60分 | 珠海 | 59.6139 | 12 |
| | | 东莞 | 58.9421 | 13 |
| | | 佛山 | 58.8786 | 14 |
| | | 长沙 | 58.7846 | 15 |
| | | 重庆 | 58.2362 | 16 |
| | | 西安 | 58.1944 | 17 |
| | | 成都 | 58.1026 | 18 |
| | | 无锡 | 57.3287 | 19 |
| | | 青岛 | 56.3164 | 20 |
| | | 合肥 | 56.2300 | 21 |
| | | 常州 | 55.6323 | 22 |
| | | 郑州 | 55.2818 | 23 |
| 双创启动城市 | 46分≤双创指数均值<55分 | 福州 | 53.4951 | 24 |
| | | 嘉兴 | 52.5356 | 25 |
| | | 济南 | 51.8037 | 26 |
| | | 中山 | 51.7620 | 27 |
| | | 南通 | 51.7311 | 28 |
| | | 大连 | 51.3304 | 29 |

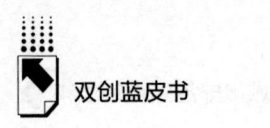

续表

| 层次 | 分层标准 | 城市 | 2017~2019年双创指数均值 | 2017~2019年双创指数均值排名 |
|---|---|---|---|---|
| 双创启动城市 | 46分≤双创指数均值<55分 | 芜湖 | 50.9912 | 30 |
| | | 绍兴 | 50.9377 | 31 |
| | | 昆明 | 50.7146 | 32 |
| | | 贵阳 | 50.6705 | 33 |
| | | 温州 | 50.6613 | 34 |
| | | 哈尔滨 | 50.3577 | 35 |
| | | 沈阳 | 50.2040 | 36 |
| | | 湖州 | 50.0961 | 37 |
| | | 泉州 | 49.6643 | 38 |
| | | 海口 | 49.4360 | 39 |
| | | 南昌 | 49.4143 | 40 |
| | | 长春 | 49.2019 | 41 |
| | | 泰州 | 49.1880 | 42 |
| | | 惠州 | 49.0989 | 43 |
| | | 南宁 | 49.0013 | 44 |
| | | 镇江 | 48.8123 | 45 |
| | | 台州 | 48.6237 | 46 |
| | | 金华 | 48.5214 | 47 |
| | | 威海 | 48.3012 | 48 |
| | | 石家庄 | 48.2748 | 49 |
| | | 三亚 | 47.5394 | 50 |
| | | 扬州 | 47.4715 | 51 |
| | | 呼和浩特 | 46.4006 | 52 |
| | | 漳州 | 46.2154 | 53 |
| | | 鄂尔多斯 | 46.0039 | 54 |
| 双创潜力城市 | 双创指数均值<46分 | 淮安 | 45.8439 | 55 |
| | | 吉林 | 45.7755 | 56 |
| | | 汕头 | 45.4714 | 57 |
| | | 连云港 | 45.4673 | 58 |
| | | 江门 | 45.3760 | 59 |
| | | 兰州 | 45.3342 | 60 |
| | | 马鞍山 | 45.2827 | 61 |
| | | 湘潭 | 45.0407 | 62 |
| | | 乌鲁木齐 | 44.9513 | 63 |

续表

| 层次 | 分层标准 | 城市 | 2017~2019年双创指数均值 | 2017~2019年双创指数均值排名 |
|---|---|---|---|---|
| 双创潜力城市 | 双创指数均值<46分 | 桂林 | 44.7641 | 64 |
| | | 衡阳 | 44.7620 | 65 |
| | | 绵阳 | 44.7391 | 66 |
| | | 柳州 | 44.6700 | 67 |
| | | 徐州 | 44.6098 | 68 |
| | | 九江 | 44.5973 | 69 |
| | | 岳阳 | 44.5583 | 70 |
| | | 太原 | 44.5568 | 71 |
| | | 洛阳 | 44.3977 | 72 |
| | | 包头 | 44.1835 | 73 |
| | | 拉萨 | 43.8463 | 74 |
| | | 淄博 | 43.5841 | 75 |
| | | 株洲 | 43.5580 | 76 |
| | | 赣州 | 43.4585 | 77 |
| | | 安庆 | 43.3393 | 78 |
| | | 襄阳 | 43.3012 | 79 |
| | | 济宁 | 43.2320 | 80 |
| | | 郴州 | 43.1699 | 81 |
| | | 银川 | 43.1009 | 82 |
| | | 唐山 | 43.0766 | 83 |
| | | 遵义 | 42.8375 | 84 |
| | | 常德 | 42.7586 | 85 |
| | | 榆林 | 42.5218 | 86 |
| | | 沧州 | 42.4172 | 87 |
| | | 德州 | 42.2444 | 88 |
| | | 茂名 | 42.2435 | 89 |
| | | 西宁 | 41.9831 | 90 |
| | | 保定 | 41.6717 | 91 |
| | | 新乡 | 41.2082 | 92 |
| | | 烟台 | 40.9711 | 93 |
| | | 许昌 | 40.8477 | 94 |
| | | 湛江 | 40.6309 | 95 |
| | | 荆州 | 40.2415 | 96 |
| | | 焦作 | 39.9710 | 97 |
| | | 南阳 | 39.9287 | 98 |
| | | 邯郸 | 39.8886 | 99 |
| | | 周口 | 38.3536 | 100 |

根据分层标准，双创核心城市有深圳、北京、上海、广州和苏州。双创枢纽城市有杭州、南京、武汉、天津、厦门和宁波。双创节点城市有珠海、东莞和佛山等12座城市。福州、嘉兴、济南等31座城市为双创启动城市。最后，淮安、吉林、汕头等46座城市为双创潜力城市。

由于分层是基于2017~2019年双创指数均值展开的，受到各种宏观因素的影响，各个城市表现出不同的特点，诸如重庆、宁波的双创指数排名有所提升，但天津、东莞的双创指数排名有所下降。

从分层结果来看，我国双创发展取得了一定的成果，但我国双创核心城市和枢纽城市较少，多数城市的双创发展还有进步空间。

### （二）各层城市双创指数与一级指标概况

#### 1. 各层双创城市双创指数变动情况

对各层城市双创指数进行统计，结果如图8所示。

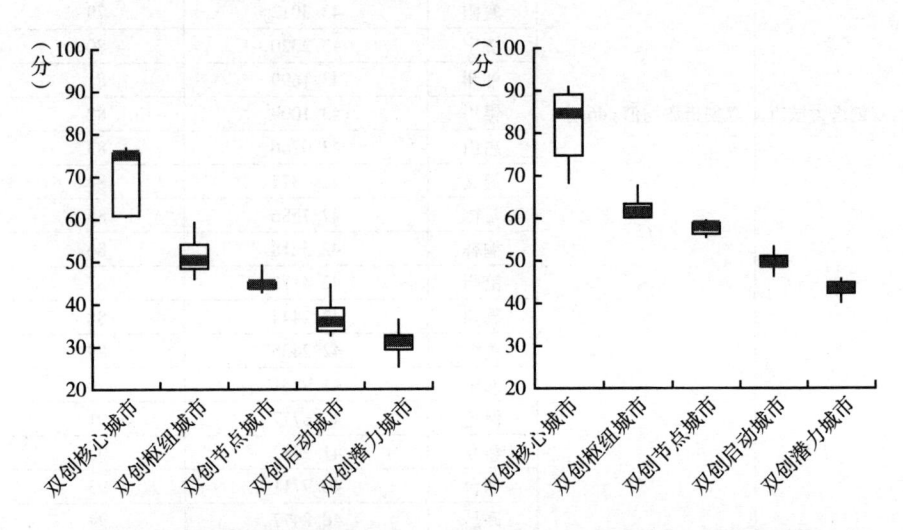

**图8　2021年各层城市双创指数（左）与2017~2019年各层城市双创指数均值（右）**

对比图8（左）和图8（右）可以发现，与2017~2019年相比，2021年各层城市双创指数均出现不同程度的下降。从各层城市双创指数中位数来看，双创核心城市、双创枢纽城市、双创节点城市、双创启动城市和双创潜力城市分别下降9.4915分、11.1705分、13.5034分、13.5160分和12.3182分。与双创指数整体性下降形成对比的是各层城市双创指数四分位距整体上升，除双创节点城市四分位距下降1.1984分之外，双创核心城市、双创枢纽城市、双创启动城市和双创潜力城市四分位距分别上升0.3145分、2.4763分、3.0137分和0.7923分。除四分位距变动之外，双创枢纽城市、双创节点城市和双创潜力城市的双创指数全距也出现明显上升。从各层城市的双创指数变动情况可以看出，持续的宏观负面冲击一方面使各个城市双创工作态势转弱，另一方面凸显了各个城市双创工作推进的实质性差异。

2. 各层双创城市双创指数一级指标变动情况

进一步考察各层双创城市环境支持、资源能力和绩效价值3个一级指标的变动情况。为减少分层对计算结果的影响，我们以各层双创城市一级指标得分的中位数来计算，其结果如图9所示。

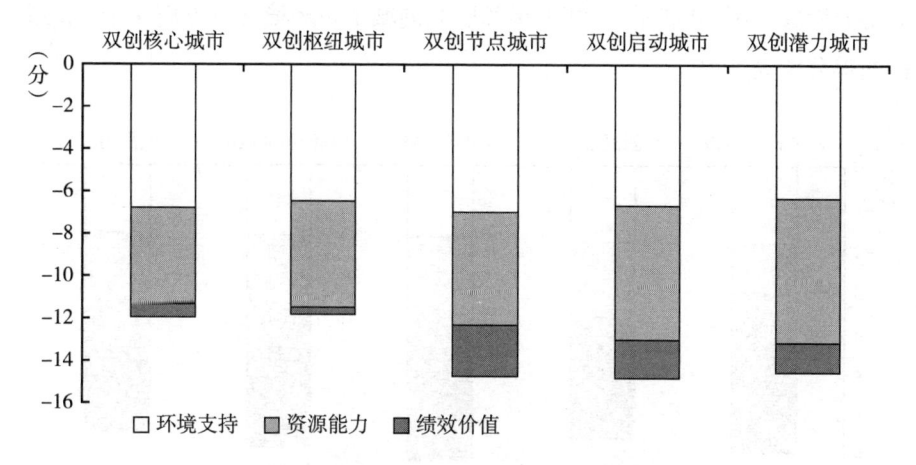

图9 各层双创城市一级指标得分变动情况

从图9可以看出，各层双创城市的环境支持得分和资源能力得分下降幅度较大。各层双创城市的环境支持得分下降幅度相差不大，其中双创节点城市的环境支持得分下降幅度最大。此外，资源能力得分的下降幅度呈现从双创核心城市到双创潜力城市逐级递增的趋势。绩效价值得分下降幅度则呈现两端（双创核心城市和双创潜力城市）低、中间（双创节点城市）高的格局，同时双创节点城市绩效价值得分的下降幅度最大。

各层双创城市一级指标得分的变动情况表明：一方面，持续宏观负面冲击对环境支持和资源能力的影响更为显著；另一方面，在资源能力和绩效价值两个方面，宏观负面冲击对双创工作态势处于靠后位置的城市造成更大的影响。从图9可以看出，科技创新程度相对较低的城市，在应对疫情等负面冲击时的经济韧性也相对较弱。当然，这也意味着在疫情结束后，双创指数较低的城市，其自身的产业基础和制度环境等还有进一步发展的空间。

**（三）各层城市双创指数二级指标概况**

**1. 各层双创城市环境支持二级指标得分变动情况**

环境支持得分由市场结构、产业基础、制度文化和配套支持4个二级指标得分构成，图10展示了2021年各层双创城市在环境支持方面4个二级指标的得分变动情况。

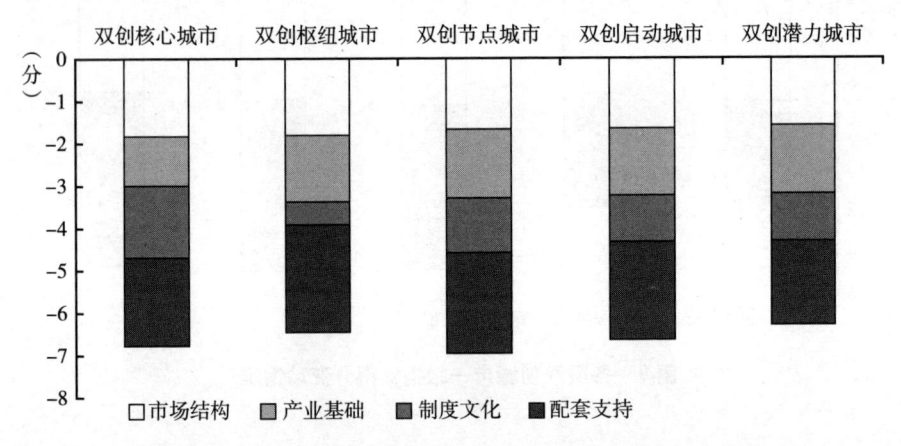

**图10 2021年各层双创城市环境支持二级指标得分变动情况**

从图10来看，各层城市环境支持一级指标得分降低主要是市场结构和配套支持两方面得分降低造成的，产业基础和制度文化得分降低造成的影响则因城市分层不同而有所不同。具体而言，新冠疫情等各种宏观负面冲击对各层双创城市在市场结构和配套支持上的影响大致相当。根据本蓝皮书指标构建方法，市场结构以非公有制企业数量比重和实际利用外商投资占GDP比重等指标衡量，配套支持以货物运输总量与国家级科技企业孵化器数量等指标衡量。可以预测，随着新冠疫情的结束以及全面推进新时代高质量发展工作的深入，各层双创城市在市场结构和配套支持上的得分将显著提升。

与市场结构和配套支持得分变化不同，产业基础得分下降的幅度大致呈现由双创核心城市向双创潜力城市递增的格局，制度文化得分下降幅度在总体上呈现由双创核心城市向双创潜力城市递减的格局，但双创枢纽城市制度文化得分的下降是一个例外。产业基础得分由对外进出口总额、规模以上工业总产值和民间资本固定资产投资总额占GDP比重来计算，随着新冠疫情的结束，可以预测各层双创城市在产业基础方面的得分将有所提升。

随着新时代高质量发展工作的全面推进，同样可以预测未来各层双创城市的制度文化得分会出现显著提升。另外，对比2020年数据，2021年各层双创城市产业基础和制度文化得分的下降幅度显著缩小，这也进一步印证了我们的判断。

**2. 各层双创城市资源能力二级指标得分变动情况**

资源能力得分由人力资源、资本市场和科技投入3个二级指标得分加总所得。为保持分析的一致性，同时便于与上年资源能力指标得分变动情况进行对比分析，本报告对资本市场的分析和估算方法延用《中国双创发展报告（2020~2021）》的估算方法，此外由于2018年原始数据缺失，本报告利用2021年和2019年的计算数据进行比较分析，结果如图11所示。

不难发现，各层双创城市人力资本得分均有所上升，其中双创枢纽城市上升幅度最大。这意味着，各层双创城市均特别重视人力资本的积累。我国大学招生规模的持续扩大以及大学毕业生供给的增加，也为各层双创城市快速积累人力资本提供了可能性。可以预测，未来各层双创城市在人力资本上的得分会进一步提升。

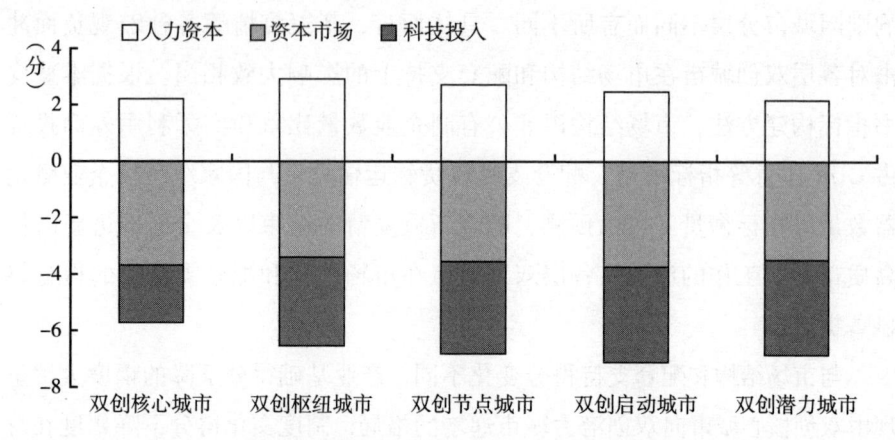

**图11　2021年各层双创城市资源能力二级指标得分变动情况**

与人力资本得分普遍提升的情况不同，各层双创城市在资本市场和科技投入上的得分普遍下降。其中，各层双创城市资本市场得分降幅大致相当，而科技投入得分下降幅度整体呈现由双创核心城市向双创潜力城市递增的趋势。资本市场得分的普遍降低意味着，近年来我国所遇到的负面冲击具有一定的普遍性。科技投入得分的变动则意味着，不同层级的双创城市在面临负面冲击时反应有所差异。初始科技投入得分较高的城市，在应对负面冲击时有能力继续维持较高的研发投入水平，初始科技投入得分较低的城市则难以做到这一点。

需要指出的是，要实现高质量发展目标，维持一定的科技研发投入是必不可少的。发现并克服阻碍科技研发投入水平提升的堵点难点，全面提升各城市科技研发投入水平与效率，将是各城市推进双创工作高质量发展的重要一环。

**3. 各层双创城市绩效价值二级指标得分变动情况**

2021年的绩效价值得分权重与上年相比有所变化（但绩效价值部分总权重没有变化）。2020年绩效价值得分由产业绩效、创新绩效和可持续发展3个二级指标得分加总所得，各个三级指标权重均为4.25%，2021年对绩效价值的衡量新增创业绩效二级指标，以私营企业法人数占常住人口比例、个体就业人数占常住人口比例来衡量，2021年衡量绩效价值的各个三级指标权重调整为3.40%。表6展示了绩效价值下属指标和指标权重的变动情况。

表6　2020年与2021年绩效价值维度下各级指标权重比较

| 2021年绩效价值得分权重(34%) | | | 2020年绩效价值得分权重(34%) | | |
| --- | --- | --- | --- | --- | --- |
| 二级指标 | 三级指标 | 三级指标权重 | 二级指标 | 三级指标 | 三级指标权重 |
| 产业绩效 | 人均GDP(元) | 3.40% | 产业绩效 | 人均GDP(元) | 4.25% |
| | 高新技术企业数量(个) | 3.40% | | 高新技术企业数量(个) | 4.25% |
| | 规模以上工业企业利润总额(亿元) | 3.40% | | 规模以上工业企业利润总额(亿元) | 4.25% |
| 创新绩效 | 专利授权量(件) | 3.40% | 创新绩效 | 专利授权量(件) | 4.25% |
| | 每万人国内发明专利申请量(件/万人) | 3.40% | | 每万人国内发明专利申请量(件/万人) | 4.25% |
| | 中国城市数字经济指数 | 3.40% | | 中国城市数字经济指数 | 4.25% |
| 可持续发展 | 单位GDP能耗(吨标准煤/万元) | 3.40% | 可持续发展 | 单位GDP能耗(吨标准煤/万元) | 4.25% |
| | 空气质量优良(二级及以上)天数占比(%) | 3.40% | | 空气质量优良(二级及以上)天数占比(%) | 4.25% |
| 创业绩效 | 私营企业法人数占常住人口比例(%) | 3.40% | 无对应指标 | | |
| | 个体就业人数占常住人口比例(%) | 3.40% | | | |

为使评价结果具有一定的可比性，本报告以2021年产业绩效、创新绩效和可持续发展3个二级指标得分为基础，沿用此前得分权重重新计算2021年各二级指标得分，并与2019年得分进行对比，结果如图12所示。

从图12可以发现，各层双创城市的产业绩效得分均有不同程度的提升，其中双创核心城市提升幅度最大，这说明双创核心城市的产业绩效仍具有绝对优势，即使受到持续的宏观负面冲击，其发展方式和发展绩效仍在持续改进。

另外，各层双创城市的可持续发展得分都出现下降。由于可持续发展是

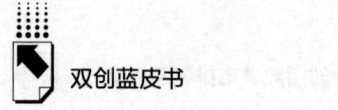

全面建设社会主义现代化国家的首要任务，也是实现高质量发展的必要条件，所以可持续发展得分的降低需要引起重点关注。

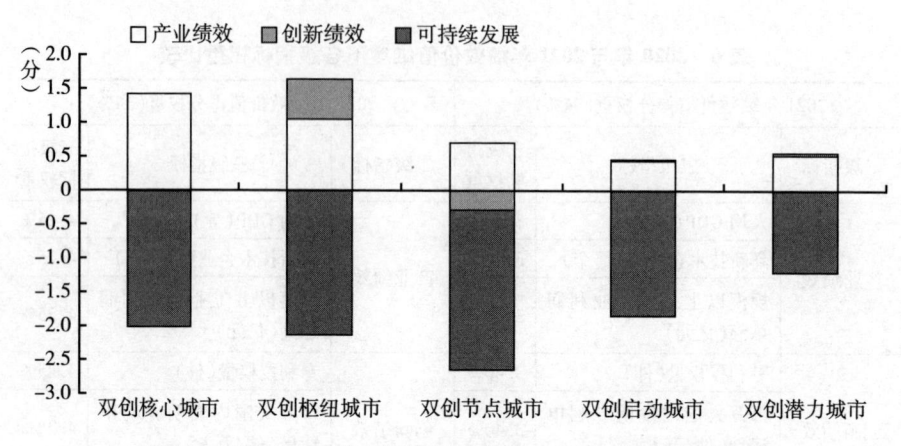

**图12　2021年各层双创城市绩效价值二级指标得分变动情况**

# B.3 双创指数子特征百强城市排名分析

李胜利 董婧文*

**摘 要：** 本报告从环境支持、资源能力、绩效价值三个方面对双创百强城市排名进行分析。分析结果表明，我国双创环境整体发展向好，较上年有较大幅度提升，城市间差距也有一定程度缩小。受疫情影响，双创百强城市在资源能力方面的得分有所下降，但部分城市仍取得较大进步，如包头、德州等。在双创绩效方面，百强城市总体绩效价值较上年有所提升，且低分段城市上升的幅度大于高分段城市。同时城市绩效价值之间的差距、高分段城市得分与低分段城市得分的极差都在缩小，绩效价值总体上呈现提升与集中的趋势。

**关键词：** 子特征 环境支持 资源能力 绩效价值

## 一 环境支持子特征

城市环境的创新建设是人们对传统城市空间发展模式的一种反思，是解决当前城市所出现的客观环境问题的需要，是改变传统城市空间结构发展以物质、经济导向为主的情况，改变粗放、蔓延、无序城市发展模式的有效途径。双创环境建设将自然环境、建成环境和文化环境看作资源和财富，力图对其进行保护和改善。环境支持子特征反映支撑创新创业发展的经济、社会、物质、文化等环境要素的发展水平。本报告分别从市场结构、产业基

---

\* 李胜利，北京大学信息管理系副教授，主要研究方向为数字技术的经济与社会影响、电子商务、社交媒体等；董婧文，北京大学信息管理系硕士研究生。

础、制度文化和配套支持四个维度对双创百强城市在环境支持方面的发展情况进行分析。

### （一）环境支持得分及排名

在对指标进行标准化后，采取加权法对市场结构、产业基础、制度文化和配套支持4个二级指标进行因子分析。

首先，分别计算4个二级指标的得分，加权后计算总得分，得到的分数即为城市的环境支持得分。该子特征满分为33分，得分越高则意味着相应城市获得的双创环境支持越多，说明城市双创环境的建设能够推动城市创新创业的发展；反之，该子特征得分越低，则说明相应城市的双创环境建设水平越低，甚至阻碍了该城市双创的发展。2021年双创百强城市环境支持得分及排名情况如表1所示。

表1 2021年双创百强城市环境支持得分及排名

单位：分

| 城市 | 2021年环境支持得分 | 2021年环境支持排名 | 2020年环境支持排名 | 城市 | 2021年环境支持得分 | 2021年环境支持排名 | 2020年环境支持排名 |
|---|---|---|---|---|---|---|---|
| 上海 | 26.17 | 1 | 1 | 厦门 | 15.23 | 17 | 25 |
| 深圳 | 24.34 | 2 | 2 | 成都 | 15.04 | 18 | 14 |
| 北京 | 20.50 | 3 | 4 | 常州 | 14.87 | 19 | 12 |
| 广州 | 18.85 | 4 | 5 | 珠海 | 13.98 | 20 | 28 |
| 苏州 | 18.85 | 5 | 3 | 三亚 | 13.96 | 21 | 22 |
| 南京 | 17.99 | 6 | 10 | 无锡 | 13.83 | 22 | 16 |
| 杭州 | 17.13 | 7 | 7 | 郑州 | 13.73 | 23 | 21 |
| 重庆 | 16.84 | 8 | 6 | 济南 | 13.50 | 24 | 40 |
| 天津 | 16.43 | 9 | 11 | 合肥 | 13.25 | 25 | 26 |
| 佛山 | 16.26 | 10 | 17 | 西安 | 13.11 | 26 | 15 |
| 嘉兴 | 16.21 | 11 | 19 | 哈尔滨 | 13.02 | 27 | 36 |
| 青岛 | 15.95 | 12 | 8 | 连云港 | 12.81 | 28 | 45 |
| 东莞 | 15.82 | 13 | 9 | 沈阳 | 12.78 | 29 | 49 |
| 绍兴 | 15.62 | 14 | 31 | 江门 | 12.61 | 30 | 37 |
| 武汉 | 15.49 | 15 | 13 | 泉州 | 12.59 | 31 | 38 |
| 宁波 | 15.34 | 16 | 18 | 马鞍山 | 12.57 | 32 | 27 |

续表

| 城市 | 2021年环境支持得分 | 2021年环境支持排名 | 2020年环境支持排名 | 城市 | 2021年环境支持得分 | 2021年环境支持排名 | 2020年环境支持排名 |
|---|---|---|---|---|---|---|---|
| 长沙 | 12.50 | 33 | 24 | 西宁 | 11.02 | 67 | 75 |
| 中山 | 12.45 | 34 | 23 | 长春 | 10.97 | 68 | 70 |
| 徐州 | 12.42 | 35 | 56 | 廊坊 | 10.83 | 69 | 100+ |
| 沧州 | 12.38 | 36 | 61 | 衡阳 | 10.82 | 70 | 72 |
| 莆田 | 12.35 | 37 | 100+ | 宜昌 | 10.81 | 71 | 100+ |
| 温州 | 12.32 | 38 | 20 | 芜湖 | 10.76 | 72 | 30 |
| 海口 | 12.28 | 39 | 34 | 拉萨 | 10.76 | 73 | 64 |
| 南昌 | 12.28 | 40 | 35 | 襄阳 | 10.74 | 74 | 79 |
| 南通 | 12.26 | 41 | 29 | 唐山 | 10.74 | 75 | 62 |
| 贵阳 | 12.26 | 42 | 44 | 茂名 | 10.62 | 76 | 81 |
| 大连 | 12.24 | 43 | 47 | 泰州 | 10.55 | 77 | 65 |
| 惠州 | 12.18 | 44 | 41 | 遵义 | 10.45 | 78 | 74 |
| 金华 | 11.94 | 45 | 51 | 呼和浩特 | 10.44 | 79 | 73 |
| 湖州 | 11.89 | 46 | 32 | 安庆 | 10.44 | 80 | 86 |
| 桂林 | 11.81 | 47 | 97 | 德州 | 10.41 | 81 | 67 |
| 福州 | 11.75 | 48 | 42 | 东营 | 10.31 | 82 | 100+ |
| 保定 | 11.74 | 49 | 58 | 湛江 | 10.24 | 83 | 96 |
| 潍坊 | 11.67 | 50 | 100+ | 盐城 | 10.23 | 84 | 100+ |
| 汕头 | 11.66 | 51 | 80 | 株洲 | 10.14 | 85 | 99 |
| 湘潭 | 11.60 | 52 | 57 | 包头 | 10.11 | 86 | 85 |
| 镇江 | 11.55 | 53 | 55 | 赣州 | 10.08 | 87 | 87 |
| 威海 | 11.55 | 54 | 60 | 乌鲁木齐 | 9.94 | 88 | 46 |
| 淮安 | 11.55 | 55 | 48 | 咸阳 | 9.83 | 89 | 69 |
| 台州 | 11.49 | 56 | 43 | 九江 | 9.82 | 90 | 53 |
| 烟台 | 11.44 | 57 | 100+ | 兰州 | 9.81 | 91 | 71 |
| 南宁 | 11.40 | 58 | 68 | 漳州 | 9.77 | 92 | 93 |
| 洛阳 | 11.37 | 59 | 52 | 柳州 | 9.72 | 93 | 88 |
| 邯郸 | 11.31 | 60 | 66 | 鄂尔多斯 | 9.65 | 94 | 84 |
| 岳阳 | 11.29 | 61 | 78 | 淄博 | 9.61 | 95 | 77 |
| 太原 | 11.25 | 62 | 76 | 龙岩 | 9.59 | 96 | 100+ |
| 昆明 | 11.23 | 63 | 39 | 绵阳 | 9.40 | 97 | 90 |
| 扬州 | 11.15 | 64 | 59 | 吉林 | 9.38 | 98 | 63 |
| 石家庄 | 11.13 | 65 | 33 | 银川 | 9.12 | 99 | 50 |
| 宿迁 | 11.11 | 66 | 100+ | 榆林 | 9.04 | 100 | 89 |

2021年双创百强城市的环境支持得分均值为12.52分,较2020年的平均分有很大的提升,城市间得分的差距也在缩小,这说明我国城市双创环境建设取得显著成效。其中,上海和深圳的环境支持得分分别为27.16分和24.34分,上海在环境特征评定上仍保持较平稳的水平,居双创百强城市首位;榆林则为9.04分,分数有所提高但排名下降,居双创百强城市末位。

（二）环境支持得分的分布情况

表2、图1显示了双创百强城市的环境支持得分分布情况。2021年双创百强城市的环境支持得分位于［9.04,26.17］分,以此为基础将总区间分成4组,各组的间距为4.28分。

表2　双创百强城市环境支持得分分布

单位:座,%

| 环境支持分数段 | 城市数量 | 占比 |
| --- | --- | --- |
| ［9.04,13.32）分 | 76 | 76 |
| ［13.32,17.60）分 | 18 | 18 |
| ［17.60,21.88）分 | 4 | 4 |
| ［21.88,26.17］分 | 2 | 2 |

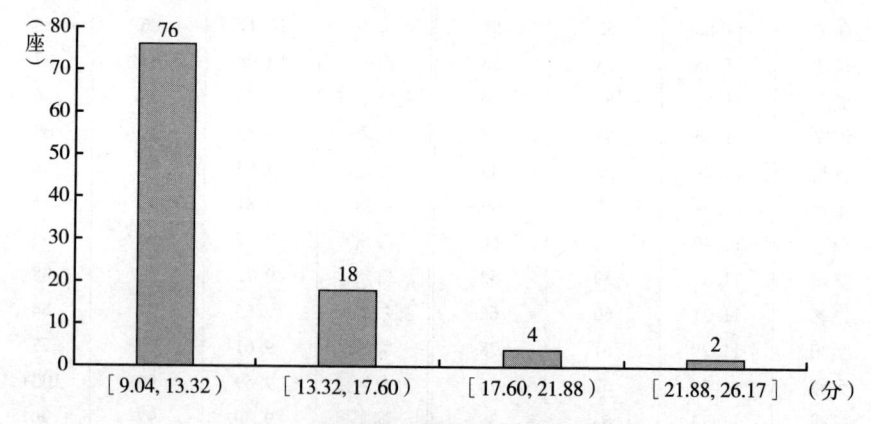

图1　双创百强城市环境支持得分分布

由结果所示，双创百强城市环境支持得分整体较低，平均分受到极值的影响较大，后期各城市需要在双创环境建设上发力。

## （三）环境支持子特征分析

本节通过对环境支持维度的4个二级指标，即市场结构、产业基础、制度文化和配套支持等的研究，进一步分析双创百强城市的双创环境发展情况。

### 1.市场结构

市场结构指的是支撑双创环境发展的市场主要参与者的结构属性。本节从市场结构下的3个三级指标切入，包括非公有制企业数量比重、规模以上工业小微企业数量比重和实际利用外商直接投资占GDP比重，探究双创百强城市双创环境支持的整体情况。本报告通过各子指标分值的加总来测量市场结构的发展水平，其中，市场结构指标的得分越高，其对双创发展起到的支撑和推动作用就越强，反之不利于甚至阻碍双创百强城市的双创发展。

市场结构指标满分为7.08分（3个三级指标各占2.36分）。计算后发现，双创百强城市中嘉兴的市场结构指标得分最高，为6.98分，稳居双创百强城市首位。该城市是唯一一座得分超过6分的城市。淄博的得分最低，仅为2.79分。

我国双创市场结构较为均衡，整体水平较2020年有明显提升。通过双创百强城市市场结构指标得分的分布情况可知，有8座城市的得分超过5.00分，有3座城市的得分低于3.00分，其中[4.00，5.00）分的城市数量最多，有87座。2021年，市场结构低分段城市数量明显减少。这些数据表明，我国创新创业市场结构水平较2020年有明显提高，城市间发展差距不断减小，整体发展较为均衡。

市场结构与城市经济发展水平并无直接关联，多种市场参与主体支撑并推动了市场结构的发展。2021年在双创百强城市中，市场结构指标得分排名前十的城市分别是嘉兴、江门、廊坊、马鞍山、沧州、贵阳、保定、深圳、郑州、泉州（见图2）。

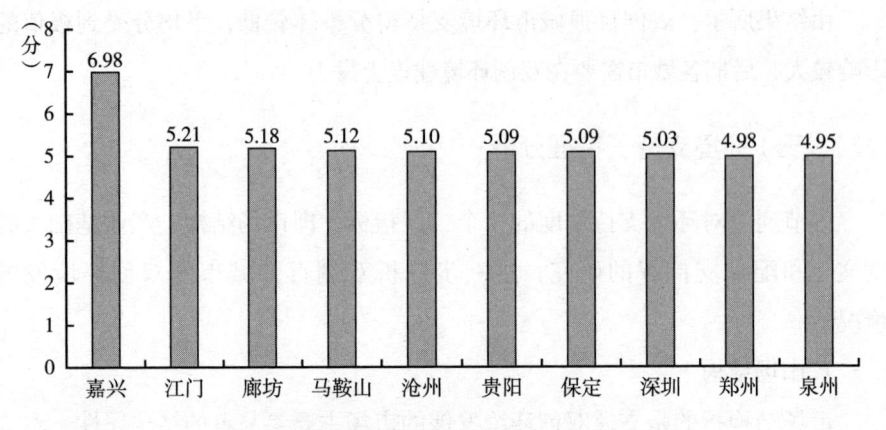

图2 2021年市场结构得分排名前十的城市

（嘉兴 6.98、江门 5.21、廊坊 5.18、马鞍山 5.12、沧州 5.10、贵阳 5.09、保定 5.09、深圳 5.03、郑州 4.98、泉州 4.95）

在市场结构指标得分排名前十的双创百强城市中，不仅有深圳等经济特别发达的城市，也有江门、沧州等经济并不特别发达的城市，这反映出经济发展水平与市场结构无密切联系。比如，泉州等城市位于东部地区，经济开放水平较高，制造业企业和小微企业的占比较高、外商投资活跃，促进了市场结构的优化。结果表明，促进民营企业和小微企业的发展、提高经济开放水平等措施对改善市场结构、促进经济发展和转型具有十分重要的作用。无论城市经济发展水平如何，在城市经济建设过程中都需要合理的市场结构，以促进创新创业的发展。

2.产业基础

产业基础指一个地区在经济发展中所拥有和累积的各类资源，可细分为促进创新创业和经济发展的各项指标，例如，对外进出口总额、规模以上工业总产值和民间资本固定资产投资总额占GDP比重等。本节从产业基础下的3个三级指标切入，包括对外进出口总额、规模以上工业总产值和民间资本固定资产投资总额占GDP比重，探究双创百强城市产业基础的整体情况。本报告通过各子指标分值的加总来测量产业基础状况和发展水平，产业基础指标得分越高，其对双创发展起到的支撑和推动作用就越强，反之，不利于甚至阻碍城市的双创发展。

产业基础指标满分为7.08分（3个三级指标各占2.36分）。计算后发现，在双创百强城市中，产业基础得分最高的城市是上海，得分为6.83分，继续保持领先地位；得分最低的城市是郴州，得分为0.85分。将区间[0.00, 7.08)分成4组，双创百强城市产业基础得分分布情况如表3和图3所示。

表3 双创百强城市产业基础得分分布

单位：座，%

| 产业基础分数段 | 城市数量 | 占比 |
| --- | --- | --- |
| [0.00,1.77)分 | 47 | 47 |
| [1.77,3.54)分 | 46 | 46 |
| [3.54,5.31)分 | 5 | 5 |
| [5.31,7.08)分 | 2 | 2 |

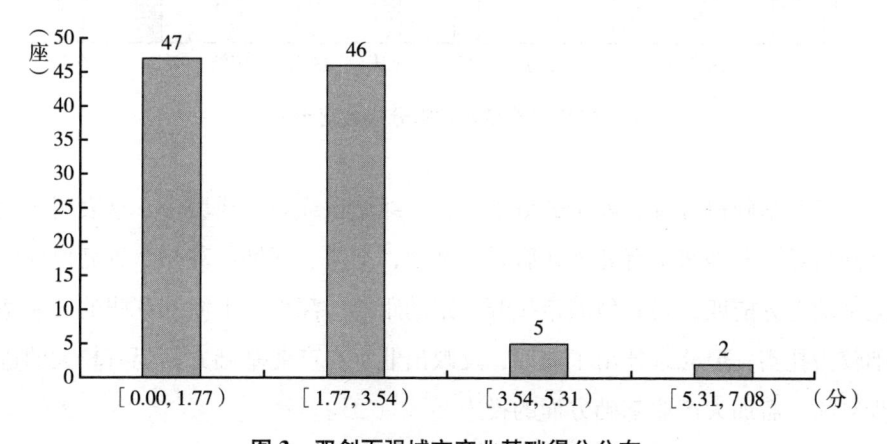

图3 双创百强城市产业基础得分分布

由图3可见，我国城市产业基础较为薄弱，90%以上的双创百强城市产业基础得分集中于3.54分以下，复苏和发展空间巨大。计算可知，2021年双创百强城市产业基础得分均值为2.11分，相较于2020年1.34分的均值有明显回升。这些数据表明，相较于2020年，2021年双创百强城市的产业基础指标得分有所回升。产业水平的衰退与疫情有一定的关系，疫情多点反复使部分城市付出了一定的经济代价，进出口总额、投资和生产总值都有所下降，对产业发展造成了不利影响。但大多数城市都在积极地应对疫情的影响，推出各种有利于产业发展的政策，城市经济复苏和发展的空间巨大。

2021年，有18座城市的产业基础得分超过3分，反映出双创产业发展有了明显恢复。为进一步探究产业基础得分与城市发展水平之间的关系，本报告列出了双创百强城市产业基础得分排名前十的城市（见图4）。

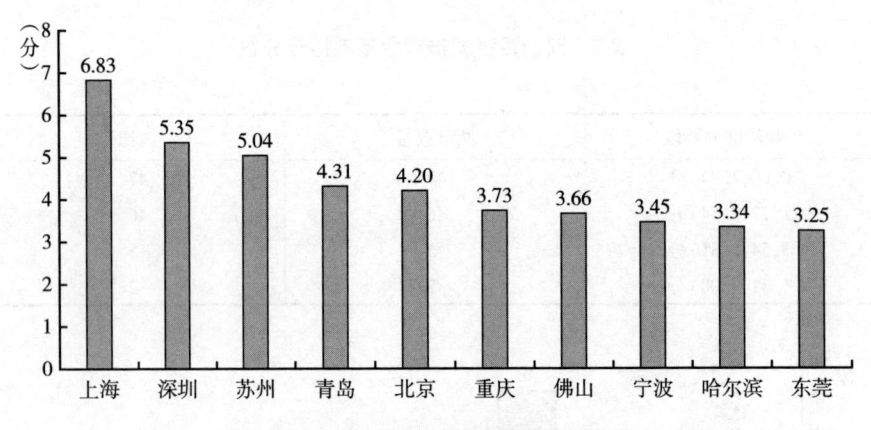

|  |  |
|---|---|
| 上海 | 6.83 |
| 深圳 | 5.35 |
| 苏州 | 5.04 |
| 青岛 | 4.31 |
| 北京 | 4.20 |
| 重庆 | 3.73 |
| 佛山 | 3.66 |
| 宁波 | 3.45 |
| 哈尔滨 | 3.34 |
| 东莞 | 3.25 |

**图4　2021年产业基础得分排名前十的城市**

产业基础得分排名前十的城市均为一线城市或新一线城市，这表明产业基础与经济发展水平有着密切联系。其中，上海、深圳、苏州、青岛位列产业基础得分前四，与其他城市拉开一定的距离。深圳、上海和苏州的产业基础较为扎实，但北京掉出了前四，反映出北京在产业基础方面仍有较大的进步空间，需加大产业基础方面的投入。

**3.制度文化**

制度文化指保障和促进城市双创向好发展的制度和文化基础。本节从各城市政府效率指数、商业信用环境指数以及每万人藏书册数3个方面进行探析，将各个指标加权求和从而得到各城市制度文化指标的具体分值，用以衡量各个城市制度文化发展对双创建设的推进作用。

制度文化得分满分为7.08分（3个三级指标各占2.36分）。经计算，在双创百强城市中，各城市的制度文化得分在1.07~6.69分。其中，上海得分最高，周口得分最低。进一步将整体区间分成4组，具体的双创百强城市制度文化得分分布情况如表4、图5所示。

表 4 双创百强城市制度文化得分分布

单位：座，%

| 制度文化分数段 | 城市数量 | 占比 |
| --- | --- | --- |
| ［0.00,1.77）分 | 6 | 6 |
| ［1.77,3.54）分 | 81 | 81 |
| ［3.54,5.31）分 | 9 | 9 |
| ［5.31,7.08）分 | 4 | 4 |

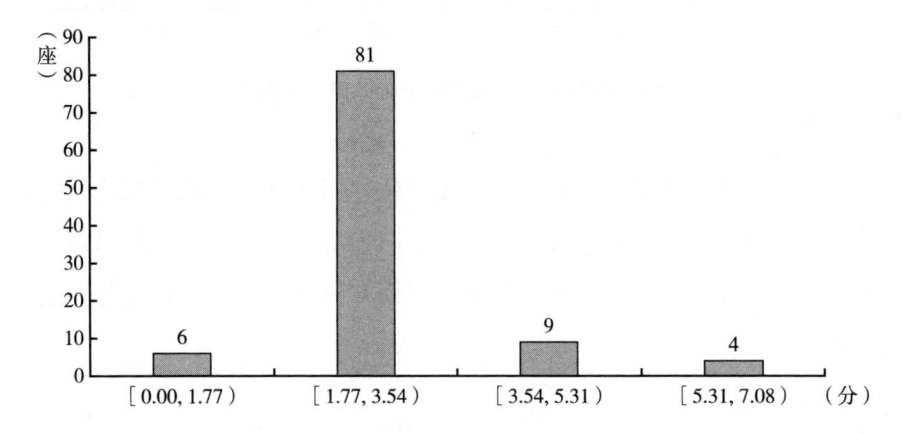

图 5 双创百强城市制度文化得分分布

　　双创百强城市制度文化基础普遍薄弱，城市需要不断加大投入。经计算，双创百强城市的平均制度文化得分仅为 2.74 分，相较于其他子特征成绩较差，超过 80% 的城市得分低于中位数，表现较差，这可能是受疫情不利影响较大造成的。但 2018~2020 年，双创百强城市制度文化得分持续下降，也给城市双创发展敲响了警钟，制度文化相比市场和产业环境，基础更加薄弱，更值得各城市加大投入，促进创新创业高效、平衡发展。

　　城市双创发展不仅需要基础设施建设，还应促进制度文化建设。2021年，在双创百强城市中，制度文化得分排名前十的城市如图 6 所示。上海、深圳、北京排名前三，这与 2020 年结果类似，反映出它们的政府效率、

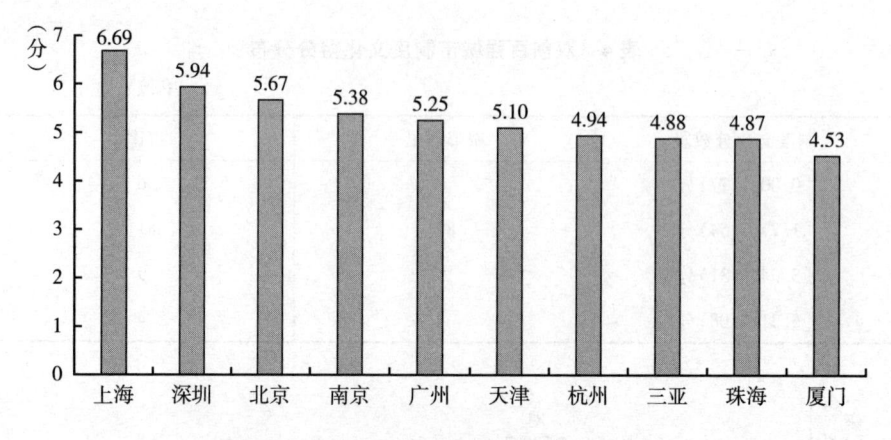

图 6　2021 年制度文化得分排名前十的城市

| 城市 | 得分 |
|---|---|
| 上海 | 6.69 |
| 深圳 | 5.94 |
| 北京 | 5.67 |
| 南京 | 5.38 |
| 广州 | 5.25 |
| 天津 | 5.10 |
| 杭州 | 4.94 |
| 三亚 | 4.88 |
| 珠海 | 4.87 |
| 厦门 | 4.53 |

商业环境和居民文化需求处在相对领先地位，而同为一线城市的广州排名有所下降。除三亚、珠海、厦门外，排名前十的城市均为一线城市或新一线城市，这3座城市因其出色的政府效率而在制度文化上表现优异，进入前十行列。

**4. 配套支持**

城市的双创建设和发展需要完备的配套支持，具体表现为各大城市为支持双创发展所配备的相应设备和相关基础建设，如物流交通建设、互联网建设及综合性医院建设等。本节从公共交通车辆数、货物运输总量、互联网宽带普及率、医院占医疗机构比重以及国家级科技企业孵化器数量等指标出发，赋予各指标相应的权重，最后求和。通过得分的高低来评价城市对双创配套支持的重视程度和实施力度大小，据此来推断其对城市双创发展的推进能力。

配套支持得分满分为11.80分（5个三级指标各占2.36分）。经计算，在双创百强城市中，配套支持得分为1.67~8.17分。其中，上海得分最高，茂名得分最低。进一步将整体区间分成4组，配套支持得分分布情况如表5、图7所示。

表 5  双创百强城市配套支持得分分布

单位：座，%

| 配套支持分数段 | 城市数量 | 占比 |
|---|---|---|
| [0.00,2.95)分 | 64 | 64 |
| [2.95,5.90)分 | 31 | 31 |
| [5.90,8.85)分 | 5 | 5 |
| [8.85,11.80]分 | 0 | 0 |

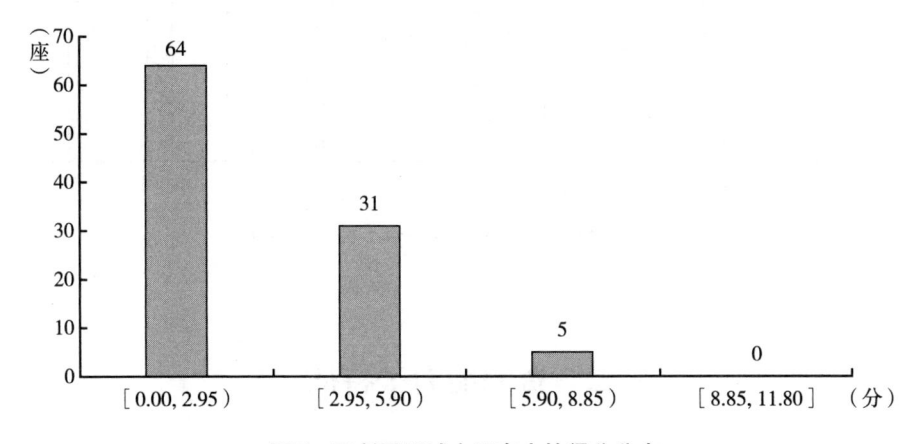

图 7  双创百强城市配套支持得分分布

双创百强城市基础配套设施发展极不均衡，上升空间巨大。双创百强城市配套支持的平均得分为 3.00 分，较 2020 年有一定幅度的增长。说明公共交通、物流、互联网、医疗和科技配套基础设施依然有较大完善空间，反映了双创百强城市的配套基础设施在逐渐完善。尽管整体建设水平有提升态势、部分城市得分很高，但大部分城市仍然集中于低分段，各城市仍需注重配套设施的进一步完善，为创新创业发展提供更强的保障。

一线城市与新一线城市双创配套设施基础较好，且竞争力不断增强。与 2020 年相同，上海的配套支持得分在双创百强城市中依旧位居第一，反映出其为创新创业提供的基础设施环境一直处于较高水平。排名前十的城市均为一线城市或新一线城市，它们的得分较 2020 年保持了一定幅度的增长（见图 8）。一线城市与新一线城市经济发达，有较强的财政能力去进行交通、物流、科技和医疗领域的基础设施建设，双创竞争力不断增强，从而可能会呈现"强者愈强、弱者愈弱"的态势。

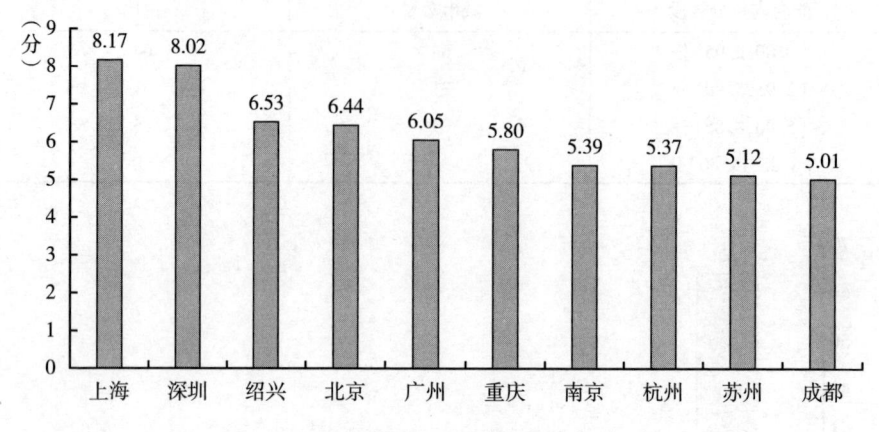

图8　2021年配套支持得分排名前十的城市

| 城市 | 得分 |
|---|---|
| 上海 | 8.17 |
| 深圳 | 8.02 |
| 绍兴 | 6.53 |
| 北京 | 6.44 |
| 广州 | 6.05 |
| 重庆 | 5.80 |
| 南京 | 5.39 |
| 杭州 | 5.37 |
| 苏州 | 5.12 |
| 成都 | 5.01 |

## 二　资源能力子特征

投入的资源直接决定城市双创的发展。宏观经济学中的经典生产函数将生产力视作劳动、资本和技术的函数。与之类似，双创的发展也依赖于人力资源水平、资本投入规模和技术支撑能力。本节从人力资源、资本市场和科技投入3个维度对双创百强城市的资源能力子特征进行分析。

### （一）资源能力得分及排名

双创资源得分由人力资源、资本市场、科技投入3个二级指标进一步细分出的11个三级指标经过加权求和计算得到。满分为33分，得分越高代表该城市双创资源越充沛，越有助于推动城市双创水平的提升；反之则表明双创资源匮乏，不利于城市双创的健康快速发展。表6是2021年双创百强城市资源能力得分及排名。

表 6  2021 年双创百强城市资源能力得分及排名

单位：分

| 城市 | 2021年资源能力得分 | 2021年资源能力得分排名 | 2020年资源能力得分排名 | 城市 | 2021年资源能力得分 | 2021年资源能力得分排名 | 2020年资源能力得分排名 |
| --- | --- | --- | --- | --- | --- | --- | --- |
| 北京 | 26.20 | 1 | 1 | 昆明 | 12.21 | 34 | 20 |
| 深圳 | 22.57 | 2 | 2 | 银川 | 11.99 | 35 | 40 |
| 上海 | 21.92 | 3 | 3 | 南宁 | 11.97 | 36 | 34 |
| 广州 | 18.95 | 4 | 4 | 咸阳 | 11.96 | 37 | 72 |
| 苏州 | 18.86 | 5 | 11 | 海口 | 11.93 | 38 | 35 |
| 杭州 | 18.83 | 6 | 9 | 呼和浩特 | 11.89 | 39 | 25 |
| 西安 | 18.54 | 7 | 12 | 保定 | 11.76 | 40 | 48 |
| 武汉 | 17.94 | 8 | 6 | 淄博 | 11.59 | 41 | 49 |
| 郑州 | 16.48 | 9 | 8 | 南通 | 11.59 | 42 | 57 |
| 南京 | 16.43 | 10 | 5 | 温州 | 11.51 | 43 | 41 |
| 成都 | 16.32 | 11 | 7 | 石家庄 | 11.51 | 44 | 56 |
| 重庆 | 15.67 | 12 | 10 | 乌鲁木齐 | 11.48 | 45 | 23 |
| 常州 | 15.63 | 13 | 28 | 三亚 | 11.43 | 46 | 46 |
| 长沙 | 15.58 | 14 | 15 | 芜湖 | 11.43 | 47 | 65 |
| 宁波 | 15.58 | 15 | 16 | 东营 | 11.34 | 48 | 29 |
| 天津 | 15.52 | 16 | 14 | 长春 | 11.27 | 49 | 27 |
| 合肥 | 15.44 | 17 | 13 | 西宁 | 11.12 | 50 | 47 |
| 济南 | 15.23 | 18 | 17 | 马鞍山 | 11.05 | 51 | 98 |
| 南昌 | 13.97 | 19 | 33 | 潍坊 | 11.05 | 52 | 55 |
| 珠海 | 13.88 | 20 | 18 | 绍兴 | 11.02 | 53 | 54 |
| 太原 | 13.68 | 21 | 19 | 烟台 | 10.95 | 54 | 42 |
| 厦门 | 13.65 | 22 | 26 | 湖州 | 10.89 | 55 | 90 |
| 无锡 | 13.27 | 23 | 32 | 鄂尔多斯 | 10.78 | 56 | 79 |
| 兰州 | 13.13 | 24 | 36 | 惠州 | 10.76 | 57 | 63 |
| 沈阳 | 12.99 | 25 | 22 | 台州 | 10.63 | 58 | 85 |
| 大连 | 12.98 | 26 | 24 | 中山 | 10.54 | 59 | 58 |
| 贵阳 | 12.96 | 27 | 38 | 株洲 | 10.52 | 60 | 75 |
| 福州 | 12.87 | 28 | 44 | 包头 | 10.41 | 61 | 100+ |
| 东莞 | 12.74 | 29 | 31 | 桂林 | 10.40 | 62 | 53 |
| 嘉兴 | 12.73 | 30 | 43 | 泰州 | 10.39 | 63 | 50 |
| 青岛 | 12.53 | 31 | 30 | 盐城 | 10.36 | 64 | 100+ |
| 佛山 | 12.49 | 32 | 39 | 宿迁 | 10.35 | 65 | 100+ |
| 哈尔滨 | 12.23 | 33 | 21 | 宜昌 | 10.33 | 66 | 66 |

续表

| 城市 | 2021年资源能力得分 | 2021年资源能力得分排名 | 2020年资源能力得分排名 | 城市 | 2021年资源能力得分 | 2021年资源能力得分排名 | 2020年资源能力得分排名 |
|---|---|---|---|---|---|---|---|
| 廊坊 | 10.33 | 67 | 67 | 湘潭 | 9.76 | 84 | 82 |
| 绵阳 | 10.33 | 68 | 68 | 唐山 | 9.71 | 85 | 100+ |
| 威海 | 10.32 | 69 | 51 | 漳州 | 9.68 | 86 | 84 |
| 柳州 | 10.31 | 70 | 74 | 遵义 | 9.60 | 87 | 100+ |
| 扬州 | 10.25 | 71 | 78 | 赣州 | 9.55 | 88 | 100+ |
| 吉林 | 10.18 | 72 | 37 | 九江 | 9.47 | 89 | 95 |
| 沧州 | 10.08 | 73 | 71 | 安庆 | 9.43 | 90 | 80 |
| 泉州 | 10.04 | 74 | 92 | 连云港 | 9.39 | 91 | 64 |
| 德州 | 10.02 | 75 | 100+ | 洛阳 | 9.39 | 92 | 69 |
| 淮安 | 9.99 | 76 | 61 | 岳阳 | 9.37 | 93 | 97 |
| 金华 | 9.96 | 77 | 87 | 莆田 | 9.27 | 94 | 100+ |
| 襄阳 | 9.93 | 78 | 89 | 徐州 | 9.22 | 95 | 60 |
| 江门 | 9.90 | 79 | 59 | 榆林 | 9.21 | 96 | 96 |
| 拉萨 | 9.87 | 80 | 81 | 汕头 | 9.15 | 97 | 100+ |
| 滁州 | 9.82 | 81 | 100+ | 湛江 | 9.12 | 98 | 100+ |
| 镇江 | 9.81 | 82 | 52 | 邯郸 | 8.79 | 99 | 100+ |
| 龙岩 | 9.79 | 83 | 100 | 茂名 | 8.74 | 100 | 100+ |

总体上我国城市双创资源较为匮乏，在选取的双创百强城市样本中，仅有北京、深圳、上海3座城市的资源能力得分在19.8分以上，仅有3%的双创百强城市资源能力得分达到了满分的60%，双创百强城市的资源能力略显不足。最低的城市得分仅有8.74分。绝大多数城市的得分集中在9~13分，而不存在得分在30分以上的城市，得分最高的北京得分为26.20分，比第2位深圳高3.63分。

相较于2020年，资源能力得分呈现整体下降的趋势。2020年，双创百强城市中资源能力得分最低的汕头（11.99分）在2021年排第97位，但得分跌至9.15分。总体来看，2021年高分段的表现也不如2020年。由于2021年全国受疫情影响，各城市资源能力得分均有所下降。

将目光聚焦于每座双创百强城市的资源能力得分排名变化，可以发现大多数城市的资源能力得分排名比较稳定,变化不大。北京、深圳、上海和广州始终占据前四的位置。

但也有一些城市的资源情况得到了显著的改善,2021年包头、德州进入双创百强城市榜单,并分别在资源能力得分排第61位、第75位,唐山、湛江、邯郸、茂名等城市的资源能力得分也在2021年进入前100。咸阳、马鞍山、湖州在资源能力得分方面进步显著,排名从2020年的第72位、第98位、第90位上升至2021年的第37位、第51位、第55位,排名上升超过30位。有些城市双创资源能力得分排名则呈下降趋势,例如,镇江从2020年的第52位下降至2021年的第82位,连云港从2020年的第64位下降至第91位,吉林和徐州更是分别居第72位和第95位,排名均比2020年下降了35位,表明这些城市在双创资源方面投入力度不够稳定。

## (二)资源能力得分的分布情况

2021年双创资源能力最高分为26.20分,最低分为8.74分,据此将总区间分为9组,组间距取1.94分,得到我国2021年双创百强城市资源能力得分分布情况(见表7)。

**表7 双创百强城市资源能力得分分布**

单位:座,%

| 资源能力分数段 | 城市数量 | 占比 |
| --- | --- | --- |
| [8.74,10.68]分 | 43 | 43 |
| (10.68,12.62]分 | 27 | 27 |
| (12.62,14.56]分 | 12 | 12 |
| (14.56,16.50]分 | 10 | 10 |
| (16.50,18.44]分 | 1 | 1 |
| (18.44,20.38]分 | 4 | 4 |
| (20.38,22.32]分 | 1 | 1 |
| (22.32,24.26]分 | 1 | 1 |
| (24.26,26.20]分 | 1 | 1 |

大多数城市集中分布在[8.74,10.68]分,图9直观展示了双创百强城市资源能力得分的分布情况。

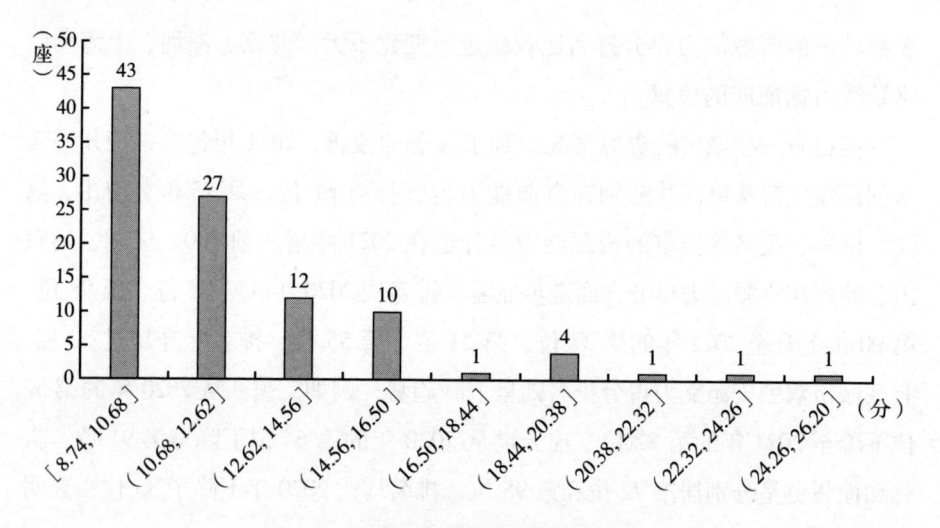

图9 双创百强城市资源能力得分分布

如图9所示,双创百强城市的资源能力发展不平衡、不充分,主要资源集中,整体资源不足,总体潜力巨大。如表6所示,2021年北京的资源能力得分达到26.20分,深圳、上海、广州等城市紧随其后,得分在18分以上的城市均跻身于一线城市或新一线城市行列。但就整体而言,双创资源发展极不平衡,有82%的城市得分集中在14.56分以下的低分段,且双创百强城市得分均值为12.16分,不足满分的一半,远低于满分33分,这表明整体双创资源严重匮乏。大部分城市的双创资源能力得分较低,有巨大的改善空间和发展潜力。北京、深圳、上海、广州等一线城市的得分不到30分,这些大城市得分虽然相对较高,但依然有不小的提升空间。

### (三)资源能力子特征分析

基于本蓝皮书的指标体系,本节对人力资源、资本市场和科技投入3个二级指标分别予以进一步分析。

#### 1. 人力资源

人力是最重要的资本之一,作为市场的参与主体,作为创新创业的践行者，人力资源对城市的双创发展有着举足轻重的作用，为其注入了新的活力。人力资源水平具体表现为城市吸引人力和高水平人才的能力、知识密集型服务业发展状况和大学生的培养能力等方面。据此将人力资源指标细分为净流入常住人口数量、高等教育学历人口比例、知识密集型服务业从业人员比例、普通高校在校生数量和规模以上工业企业R&D人员等5个三级指标，对各指标进行标准化处理，并进行加权求和，计算出人力资源指标的分值。

人力资源指标得分满分为15.00分（5个三级指标各占3.00分），经计算，广州以12.32分位居榜首。在2021年双创百强城市中，人力资源得分超过10分的城市达8座，比2020年增加1座。茂名则以3.25分居末位。进一步将总区间分成10组，组间距为1.00，表8与图10描述了双创百强城市人力资源得分的具体分布情况。

表8 双创百强城市人力资源得分分布

单位：座，%

| 人力资源分数段 | 城市数量 | 占比 |
|---|---|---|
| [3.25,4.25]分 | 22 | 22.00 |
| (4.25,5.25]分 | 27 | 27.00 |
| (5.25,6.25]分 | 18 | 18.00 |
| (6.25,7.25]分 | 8 | 8.00 |
| (7.25,8.25]分 | 11 | 11.00 |
| (8.25,9.25]分 | 3 | 3.00 |
| (9.25,10.25]分 | 3 | 3.00 |
| (10.25,11.25]分 | 7 | 7.00 |
| (11.25,12.25]分 | 0 | 0.00 |
| (12.25,13.25]分 | 1 | 1.00 |

（1）各城市双创人力资源分布不均衡

绝大部分城市人力资源得分不高，9分及以上（即达到满分的60%）的城市仅有13座，大部分城市的得分在5分及以下。得分在12分（即达到满分的80%）以上的城市仅有位于榜首的广州（12.32分），大部分城市在人

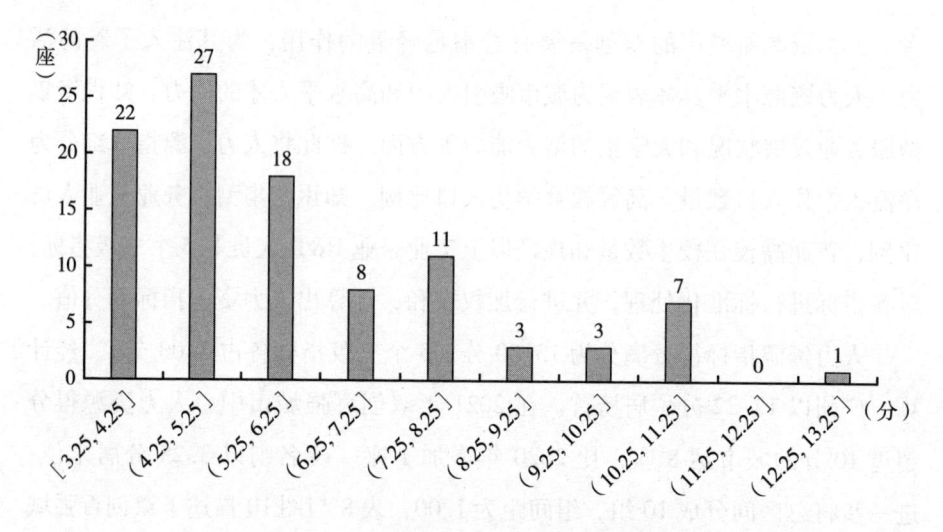

**图 10　双创百强城市人力资源得分分布**

力资源方面有很大的发展空间。人力资源得分在 9 分以上的城市均是一线城市和新一线城市，由于一线城市和新一线城市本身的发展水平较高，对人力资源的吸引力较大，造成了人力资源分布的高集聚状态。大部分城市人力资源水平较低，少量城市人力资源储备充足，分布极不平衡。相比于 2020 年，2021 年人力资源分布不平衡的情况有所缓解，双创百强城市人力资源得分均在 3 分以上。

(2) 双创人力资源分布的不均衡从某种程度上反映了教育资源分布不均衡的状况

广州、武汉、杭州、南京等城市人力资源得分排前 10 位，从图 11 可以看出，得分前 10 位的城市也是国内顶尖高校和研究所的主要分布地，拥有比较丰富的教育资源，尤其是高等教育资源，这样的优势是其他城市不具备的，高等教育资源分布不均衡是双创人力资源分布不均衡的原因之一。

**2. 资本市场**

双创发展不仅需要人力资源作为基础，还需要资本市场的运转为其提供合适的市场环境，以促进其健康发展。资本的投入对双创发展有着

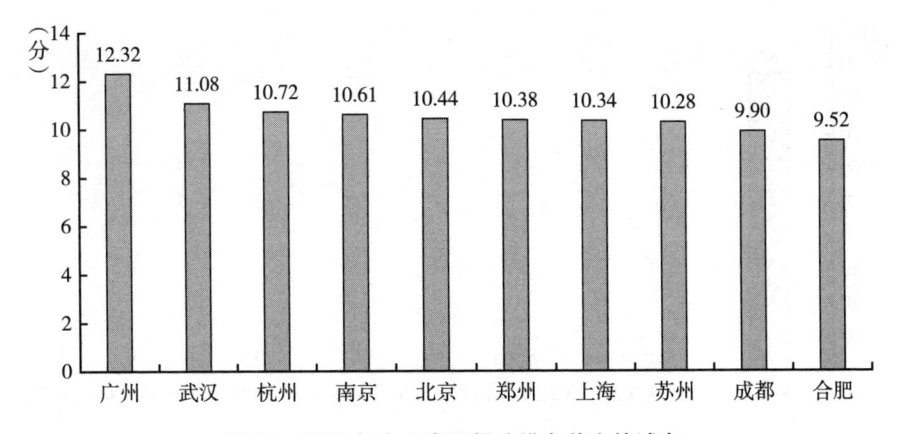

```
(分) 14
    12  12.32
            11.08
    10         10.72  10.61
                         10.44  10.38  10.34  10.28
     8                                             9.90
                                                      9.52
     6
     4
     2
     0
        广州  武汉  杭州  南京  北京  郑州  上海  苏州  成都  合肥
```

**图 11　2021 年人力资源得分排名前十的城市**

重要的推动作用。将其进一步细分为年末总市值、年度 IPO 规模、年度新三板上市企业数量 3 个三级指标。对各指标进行标准化处理，并进行加权求和，以所得分值高低来衡量该城市资本市场的发展状况和资本投入情况。

资本市场得分满分为 9.00 分（3 个三级指标各占 3.00 分），经计算，北京以 7.90 分位居榜首；而沧州、盐城、安庆、邯郸、三亚、遵义、茂名、榆林 8 座城市得分为 0.90 分，并列末位。进一步将总区间分为 6 组，组间距为 1.17 分，表 9 与图 12 描述了双创百强城市资本市场得分的具体分布情况。

**表 9　双创百强城市资本市场得分分布**

单位：座，%

| 资本市场分数段 | 城市数量 | 占比 |
| --- | --- | --- |
| [0.90,2.07]分 | 88 | 88.00 |
| (2.07,3.23]分 | 5 | 5.00 |
| (3.23,4.40]分 | 5 | 5.00 |
| (4.40,5.57]分 | 1 | 1.00 |
| (5.57,6.73]分 | 0 | 0.00 |
| (6.73,7.90]分 | 1 | 1.00 |

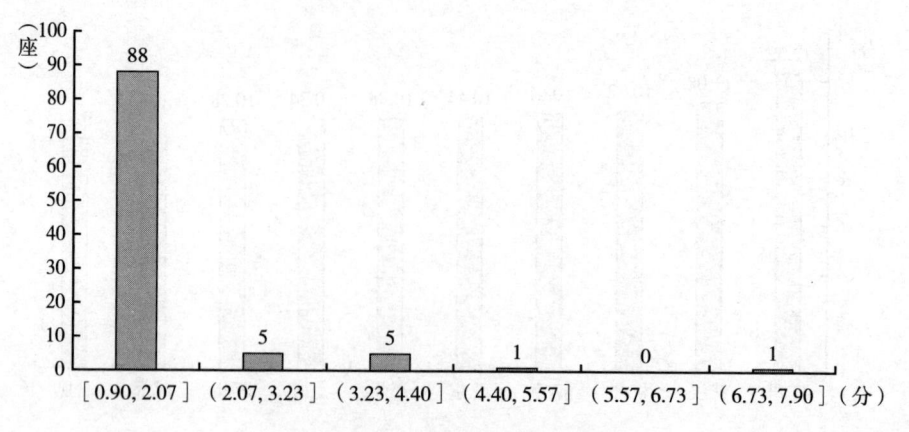

图12 双创百强城市资本市场得分分布

**（1）大部分城市的双创资本投入有较大幅度的下滑**

2021年，双创百强城市的资本市场得分主要在[0.90, 2.07]分，平均分仅为1.40分；而2020年双创百强城市的资本市场得分主要在[6.00, 6.50)分，平均分为6.48分。一线城市除北京外，资本投入情况也不容乐观：深圳的资本市场得分由2020年的7.24分下降至2021年的4.79分，上海更是由2020年的7.96分下降至2021年的3.60分，其他新一线城市的资本市场得分也有所下滑。可以看出，相比于2020年，2021年的双创城市资本投入呈现急剧下降的趋势，总体资本投入水平较低，资本市场发展状况较差。

**（2）资本投入可能会出现马太效应，呈现"强者愈强、弱者愈弱"的态势**

如图13所示，双创资本市场得分位居前十的城市主要集中在东部沿海地区，内陆地区仅有西安、重庆上榜。位居前二的均为一线城市，位居第三的常州地处上海和南京之间，担当内陆港口的重任。另外，双创百强城市的资本市场得分极差为7分，相对较大。可以看出在资本投入总体较低的情况下，北京依然能够保持相对稳定的领先态势，其在政治、经济方面的影响力不容小觑。这些都反映出资本的逐利性特征，越是经济发达的地区，越能够从市场中获益，资本便会自然地向其流动，投入

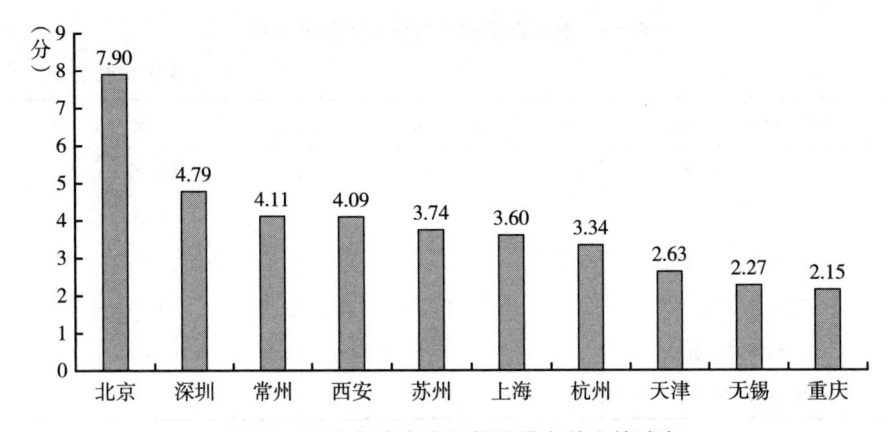

图 13  2021 年资本市场得分排名前十的城市

的资本反过来又能直接推动当地经济发展。企业在投资时会考虑城市的区位优势和民众的消费能力，经济实力较强的城市会吸引企业的投资，形成强者的集聚，而经济实力较弱的城市资金吸引力较弱，无法有力地促进经济发展。

3. 科技投入

技术可以提升资本和劳动生产的效率，双创的快速发展不仅需要人力资源的支持和资本市场环境的运转支撑，还需要科学技术成果的推动。无论是基础科学研究，还是以应用为导向的研究，都能够促进该地的双创发展。将科技投入进一步细分为基础研究经费支出占万元GDP比重、应用研究经费支出占万元GDP比重、试验发展经费支出占万元GDP比重3个三级指标。对各指标进行标准化处理，并加权求和，得到该城市科技投入指标得分。

科技投入指标满分为9.00分（3个三级指标各占3.00分），经计算，深圳名列榜首，紧随其后的是上海和北京，宿迁则以4.93分名列末位。进一步将总区间分成6组，组间距为0.70分，表10与图14描述了双创百强城市科技投入得分的具体分布情况。

表10 双创百强城市科技投入得分分布

单位：座，%

| 科技投入分数段 | 城市数量 | 占比 |
|---|---|---|
| [4.93,5.63]分 | 93 | 93.00 |
| (5.63,6.33]分 | 3 | 3.00 |
| (6.33,7.03]分 | 1 | 1.00 |
| (7.03,7.73]分 | 0 | 0.00 |
| (7.73,8.43]分 | 1 | 1.00 |
| (8.43,9.13]分 | 2 | 2.00 |

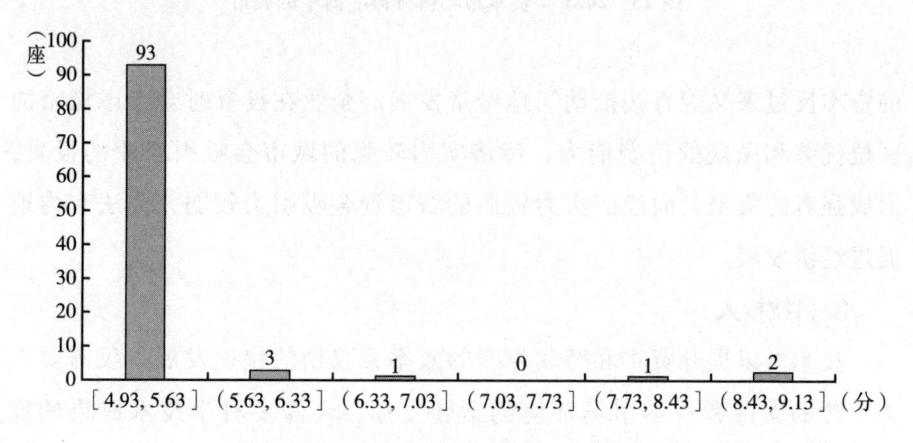

图14 双创百强城市科技投入得分分布

（1）各城市双创科技投入不均衡，极少数城市科技投入脱颖而出

有93%的双创百强城市科技投入得分在[4.93,5.63]分，得分最高的城市得分达到9分。双创百强城市的科技投入得分极差为4.07分。各城市的科技投入水平差异显著，深圳、上海、北京一直注重科技投入，连续两年排名前三。

（2）北京、上海、深圳连续两年科技投入排名前三

据图15，珠海、呼和浩特、咸阳等城市在资本市场、人力资源这两个指标上排名并不靠前，但在科技投入得分前10名中却有一席之地。这反映

出它们对科技投入的重视，对城市科技发展的重视程度较高。对科技的大力投入和认可，能够提升该地的科技实力，有利于吸引更多高水平人才，并且民众对于科技的追求在一定程度上能够促进科技企业的发展，同时促进资本流入，对未来城市双创发展有着长期的积极影响。

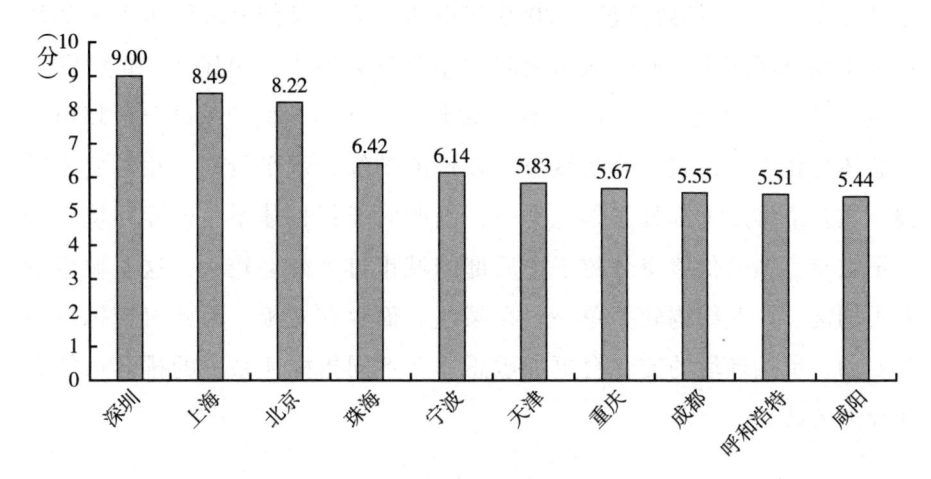

图 15　2021 年科技投入得分排名前十的城市

## 三　绩效价值子特征

绩效价值指标用于评价各城市在双创环境支持下，通过开发和利用双创资源以推动产业发展、创新产出、环境发展等的能力。本节将从产业绩效、创新绩效、可持续发展、创业绩效 4 个维度来评估双创百强城市的绩效价值。

### （一）绩效价值得分及排名

绩效价值得分由产业绩效、创新绩效、可持续发展、创业绩效 4 个二级指标细分出的 10 个三级指标，经加权求和计算得到。若某一指标的得分越高，则意味着该城市在此维度的双创绩效价值越高。

由于2021年绩效价值计算方案在2020年的基础上进行了一定程度的调整，加入了"创业绩效"这一二级指标作为绩效价值的子特征，因此双创百强城市的绩效价值得分与2020年相比有一定差别，但是排名仍具有参考价值；同时，经过各方的不懈努力，2021年我国经济发展水平全球领先，[①]总体绩效价值较2020年有所上升，且低分段城市上升的幅度大于高分段城市，同时城市之间的差距显著缩小（见图16和表11）。如表12所示，北京、深圳、上海、杭州、广州等绩效价值高分段城市排名总体变化不大，表明这些城市绩效价值的综合水平较高、相对实力较强，在各个维度上都处于领先地位，因此对于指标体系、国际环境的变动不敏感。绩效价值得分位于中后部的城市排名变动较大，这些城市发展不均衡、产业结构较为单一、在某些方面存在短板，因此对指标体系的变动、市场环境的变化会更加敏感，在不同指标体系下的排名可能存在较大的波动。

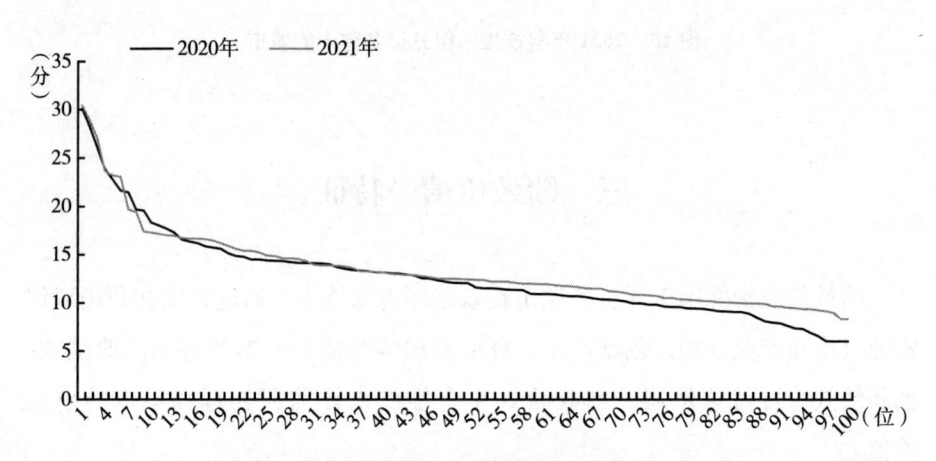

**图16　2020年和2021年双创效绩价值排名对比**

[①]《中华人民共和国2021年国民经济和社会发展统计公报》，中国政府网，2021年2月28日，http://www.gov.cn/xinwen/2022-02/28/content_5676015.htm。

表 11  2020 年和 2021 年双创效绩价值描述性统计分析

单位：分

| 指标 | 2021年效绩价值得分 | 2020年效绩价值得分 |
|---|---|---|
| 平均值 | 13.4532 | 12.7733 |
| 中位数 | 12.4600 | 12.0650 |
| 标准偏差 | 4.11775 | 4.58135 |
| 最小值 | 8.36 | 6.06 |
| 最大值 | 30.49 | 30.18 |

表 12  2021 年双创百强城市绩效价值得分及排名

单位：分

| 城市 | 2021年绩效价值得分 | 2021年绩效价值排名 | 2020年绩效价值排名 | 排名变化 | 城市 | 2021年绩效价值得分 | 2021年绩效价值排名 | 2020年绩效价值排名 | 排名变化 |
|---|---|---|---|---|---|---|---|---|---|
| 北京 | 30.49 | 1 | 2 | 1 | 台州 | 14.90 | 25 | 39 | 14 |
| 深圳 | 28.92 | 2 | 1 | -1 | 常州 | 14.84 | 26 | 14 | -12 |
| 上海 | 27.08 | 3 | 3 | 0 | 长沙 | 14.64 | 27 | 34 | 7 |
| 杭州 | 23.69 | 4 | 5 | 1 | 惠州 | 14.60 | 28 | 48 | 20 |
| 广州 | 23.20 | 5 | 4 | -1 | 大连 | 14.54 | 29 | 43 | 14 |
| 苏州 | 23.10 | 6 | 6 | 0 | 银川 | 14.33 | 30 | 99 | 69 |
| 南京 | 19.68 | 7 | 7 | 0 | 南昌 | 13.95 | 31 | 31 | 0 |
| 宁波 | 19.41 | 8 | 11 | 3 | 贵阳 | 13.91 | 32 | 35 | 3 |
| 无锡 | 17.38 | 9 | 9 | 0 | 威海 | 13.90 | 33 | 42 | 9 |
| 武汉 | 17.26 | 10 | 13 | 3 | 成都 | 13.85 | 34 | 21 | -13 |
| 泉州 | 17.14 | 11 | 15 | 4 | 南通 | 13.80 | 35 | 20 | -15 |
| 厦门 | 16.99 | 12 | 19 | 7 | 榆林 | 13.62 | 36 | 68 | 32 |
| 重庆 | 16.94 | 13 | 16 | 3 | 郑州 | 13.30 | 37 | 40 | 3 |
| 佛山 | 16.69 | 14 | 10 | -4 | 湖州 | 13.28 | 38 | 27 | -11 |
| 天津 | 16.64 | 15 | 28 | 13 | 中山 | 13.23 | 39 | 25 | -14 |
| 青岛 | 16.63 | 16 | 24 | 8 | 鄂尔多斯 | 13.15 | 40 | 73 | 33 |
| 福州 | 16.58 | 17 | 17 | 0 | 漳州 | 13.04 | 41 | 41 | 0 |
| 东莞 | 16.46 | 18 | 12 | -6 | 马鞍山 | 12.99 | 42 | 57 | 15 |
| 济南 | 16.18 | 19 | 46 | 27 | 沈阳 | 12.92 | 43 | 52 | 9 |
| 珠海 | 15.89 | 20 | 8 | -12 | 唐山 | 12.90 | 44 | 100+ | 56+ |
| 合肥 | 15.58 | 21 | 23 | 2 | 拉萨 | 12.79 | 45 | 79 | 34 |
| 嘉兴 | 15.40 | 22 | 33 | 11 | 乌鲁木齐 | 12.68 | 46 | 91 | 45 |
| 温州 | 15.39 | 23 | 26 | 3 | 柳州 | 12.51 | 47 | 58 | 11 |
| 绍兴 | 15.23 | 24 | 18 | -6 | 西安 | 12.50 | 48 | 38 | -10 |

续表

| 城市 | 2021年绩效价值得分 | 2021年绩效价值排名 | 2020年绩效价值排名 | 排名变化 | 城市 | 2021年绩效价值得分 | 2021年绩效价值排名 | 2020年绩效价值排名 | 排名变化 |
|---|---|---|---|---|---|---|---|---|---|
| 西宁 | 12.50 | 49 | 78 | 29 | 岳阳 | 10.73 | 75 | 69 | -6 |
| 昆明 | 12.50 | 50 | 44 | -6 | 连云港 | 10.52 | 76 | 64 | -12 |
| 呼和浩特 | 12.42 | 51 | 80 | 29 | 石家庄 | 10.52 | 77 | 90 | 13 |
| 镇江 | 12.41 | 52 | 29 | -23 | 三亚 | 10.40 | 78 | 74 | -4 |
| 徐州 | 12.37 | 53 | 81 | 28 | 吉林 | 10.36 | 79 | 84 | 5 |
| 烟台 | 12.22 | 54 | 36 | -18 | 淄博 | 10.29 | 80 | 93 | 13 |
| 潍坊 | 12.22 | 55 | 89 | 34 | 南宁 | 10.23 | 81 | 55 | -26 |
| 九江 | 12.21 | 56 | 66 | 10 | 遵义 | 10.22 | 82 | 56 | -26 |
| 泰州 | 12.11 | 57 | 30 | -27 | 哈尔滨 | 10.10 | 83 | 63 | -20 |
| 东营 | 12.00 | 58 | 72 | 14 | 邯郸 | 10.06 | 84 | 100+ | 16+ |
| 芜湖 | 12.00 | 59 | 37 | -22 | 茂名 | 10.03 | 85 | 100+ | 15+ |
| 盐城 | 11.97 | 60 | 49 | -11 | 湛江 | 10.02 | 86 | 100+ | 14+ |
| 金华 | 11.96 | 61 | 22 | -39 | 洛阳 | 9.97 | 87 | 92 | 5 |
| 江门 | 11.86 | 62 | 45 | -17 | 赣州 | 9.96 | 88 | 60 | -28 |
| 宜昌 | 11.79 | 63 | 59 | -4 | 宿迁 | 9.92 | 89 | 85 | -4 |
| 包头 | 11.74 | 64 | 100+ | 36+ | 襄阳 | 9.69 | 90 | 77 | -13 |
| 龙岩 | 11.67 | 65 | 47 | -18 | 安庆 | 9.66 | 91 | 83 | -8 |
| 海口 | 11.53 | 66 | 50 | -16 | 滁州 | 9.52 | 92 | 70 | -22 |
| 长春 | 11.51 | 67 | 67 | 0 | 株洲 | 9.51 | 93 | 65 | -28 |
| 扬州 | 11.51 | 68 | 32 | -36 | 廊坊 | 9.40 | 94 | 87 | -7 |
| 汕头 | 11.23 | 69 | 53 | -16 | 湘潭 | 9.40 | 95 | 88 | -7 |
| 太原 | 11.17 | 70 | 98 | 28 | 莆田 | 9.27 | 96 | 54 | -42 |
| 淮安 | 11.08 | 71 | 75 | 4 | 沧州 | 9.16 | 97 | 95 | -2 |
| 绵阳 | 10.89 | 72 | 51 | -21 | 桂林 | 9.00 | 98 | 61 | -37 |
| 兰州 | 10.86 | 73 | 62 | -11 | 咸阳 | 8.37 | 99 | 96 | -3 |
| 德州 | 10.80 | 74 | 100+ | 26+ | 保定 | 8.36 | 100 | 100 | 0 |

此外，在效绩价值得分提高的同时，城市之间绩效价值得分的差距、高分段城市得分与低分段城市得分的极差都在缩小，效绩价值得分总体呈现上升的趋势。2021年，在双创百强城市中，绩效价值得分排名第一的北京，分数为30.49分，略高于2020年排名第一的深圳（30.18分）；而2021年绩效价值排名第100位的保定，得分为8.36分，较2020年第100位保定

（6.06 分）得分有较大幅度提升。在双创百强城市中，得分最高城市与最低城市的极差为 22.13 分，相较于 2020 年（24.12 分）有所下降。

## （二）绩效价值得分的分布情况

为更直观地反映双创百强城市绩效价值得分分布情况，绘制绩效价值得分分布直方图进行可视化分析。由以上数据可知，绩效价值最低分为 8.36 分，最高分为 30.49 分，据此将区间划分成 8 组，组间距为 2.77 分，双创百强城市绩效价值得分分布情况如表 13 和图 17 所示。

表 13　双创百强城市绩效价值得分分布

单位：座，%

| 绩效价值分数段 | 城市数量 | 占比 |
| --- | --- | --- |
| [8.36,11.12]分 | 30 | 30 |
| (11.12,13.89]分 | 37 | 37 |
| (13.89,16.66]分 | 19 | 19 |
| (16.66,19.42]分 | 7 | 7 |
| (19.42,22.19]分 | 1 | 1 |
| (22.19,24.96]分 | 3 | 3 |
| (24.96,27.72]分 | 1 | 1 |
| (27.72,30.49]分 | 2 | 2 |

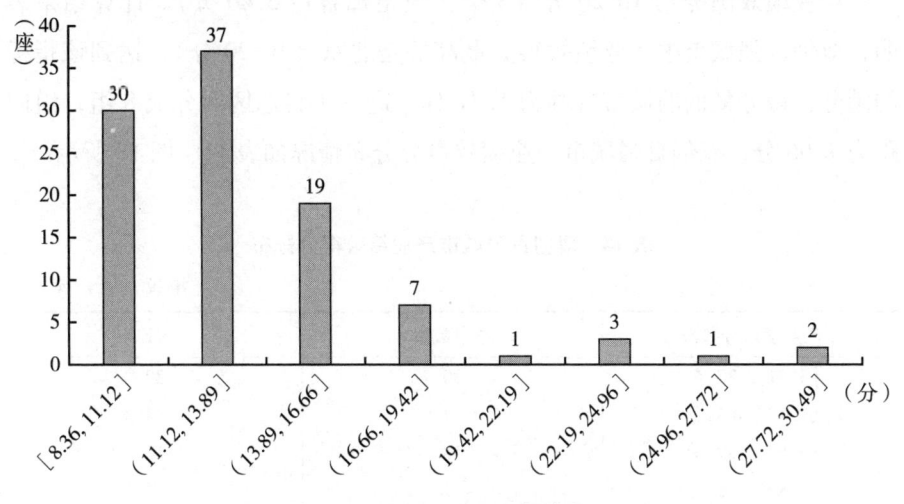

图 17　双创百强城市绩效价值得分分布

大部分双创百强城市的绩效价值得分处于较低水平，得分集中在16.66分及以下（占比为86%），高分段城市数量较少。其中，有37座城市的绩效价值得分集中分布在（11.12,13.89］分。有89%的城市绩效价值得分没有达到17分（满分为34分），而绩效价值得分超过20.4分（总分的60%）的城市仅有6座。

## （三）绩效价值子特征分析

与2020年相比，在绩效价值子特征上增加了"创业绩效"一项，从更多的维度对城市的绩效价值进行考量。为保证结果的稳定性，绩效价值的权重仍为34%，与2020年一致，因此由于子特征数量的增加，绩效价值维度下每个子特征的权重均较2020年有所下降。

### 1. 产业绩效

产业绩效指城市利用双创环境支持和双创资源在经济运行、企业发展等方面收获的双创效益。产业绩效采用人均GDP、高新技术企业数量、规模以上工业企业利润总额3个子指标进行衡量。对各子指标进行标准化并加权求和得到产业绩效得分，得分越高说明该城市的产业绩效越好。

产业绩效满分为10.20分（3个三级指标各占3.40分）。计算结果表明，双创百强城市中产业绩效得分最高的是北京（10.20分），达到该指标的满分，得分最低的城市吉林为1.71分。进一步将总区间分成8组，组间距为1.06分，双创百强城市产业绩效得分分布情况如表14、图18所示。

表14　双创百强城市产业绩效得分分布

单位：座，%

| 产业绩效分数段 | 城市数量 | 占比 |
| --- | --- | --- |
| ［1.71,2.77］分 | 30 | 30 |
| （2.77,3.83］分 | 34 | 34 |
| （3.83,4.89］分 | 18 | 18 |
| （4.89,5.96］分 | 7 | 7 |

续表

| 产业绩效分数段 | 城市数量 | 占比 |
|---|---|---|
| (5.96,7.02]分 | 7 | 7 |
| (7.02,8.08]分 | 0 | 0 |
| (8.08,9.14]分 | 1 | 1 |
| (9.14,10.20]分 | 3 | 3 |

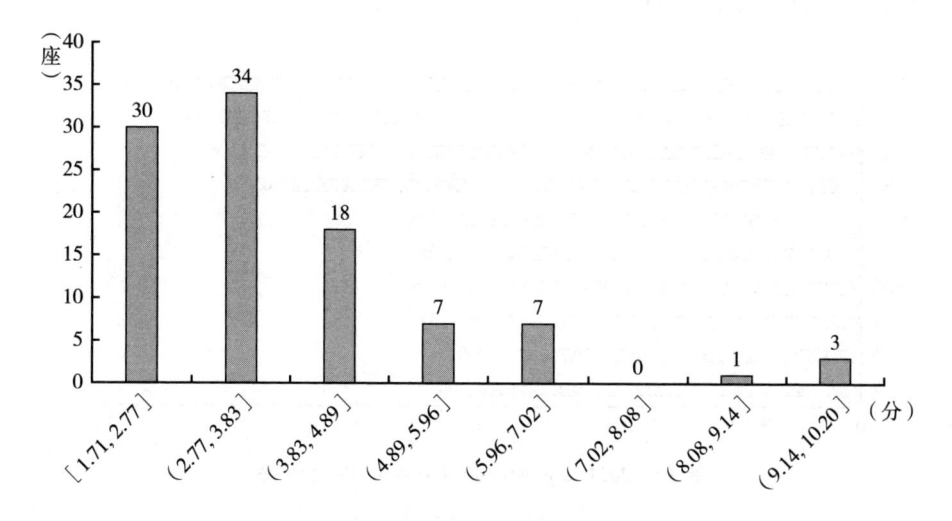

图 18 双创百强城市产业绩效得分分布

（1）双创百强城市整体产业绩效处于较低水平

低分段城市分布集中，高分段城市分布稀疏，双创百强城市产业绩效呈现典型的长尾分布特征。由数据可知，84%的城市未达到该指标满分的一半（5.1分），仅有8座城市达到该指标的及格线（6.12分），大部分双创百强城市在产业绩效方面还有较大的发展空间。

（2）双创百强城市产业绩效水平分布不均衡，两极分化现象比较严重

高分段城市虽然数量比较少，但是产业绩效得分都接近满分，说明这些城市的产业基础和产业结构较为优良，能够利用双创环境和双创资源促进产业发展。如图19所示，高分段城市均为经济较发达的城市，都十分重视高新技术产业和知识、技术密集型产业的发展，同时城市的高新技术产业发展

水平较高。而许多低分段城市产业绩效得分在1~2分，说明这些城市的产业基础较为薄弱。如图20所示，产业绩效排后10位的城市以旅游业、矿产业、农渔业等传统产业为主，双创资源的转化和利用能力较弱，今后需要寻找产业发展受限的具体痛点，破解双创产业发展绩效低迷的难题。同时，产业绩效得分高的城市可以发挥带头、引导作用，尽量避免"强者越强、弱者越弱"的马太效应出现。

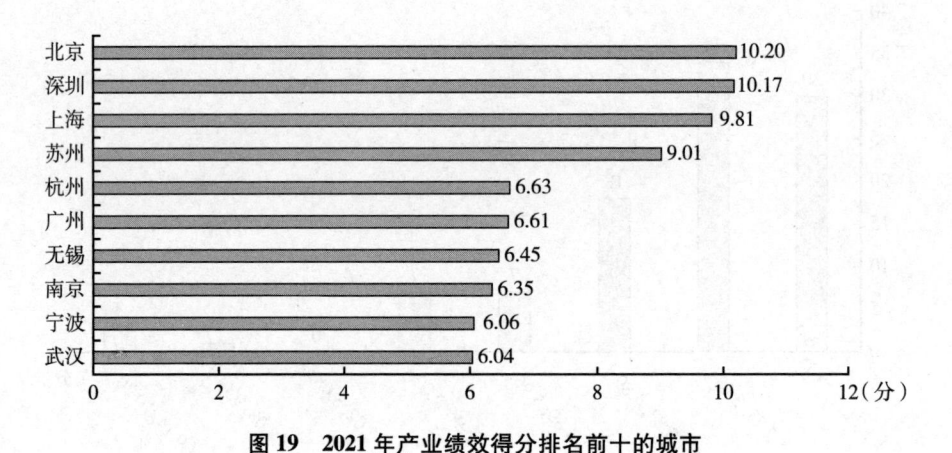

|  |  |
| --- | --- |
| 北京 | 10.20 |
| 深圳 | 10.17 |
| 上海 | 9.81 |
| 苏州 | 9.01 |
| 杭州 | 6.63 |
| 广州 | 6.61 |
| 无锡 | 6.45 |
| 南京 | 6.35 |
| 宁波 | 6.06 |
| 武汉 | 6.04 |

图19　2021年产业绩效得分排名前十的城市

|  |  |
| --- | --- |
| 吉林 | 1.71 |
| 桂林 | 1.87 |
| 保定 | 2.00 |
| 赣州 | 2.00 |
| 湛江 | 2.01 |
| 茂名 | 2.04 |
| 邯郸 | 2.05 |
| 汕头 | 2.12 |
| 南宁 | 2.12 |
| 沧州 | 2.12 |

图20　2021年产业绩效得分排名后十的城市

**2. 创新绩效**

创新绩效是双创城市绩效价值评价中的关键指标，它反映了双创城市在双创环境的支持下，利用双创资源推动科技发展和创新水平提升、为经济转型赋能的效果。创新绩效通过专利授权量、每万人国内发明专利申请量以及中国城市数字经济指数3个子指标衡量。通过对3个子指标进行标准化和加权求和，得到双创百强城市创新绩效得分，得分越高代表该城市的创新绩效水平越高。

创新绩效满分得分为10.20分（3个三级指标各占3.40分）。根据双创百强城市创新绩效得分的最高分和最低分，确定数据分布区间为[1.62, 10.16]分。进一步将总区间分成8组，组间距为1.07分，得到双创百强城市创新绩效得分分布情况（见表15和图21）。

表15 双创百强城市创新绩效得分分布

单位：座，%

| 创新绩效分数段 | 城市数量 | 占比 |
| --- | --- | --- |
| [1.62,2.69]分 | 31 | 31 |
| (2.69,3.76]分 | 37 | 37 |
| (3.76,4.82]分 | 21 | 21 |
| (4.82,5.89]分 | 4 | 4 |
| (5.89,6.96]分 | 2 | 2 |
| (6.96,8.03]分 | 1 | 1 |
| (8.03,9.10]分 | 3 | 3 |
| (9.10,10.16]分 | 1 | 1 |

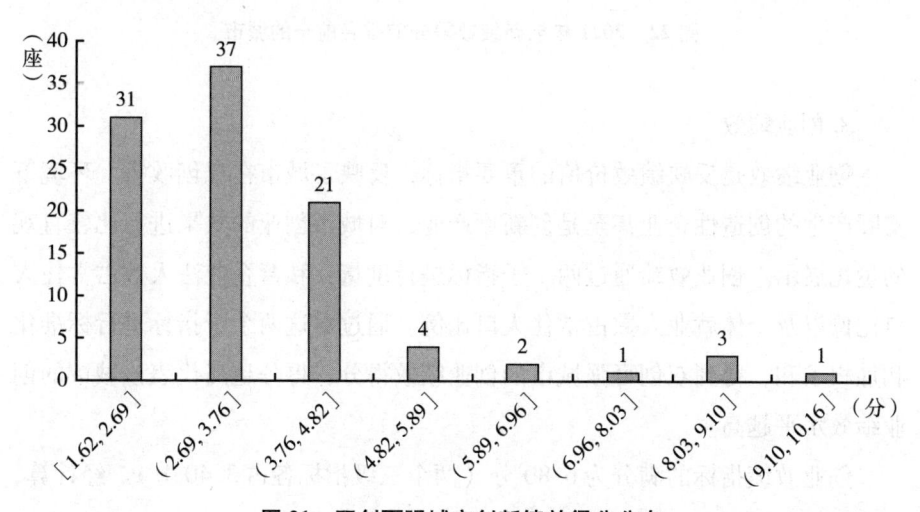

图21 双创百强城市创新绩效得分分布

总体而言，双创百强城市创新绩效水平普遍不高，大部分城市在创新水平与科技发展能力方面仍有较大的提升空间；同时，两极分化现象十分突出，得分极差仍然较大。与产业绩效得分的分布特征十分类似，93%的双创城市在创新绩效上的得分没有达到满分的一半，其中超过半数的城市得分没有达到3.5分，排名靠前的几个城市得分却接近满分。从图22可以看出，创新绩效得分排前10位的城市都是经济发展水平较高的城市，这些城市更加重视科技、产业创新在经济发展中的驱动作用，同时高校、科研机构较多，吸引了丰富的人才资源，具有利于发展的区位优势，从而为科技创新提供了肥沃的土壤和良好的环境。

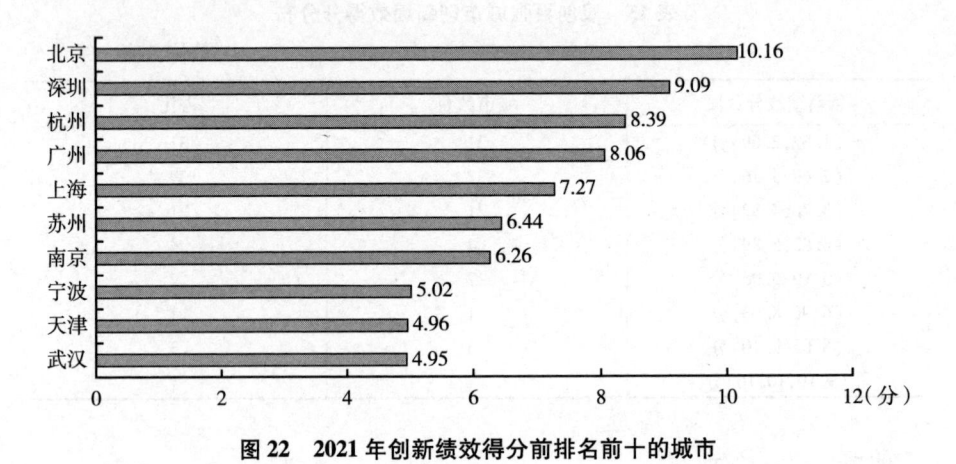

|  |  |
| --- | --- |
| 北京 | 10.16 |
| 深圳 | 9.09 |
| 杭州 | 8.39 |
| 广州 | 8.06 |
| 上海 | 7.27 |
| 苏州 | 6.44 |
| 南京 | 6.26 |
| 宁波 | 5.02 |
| 天津 | 4.96 |
| 武汉 | 4.95 |

图22 2021年创新绩效得分前排名前十的城市

### 3. 创业绩效

创业绩效是反映绩效价值的重要指标，反映了城市在双创政策、环境下实际产生的创造性企业甚至是创新型产业，对城市创业的效果进行比较直观的量化展示。创业绩效通过两个子指标进行度量：私营企业法人数占常住人口比例以及个体就业人数占常住人口比例。通过对这两个子指标进行标准化和加权求和，得到双创百强城市的创业绩效得分，得分越高代表该城市的创业绩效水平越高。

创业绩效指标的满分为6.80分（两个三级指标各占3.40分）。经计算，双创百强城市中北京的创业能力最强（6.46 分），接近满分，而陕西榆林的创业水平最低（0.68 分），小于1分，两者之间差距较大。设定区间为 [0.68，6.46] 分，并将总区间分成8组，组间距为 0.72 分，得到双创百强城市创业绩效得分的分布情况（见表16和图23）。

表16 双创百强城市创业绩效得分分布

单位：座，%

| 创业绩效分数段 | 城市数量 | 占比 |
| --- | --- | --- |
| [0.68,1.40]分 | 21 | 21 |
| (1.40,2.13]分 | 26 | 26 |
| (2.13,2.85]分 | 20 | 20 |
| (2.85,3.57]分 | 16 | 16 |
| (3.57,4.29]分 | 8 | 8 |
| (4.29,5.02]分 | 4 | 4 |
| (5.02,5.74]分 | 2 | 2 |
| (5.74,6.46]分 | 3 | 3 |

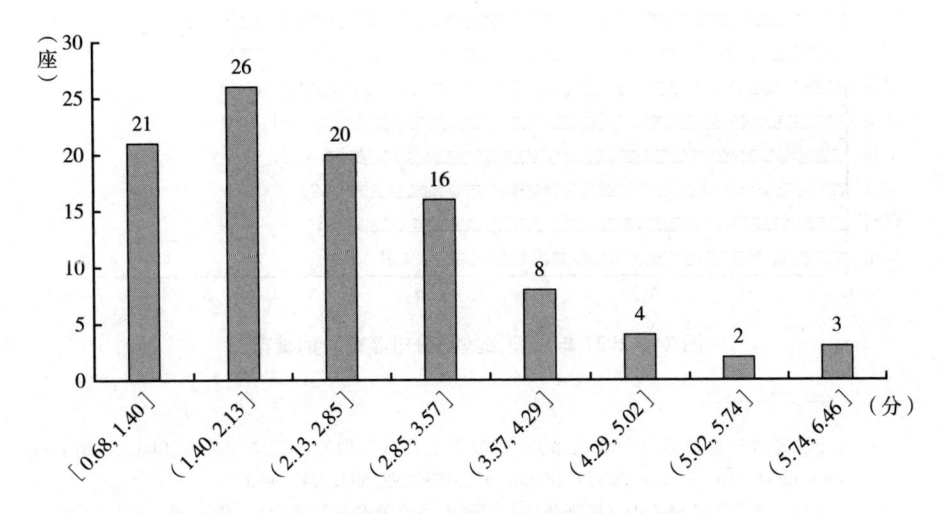

图23 双创百强城市创业绩效得分分布

双创百强城市的创业能力总体较弱，低分段城市偏多。可以看出，大部分城市集中在低分段，仅有18%的城市创业绩效得分能够达到3.4分及以上，有40%的城市创业绩效得分不足2分。说明大部分城市创业能力较弱、活力不足，仍依靠已有的企业拉动经济发展，存在很大的创业市场和提升空间。

此外，从图24可以看出经济较为发达的城市创业绩效得分较高，城市之间差距显著。北京、上海、深圳、杭州、广州等都是一线城市或新一线城市，城市贸易资源丰富、创业机遇充足。同时这些城市企业种类丰富，创业氛围非常浓厚，产生"马太效应"。此外，这些城市拥有众多高校、科研机构，人才储备充足。但是创业绩效得分排前10位的城市之间的差距同样显著，第1位（北京）和第10位（泉州）之间相差2.45分。城市通过进行创业补贴①、加大人才引进力度②、给创业者提供各项社会保障③等措施缓解自身创业氛围不足的问题，极大地提高了自身的创业能力。

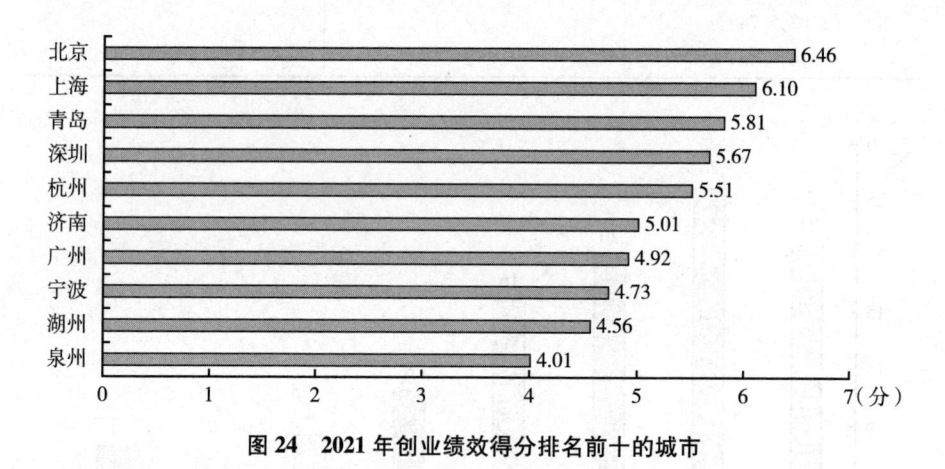

|  |  |
| --- | --- |
| 北京 | 6.46 |
| 上海 | 6.10 |
| 青岛 | 5.81 |
| 深圳 | 5.67 |
| 杭州 | 5.51 |
| 济南 | 5.01 |
| 广州 | 4.92 |
| 宁波 | 4.73 |
| 湖州 | 4.56 |
| 泉州 | 4.01 |

**图24　2021年创业绩效得分排名前十的城市**

---

① 《宁波着力打造最容易创业城市》，宁波市人民政府网站，2022年4月18日，http://www.ningbo.gov.cn/art/2022/4/18/art_ 1229099769_ 59425947.html。

② 《〈湖州市人民政府关于支持创新创业创强十条政策意见〉出台》，湖州市人民政府网站，2021年8月9日，http://www.huzhou.gov.cn/art/2021/8/9/art_ 1229213482_ 59042957.html。

③ 《泉州市开展"涌泉"行动集聚各类人才在泉创业就业的若干措施》，泉州市人民政府网站，2022年6月20日，http://www.quanzhou.gov.cn/zfb/xxgk/zfxxgkzl/ztzl/hqskzchz/sjzc/rs/202206/t20220620_ 2740833.htm。

因此，创业水平不高的城市可以加强创业的鼓励、支持和引导，同时采取建立科技园、招商引资、人才引进等措施，营造浓郁、友好的创业氛围，提高城市的创业水平，形成良性的创业循环。

4. 可持续发展

"绿水青山就是金山银山"，可持续发展、绿色发展理念如今已深入人心。作为双创绩效价值评价的一个重要二级指标，可持续发展水平体现了城市对经济发展的重视程度，对经济、环境、社会等多方面协调发展的关注程度。本报告采用单位 GDP 能耗、空气质量优良（二级及以上）天数占比两个子指标经过加权求和来衡量双创百强城市的可持续发展能力。该指标得分越高，说明该城市的可持续发展能力越强，从环境保护的角度来看，经济增长模式越健康。

可持续发展能力指标满分为 6.80 分（两个三级指标各占 3.40 分）。经计算，在双创百强城市中，银川的可持续发展得分排名第一，分数为 6.32 分；郑州得分最低，分数为 1.50 分。设定区间为 [1.50, 6.32] 分，并将总区间分成 8 组，组间距为 0.60 分，得到双创百强城市可持续发展得分分布情况（见表 17 和图 25）。

表 17　双创百强城市可持续发展得分分布

单位：座，%

| 可持续发展分数段 | 城市数量 | 占比 |
| --- | --- | --- |
| [1.50,2.10]分 | 5 | 5 |
| (2.10,2.70]分 | 7 | 7 |
| (2.70,3.31]分 | 22 | 22 |
| (3.31,3.91]分 | 31 | 31 |
| (3.91,4.51]分 | 16 | 16 |
| (4.51,5.11]分 | 16 | 16 |
| (5.11,5.71]分 | 0 | 0 |
| (5.71,6.32]分 | 3 | 3 |

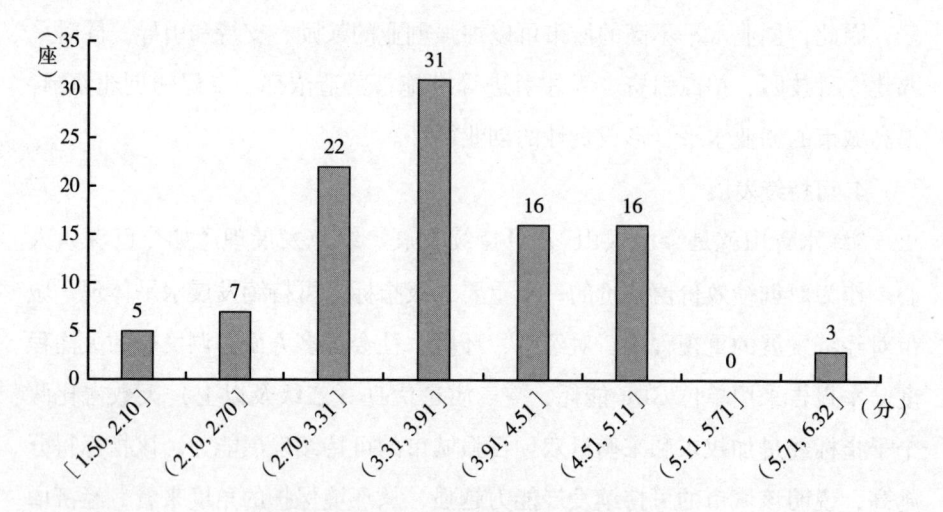

图 25　双创百强城市可持续发展得分分布

双创百强城市的可持续发展水平近似正态分布。可以看出，大部分城市集中在中间分数段，有85%的城市可持续发展得分在（2.70，5.11］分，只有少部分城市可持续发展得分比较低或比较高。低分段城市比较少说明大部分城市在双创发展过程中坚持绿色环保和质量优先的理念，走可持续发展道路，但是高分段城市数量同样较少，城市的可持续发展仍存在很大的进步空间。

# B.4
# 双创主要指标分析

苗璐 黄晓林 蒋子健*

**摘 要：** 新时代背景下，面对全球诸多超预期因素的冲击以及国内经济三重压力，创新成为高质量发展的重要突破口，对推动"大众创业、万众创新"起到引擎作用，凭借国内强大的市场韧劲和旺盛活力促进转型升级、稳定和扩大就业，推动国民经济高质量发展。本报告基于双创指数评价体系下环境支持、资源能力和绩效价值3个维度，提取不同维度下的关键指标进行深入分析。同时为厘清不同维度之间相互影响的内在逻辑，分别对不同维度间的相关性进行分析。从发展情况来看，各维度下相互支撑与影响的细分指标共同构成城市双创发展的良好生态，应统筹环境支持、资源能力与绩效价值3个维度，构筑高效的创新共同体。

**关键词：** 双创指数评价体系 环境支持 资源能力 绩效价值

## 一 双创指数评价体系下各级指标选择与关系研究

本蓝皮书双创指数评价体系由环境支持、资源能力和绩效价值3个一级指标构成，一级指标下细分了11个二级指标，二级指标又进一步细化成35个三级指标，本报告基于3个一级指标下的35个细分指标（三级指标），

---

\* 苗璐，经济学博士，深圳大学中国经济特区研究中心助理教授，主要研究方向为城市经济学、环境经济学、大数据分析；黄晓林，深圳大学应用统计专业硕士；蒋子健，深圳大学理论经济专业硕士。

采用相关系数方法来筛选影响力较大的细分指标进行详细分析。相关系数的绝对值越大，则意味着该指标与对应一级指标间的相关性越强。

## （一）影响环境支持得分的重要指标选择及关系研究

本蓝皮书中环境支持维度下有4个二级指标，分别是市场结构、产业基础、制度文化、配套支持。经过测算，该维度下对环境支持得分影响最大的二级指标是配套支持，其次是制度文化、产业基础、市场结构。4个二级指标与环境支持的相关系数分别为0.9019、0.8251、0.7827、0.3427。配套支持是创新发展的物质基础。交通网络的建设、互联网基础设施的覆盖、医疗卫生服务体系的完善、产业孵化平台的建设等基础配套支持具有强外部性、效用外溢性、公共产品属性等特点，其受益范围广、便利性强，是创新生态的"润滑剂"。该二级指标下有公共交通车辆数、货物运输总量、互联网宽带普及率、医院占医疗机构比重、国家级科技企业孵化器数量5个细分指标；制度文化指标下有政府效率指数、商业信用环境指数、每万人藏书册数3个细分指标；产业基础指标下有对外进出口总额、规模以上工业总产值、民间资本固定资产投资总额占GDP比重3个细分指标；市场结构指标下有非公有制企业数量比重、规模以上工业小微企业数量比重、实际利用外商直接投资占GDP比重3个细分指标。本节分别选取3个二级指标下较具有代表性的细分指标进行详细分析，分别为"对外进出口总额"（对应与环境支持得分的相关系数为0.8811）、"国家级科技企业孵化器数量"（对应与环境支持得分的相关系数为0.8460）、"规模以上工业总产值"（对应与环境支持得分的相关系数为0.8000）、"公共交通车辆数"（对应与环境支持得分的相关系数为0.7990）、"商业信用环境指数"（对应与环境支持得分的相关系数为0.7603）、"每万人藏书册数"（对应与环境支持得分的相关系数为0.6707）、"货物运输总量"（对应与环境支持得分的相关系数为0.6401）。

**1. 对外进出口总额**

对外进出口总额指实际进出我国国境货物的总金额，其反映该地区对外贸易的规模情况和发展水平，体现该地区的经济开放程度。在2021年双创百强城市中，对外进出口总额均值为 3478.60 亿元，较 2020 年增加 317.14 亿元；双创百强城市中对外进出口总额最高值与最低值存在较大差距，二者相差 40594.4 亿元。其中，居首位的是上海，对外进出口总额达 40610.35 亿元，较 2020 年增加 5810.35 亿元；排名第二的是深圳（35057.9 亿元）；而拉萨在双创百强城市中排末位，只有 15.95 亿元。2021 年双创百强城市对外进出口总额分布情况如表 1 所示。

表 1　2021 年双创百强城市对外进出口总额分布

单位：座，亿元

| 对外进出口总额 | 城市数量 | 主要城市 |
| --- | --- | --- |
| 5000 以下 | 82 | 武汉、西安、大连、烟台等 |
| 5000（含）~10000 | 11 | 厦门、青岛、成都、天津等 |
| 10000（含）~20000 | 3 | 广州、宁波、东莞 |
| 20000（含）~30000 | 2 | 北京、苏州 |
| 30000 及以上 | 2 | 深圳、上海 |

（1）受复工复产影响，2021 年双创百强城市的对外进出口总额整体呈增长态势

2020 年受疫情影响，双创百强城市对外进出口总额整体较 2019 年有所下降，而 2021 年随着复工复产的推进，进出口总额恢复态势良好，并超过 2019 年双创百强城市对外进出口总额。对外进出口总额超过 30000 亿元的城市有 2 座，对外进出口总额与 2020 年相比有较大幅度提升；位于 10000（含）亿元~20000 亿元的城市增加至 3 座（2020 年为 1 座），恢复至 2019 年水平。然而，双创百强城市的对外进出口总额分布仍不均衡，有 82 座城市进出口总额集中在 5000 亿元以下，占比为 82%。

（2）进一步提升经济开放程度，促进对外贸易发展，建设有竞争力的双创环境

经过测算，双创百强城市对外进出口总额与环境支持得分之间的相关系数为 0.8811，在各子指标中排名第一，表明二者之间存在较强的正相关

性。双创百强城市中，对外进出口总额与环境支持得分对比情况如图1所示。

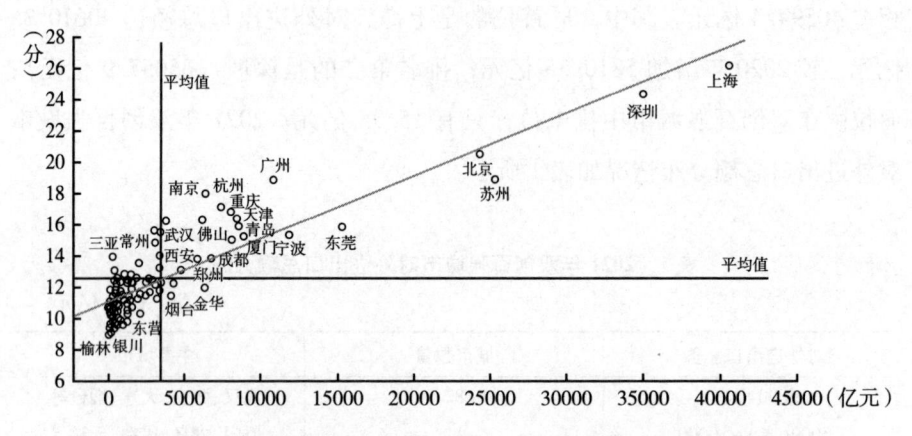

**图1 2021年双创百强城市对外进出口总额与环境支持得分的关系**

可以看出，双创百强城市的对外贸易水平并不均衡。大部分城市进出口总额低于平均值，同时上海、深圳、苏州、北京的进出口总额与其他城市拉开了较大的差距。沪深两地作为港口城市，具有地理优势，在对外贸易方面表现优秀。2021年我国开始逐步推进复工复产，稳外贸工作取得了一定成效，进出口总额与环境支持得分之间的相关系数也超过了上年排名第一的国家级科技企业孵化器数量。当前，面对三重压力，稳外贸成为稳增长的重要支撑，推动进出口保稳提质变得十分重要。为外贸企业提供金融、退税等多方面支持，帮助企业稳订单、拓市场，建设更加稳定的外贸市场。同时，聚焦重点领域，优化外贸结构，提高出口核心竞争力，促进内外贸融合发展，推动贸易转型升级，提高整体经济水平。

**2. 国家级科技企业孵化器数量**

国家级科技企业孵化器是由国家认定并资助的机构，旨在为初创科技企业提供场地、资源、资金、服务等全方位的支持和帮助，促进其快速发展，推动科技创新和经济发展。在深入实施创新驱动发展战略、推动实体经济转型升级和经济高质量发展方面，国家级科技企业孵化器发挥着重要作用。近年来，我国创业孵化载体数量和质量稳步攀升，为创新创业提供了更好的支持和创造了更好的生态环境，通过提供专业导师、咨询服务等方式，有效提高了行业的技术水平，也充分增强了创业带动就业能力。

城市企业孵化器集创新资源、创业服务支持、创业文化建设功能于一身，是城市双创环境的有力支撑。在双创百强城市中，国家级科技企业孵化器数量共1088个，较上年增长15个。拥有孵化器数量在60个及以上的城市有北京（66个）、上海（62个），孵化器数量为50~59个的城市有杭州（51个）、苏州（50个），孵化器数量为40~59个的城市有广州（41个）、南京（41个），国家级科技企业孵化器具体分布情况如表2所示。

表2  2021年双创百强城市国家级科技企业孵化器数量分布

单位：个，座

| 国家级科技企业孵化器数量 | 城市数量 | 主要城市 |
| --- | --- | --- |
| 0 | 4 | 三亚、漳州、莆田、遵义 |
| 1~9 | 58 | 厦门、湖州、中山、烟台等 |
| 10~19 | 22 | 珠海、沈阳、石家庄、大连等 |
| 20~29 | 7 | 常州、东莞、佛山、无锡等 |
| 30~39 | 3 | 深圳、武汉、天津 |
| 40~49 | 2 | 广州、南京 |
| 50~59 | 2 | 苏州、杭州 |
| 60及以上 | 2 | 北京、上海 |

（1）国家级科技企业孵化器数量相比上年有所增加，且新增孵化器集中在双创指数排名靠前的城市

2021年，在双创百强城市中，新增的15个国家级科技企业孵化器主要集中在双创指数排名靠前的城市，其中杭州新增5个、深圳新增4个、北京和上海各增加2个。在双创百强城市中，未曾拥有国家级科技企业孵化器的城市数量由上年的6座减少至4座。除此之外，各城市拥有的国家级科技企业孵化器数量未发生明显变化。国家级科技企业孵化器集中分布在双创指数排名靠前的城市，双创百强城市拥有国家级科技企业孵化器平均数为10.88

个,中位数为6个;北京、上海、苏州、杭州所拥有的国家级科技企业孵化器数量远高于平均水平。超过半数(67座)城市国家级科技企业孵化器数量仍在平均值以下。

(2)国家级科技企业孵化器对城市双创环境营造具有积极影响

经过测算,国家级科技企业孵化器数量与环境支持得分之间的相关系数为0.8460;在环境支持各子指标中,国家级科技企业孵化器数量与环境支持得分的相关系数排名第二,排名较上年有所下降(2020年排名第一),但对城市双创环境支持依然有较大影响。图2直观地呈现了双创百强城市中国家级科技企业孵化器数量与环境支持得分的关系。

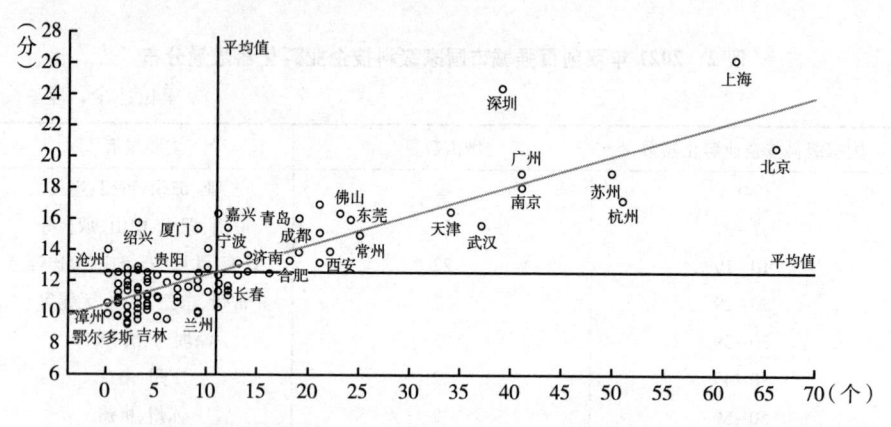

**图2 2021年双创百强城市国家级科技企业孵化器数量与环境支持得分的关系**

从图2可以清晰地看出,双创百强城市的环境支持得分与其拥有的国家级科技企业孵化器数量呈明显的正相关关系,这表明国家级科技企业孵化器的建设有助于城市创新创业环境的营造,同样有助于提高城市的创新能力和竞争力。国家级科技企业孵化器数量的平均值为10.88个,环境支持得分的平均值为12.51分。少数城市国家级科技企业孵化器数量与环境支持得分远超平均水平,数量较多的国家级科技企业孵化器有助于城市双创环境的营造。例如,北京(拥有国家级科技企业孵化器66个,环境支持得分为20.50分)、上海(拥有国家级科技企业孵化器62个,环境支持得分为

26.17分)、苏州(拥有国家级科技企业孵化器50个,环境支持得分为18.85分)、杭州(拥有国家级科技企业孵化器51个,环境支持得分为17.13分)。反之,多数双创百强城市集聚在平均值附近或是偏下的区域,较少的国家级科技企业孵化器数量难以支持良好的双创环境。例如,漳州(拥有国家级科技企业孵化器0个,环境支持得分为9.77分)、遵义(拥有国家级科技企业孵化器0个,环境支持得分为10.45分)、鄂尔多斯(拥有国家级科技企业孵化器1个,环境支持得分为9.65分)、拉萨(拥有国家级科技企业孵化器1个,环境支持得分为10.76分)。双创百强城市总体在回归线两侧均匀分布。

国家级科技企业孵化器是双创环境支持的重要组成部分,在大众创业、万众创新方面能够起到助推作用。在城市发展中打造高服务水平的科技企业孵化器,加快建设体系化、专业化创业载体对推动创新创业非常重要。城市应注重合理调整国家级科技企业孵化器的空间布局,尤其对国家级科技企业孵化器相对匮乏的城市,合理布局符合当地城市特色的国家级科技企业孵化器,加强国家级科技企业孵化器服务能力的培养,在融资平台建设、人才培养等方面给予一定的支持,从而激发城市创新活力,推动众创空间再上新台阶,以减少地区创新发展的不平衡问题。

3. 规模以上工业总产值

规模以上工业总产值指年主营业务收入在2000万元及以上的法人工业企业,在一定时期内生产的以货币形式表现的工业最终产品和提供工业劳务活动的总价值量,包括生产的成品价值、对外加工费收入、自制半成品和在制品期末期初差额价值3部分,可以用来反映城市工业的发展水平和生产能力。在某个地区,如果规模以上工业总产值很高,那么该地区的生产效率较高、生产能力较强,工业发展水平也较高。此外,规模以上工业总产值是评估城市工业发展水平的重要指标,也是有关部门制定相关政策和发展战略的基础依据之一。发展高产值的工业有助于促进科技成果的转化和落地,从而形成一个有利于企业创新的环境。

在2021年双创百强城市中,各城市规模以上工业总产值平均值为

7425.89亿元，较2020年上升78.84亿元。排名前三的城市规模以上工业总产值均超过35000亿元，分别是深圳（41348.32亿元）、苏州（41308.1亿元）、上海（39498.5亿元）。排名靠后的城市有榆林（22.27亿元）、宜昌（47.66亿元）、长沙（58.05亿元）。在双创百强城市中，规模以上工业总产值最高值与最低值相差41326.05亿元，差距较2020年有所扩大。规模以上工业总产值城市分布情况见表3。

**表3 2021年双创百强城市规模以上工业总产值分布**

单位：座，亿元

| 规模以上工业总产值 | 城市数量 | 主要城市 |
| --- | --- | --- |
| 5000以下 | 53 | 中山、长沙、汕头、济南等 |
| 5000（含）~15000 | 32 | 福州、唐山、南通、南京等 |
| 15000（含）~25000 | 10 | 北京、天津、广州、宁波等 |
| 25000（含）~35000 | 2 | 佛山、重庆 |
| 35000及以上 | 3 | 深圳、上海、苏州 |

（1）2021年双创百强城市的规模以上工业总产值呈金字塔形分布，半数以上的城市总产值在5000亿元以下

由表3可知，规模以上工业总产值在15000亿元以下城市的共有85座，占比为85%，且规模以上工业总产值差距不大，尤其在5000亿元以下的城市有53座；而规模以上工业总产值在15000亿元及以上的城市仅有15座，且在这一区间的城市规模以上工业总产值存在较大差距。整体来看，2021年城市规模以上工业总产值分布情况与2020年相似，但位于塔顶城市的规模以上工业总产值增势明显，与塔底规模以上工业总产值无明显变化的城市进一步拉开了差距。其中，规模以上工业总产值排名前三的城市顺序仍与2020年一致，深圳第一（增加了2880.53亿元）、苏州第二（增加了5965.55亿元）、上海第三（增加了4264.8亿元），苏州、上海与深圳的差距进一步缩小。排名靠后的榆林、宜昌等城市规模以上工业总产值尚不足100亿元，工业企业发展相对落后。

（2）规模以上工业总产值是环境支持的重要构成指标之一，二者具有较强的正相关性

经过测算，规模以上工业总产值与环境支持得分之间的相关系数为0.8000，具有较强的相关性。在双创百强城市中，规模以上工业总产值与环境支持得分的关系如图3所示。

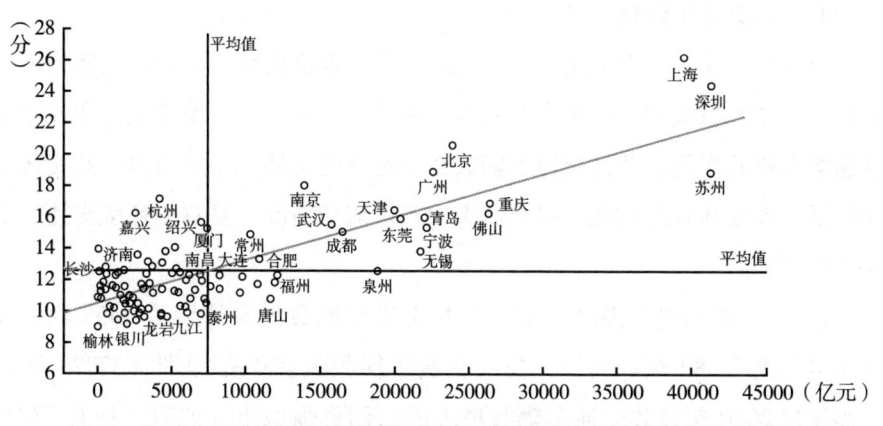

**图3　2021年双创百强城市规模以上工业总产值与环境支持得分的关系**

如图3所示，2021年双创百强城市规模以上工业总产值的均值为7425.89亿元，环境支持得分的均值为12.51分，可以直观地看出规模以上工业总产值与环境支持得分间存在明显的正相关关系，且各城市在趋势线两侧的分布较为平均。规模以上工业总产值与环境支持得分高于均值的城市，彼此之间的差距较大，尤其是上海、深圳、苏州3座城市，规模以上工业总产值与其他城市拉开了较大差距。同时大部分双创百强城市仍集中在规模以上工业总产值与环境支持得分均低于均值的区间，且该区间下城市间的差距不大。

基于趋势线分析，随着规模以上工业总产值增加，城市双创环境支持水平也有所提高，这表明规模以上工业总产值的增加可以改善城市的双创环境。工业是经济发展的"压舱石"，在稳定宏观经济大盘上肩负着重大责任。应进一步发挥工业对经济发展的引领和支撑作用，打造高水平的双创环

境。可以发现,部分双创百强城市的规模以上工业总产值仍较低,表明这些城市的工业基础相对薄弱,工业依然是这部分城市经济发展的重要短板。这部分城市应根据实际,结合当地发展需求,推动工业经济平稳发展,增强自主创新能力,提高工业对经济发展的支撑作用,为经济发展提供更强的保障。

**4. 公共交通车辆数**

公共汽车作为城市的交通工具之一,能够提供便捷、高效、经济的出行服务,促进人口流动、影响产业布局、推动经济发展,对城市交通和社会发展起着重要的作用。公共交通车辆数在一定程度上体现了城市对公共交通事业的投入程度和管理效能,以及城市中人口流动情况,是双创环境支持的重要组成部分。

在2021年双创百强城市中,公共交通车辆数的平均值为4459辆,较2020年增加了82辆。其中,公共交通车辆数最多的是深圳(37379辆),大幅超过2020年公共交通车辆数最多的双创百强城市(北京,拥有23948辆);最少的是拉萨(548辆)。2021年双创百强城市公共交通车辆数分布情况如表4所示。

表4 2021年双创百强城市公共交通车辆数分布

单位:辆,座

| 公共交通车辆数 | 城市数量 | 主要城市 |
| --- | --- | --- |
| 5000以下 | 75 | 福州、中山、厦门、南昌等 |
| 5000(含)~10000 | 16 | 苏州、南京、武汉、南京等 |
| 10000(含)~20000 | 7 | 成都、上海、广州、天津等 |
| 20000及以上 | 2 | 深圳、北京 |

(1)双创百强城市公共交通车辆数多在5000辆以下,数量较2020年稍有回升

根据表4,2021年共有75座城市的公共交通车辆数在5000辆以下,而公共交通车辆数在20000辆及以上的城市仅有2座,分别是深圳、北京,较

2020年多1座，但仍少于2019年的3座。且2021年北京公共交通车辆数没有发生变化，2020年总数第二的深圳新增公共交通车辆20375辆。北京、深圳的公共交通车辆数远多于其他城市，其中，深圳拥有最高的公共交通车辆数，与公共交通车辆数最低的拉萨相比，是其68.2倍。庞大的公共交通车辆数意味着高频率的人才流动，为城市创新创业提供了公共基础设施。

（2）加强公共交通基础设施建设，有利于城市营造更加良好的双创环境

通过计算得出2021年双创百强城市中公共交通车辆数与环境支持得分之间的相关系数为0.7990，较2020年0.8123的相关系数有小幅下降。

如图4所示，大部分双创百强城市分布在公共交通车辆数、环境支持得分均小于均值的区间，公共交通车辆数与环境支持得分呈正相关关系，说明公共交通车辆数的增加能带动双创环境的优化；不过与前3个指标相比，该指标数据的分布更趋发散，需结合其他因素综合分析。增加公共交通车辆的供给能有效缓解城市拥堵问题、提高资源利用效率。各城市需加快建设完善的交通基础设施，畅通交通网络，提高城市"最后一公里"效率，促进城市间、城市内部的人才交流，提高要素流动、城市运行效率，对城市双创环境建设形成良好的支撑作用。

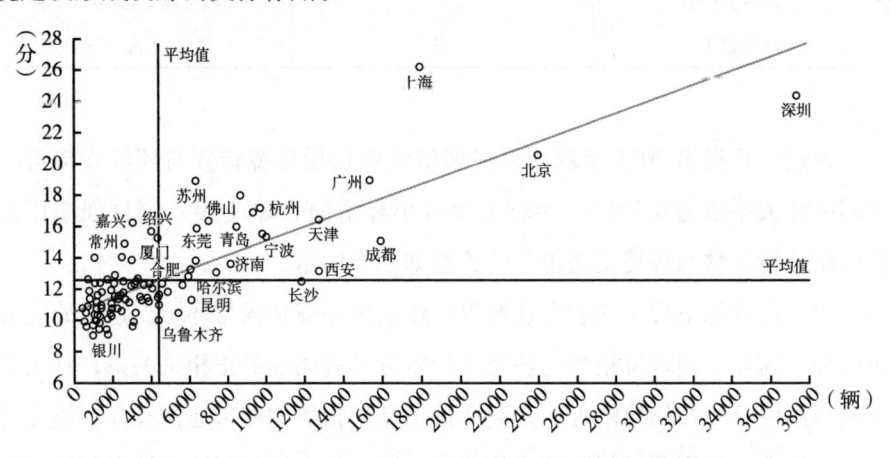

**图4　2021年双创百强城市公共交通车辆数与环境支持得分的关系**

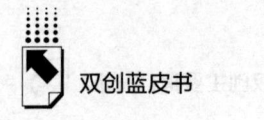

### 5. 商业信用环境指数

中国城市商业信用环境指数（CEI）是一个通过对不同城市企业的信用状况、商业环境和市场竞争力等因素进行评估，并对评估结果进行加权计算后得出的反映城市商业信用环境的综合指数。该指数能体现城市企业的信用状况和风险程度、商业环境的优劣和市场竞争力、政府监管和执法的严格程度，是我国城市信用体系建设和运行的"风向标"。

据统计，历年双创百强城市商业信用环境指数排名、数值均较为稳定，2021年排名前五的城市依次为北京、上海、广州、杭州、珠海，与2020年一致。双创百强城市商业信用环境指数均值为73.69，中位数为73.73，指数值最大的北京为87.09，最小的吉林为67.15，分布均匀、分差不大。2021年双创百强城市商业信用环境指数分布情况如表5所示。

表5　2021年双创百强城市商业信用环境指数分布

单位：座

| 商业信用环境指数 | 城市数量 | 主要城市 |
| --- | --- | --- |
| 70以下 | 12 | 吉林、株洲、邯郸、保定等 |
| 70(含)~75 | 57 | 兰州、湖州、长沙、汕头等 |
| 75(含)~80 | 28 | 杭州、株洲、重庆、深圳等 |
| 80及以上 | 3 | 北京、上海、广州 |

通过计算得出2021年双创百强城市商业信用环境指数与环境支持得分之间的相关系数为0.7603，相较上年有小幅增加。2021年双创百强城市商业信用环境指数与环境支持得分的关系如图5所示。

图5直观地呈现了双创百强城市商业信用环境指数与环境支持得分的分布趋势。商业信用环境指数与环境支持得分具有明显的正相关关系，且大部分城市集中分布在均值附近。高商业信用环境指数的城市通常有高环境支持得分，如商业信用环境指数第一的北京、第二的上海，环境支持得分排名分别为第三、第一。反之，商业信用环境指数较低的城市，其环境支持得分也

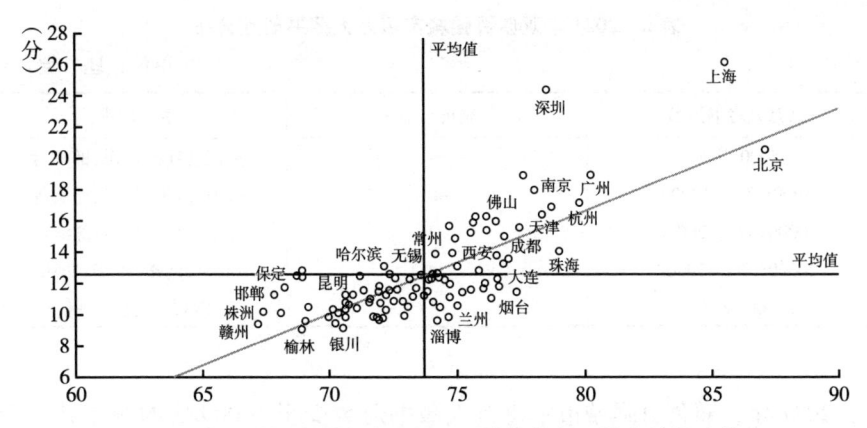

**图5  2021年双创百强城市商业信用环境指数与环境支持得分的关系**

较低。因此，通过推动建立健全服务型商业信用监管体系，为企业提供更广泛、更高效的监管服务，并鼓励其积极培育可持续发展的商业信用文化，来提升当地商业信用水平和建设良好的双创环境。同时，双创环境中的创业者和创新者也可以通过不断创新和发展营造更加良好的商业信用环境，从而形成良性循环。

### 6. 每万人藏书册数

书籍在传承文化和承载知识方面具有重要意义。每万人藏书册数是反映城市文化建设的一项指标，城市文化建设则是双创发展的关键工具、重要驱动力。因此，可以认为每万人藏书册数间接地反映了城市在文化建设方面的配套支持情况。经济发展较好的城市通常拥有更多的公共资源和配套服务，可以为市民提供文化支持，在双创环境建设上具有独特优势。

在2021年双创百强城市中，每万人藏书册数均值为10150.36册，较2020年增加606.63册。各城市中，每万人藏书册数存在较大差异，藏书册数排在前列的城市如广州（34980.72册）、上海（32511.05册）、深圳（32282.54册），其藏书册数远高于排名靠后的乌鲁木齐（1162.35册）、保定（1956.74册）、呼和浩特（2095.47册）等城市。2021年双创百强城市每万人藏书数分布情况如表6所示。

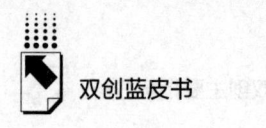

表6 2021年双创百强城市每万人藏书册数分布

单位：座，册

| 每万人藏书册数 | 城市数量 | 主要城市 |
| --- | --- | --- |
| 5000以下 | 19 | 湛江、昆明、兰州、邯郸等 |
| 5000（含）~10000 | 40 | 唐山、洛阳、西安、汕头等 |
| 10000（含）~20000 | 34 | 北京、中山、长沙、珠海等 |
| 20000（含）~30000 | 4 | 苏州、杭州、南京、株洲 |
| 30000及以上 | 3 | 深圳、上海、广州 |

2021年，双创百强城市中每万人藏书册数少于10000册的城市共有59座，较2020年减少4座，且5000册以下的城市数量由26座减少至19座，整体情况有所改善。

通过计算得到每万人藏书册数与环境支持得分的相关系数为0.6707，这表明每万人藏书册数能对环境支持得分产生正向影响。从图6可以发现，双创百强城市大部分集中在均值附近，少部分（上海、深圳、广州）明显高于均值。同时，双创百强城市在回归线附近呈现发散趋势。部分城市（如株洲）即使每万人藏书册数较高，其环境支持得分仍在均值之下；部分城市（如北京）虽然每万人藏书册数未超过均值太多，其环境支持得分却排名前列，这可能与每万人藏书册数虽然重要，但并不是城市文化建设的全部有关。总体上，仍是每万人藏书册数更多的城市（如上海、深圳、广州）能获得更高的环境支持得分。

城市文化是一个城市的灵魂和软实力。积极推动城市文化建设有助于提高市民素质、激发城市创新活力和支持城市高质量发展。除了增加藏书册数以外，还可以通过修建公共服务设施、开展多样的文化交流活动等途径提高城市文化建设水平，积淀城市文化底蕴，增强文化发展意识，以厚植城市创新发展的沃土，在建设文化强市上实现新突破。

**7. 货物运输总量**

货物运输总量指某一地区在一定时期内通过各种运输方式（如陆路、水路、空运等）所承运的全部货物的数量。这个指标通常用来衡量该地区的交

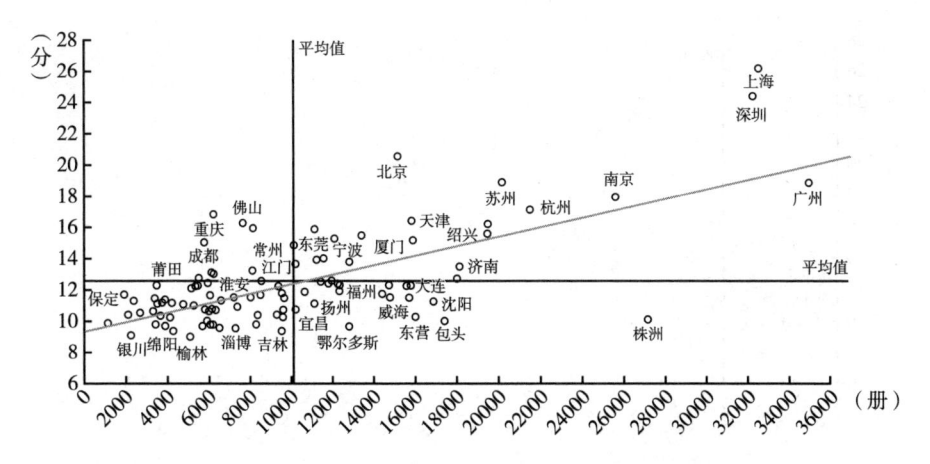

图6  2021年双创百强城市每万人藏书册数与环境支持得分的关系

通运输和物流业发展情况，也是了解其经济活动规模和双创发展情况的重要指标之一。2021年双创百强城市货物运输总量分布情况如表7、图7所示。

表7  2021年双创百强城市货物运输总量分布

单位：万吨，座

| 货物运输总量 | 城市数量 | 主要城市 |
| --- | --- | --- |
| 10000以下 | 17 | 拉萨、东营、太原、威海等 |
| 10000（含）~20000 | 31 | 哈尔滨、宿迁、东莞、包头等 |
| 20000（含）~30000 | 29 | 吉林、昆明、福州、中山等 |
| 30000（含）~50000 | 13 | 台州、芜湖、成都、南宁等 |
| 50000及以上 | 10 | 上海、重庆、广州、武汉等 |

通过计算得到货物运输总量与环境支持得分的相关系数为0.6401，这表明货物运输总量能对环境支持得分产生正向影响。从图7可以发现，双创百强城市大部分集中在均值附近，少部分（上海、广州、重庆）明显高于均值。同时，双创百强城市在趋势线附近呈现发散趋势。部分城市（如深圳）虽然货物运输总量未超过均值太多，环境支持得分却排名前列。这可能与货物运输总量虽然重要，但只能反映货物流通的"量"而不能反映"质"有关。总体上，仍是货物运输总量更大的城市（如上海、广州、重

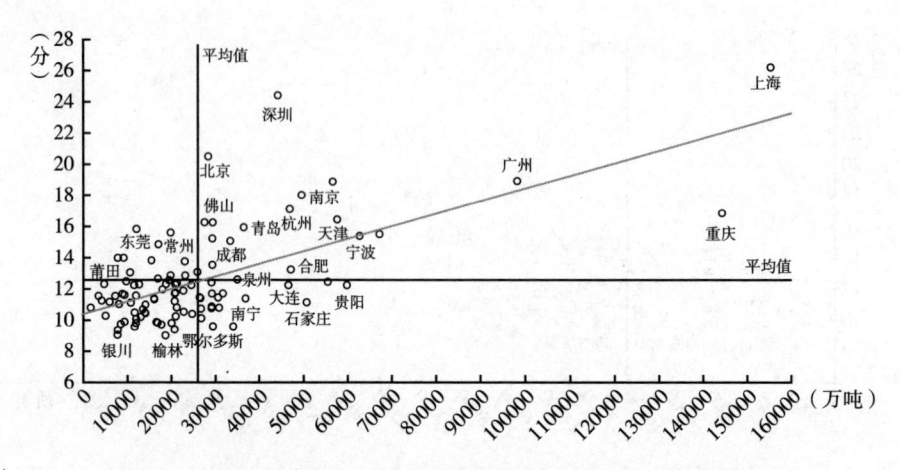

图7 2021年双创百强城市货物运输总量与环境支持得分的关系

庆）能获得更高的环境支持得分。

货物运输总量的增加意味着更多的贸易活动和物流运作，这有助于扩大城市产业规模，优化产业供应链，激活创新动力。加快公路、铁路、航空、水路等交通运输基础设施建设，提高运输效率，促进货物运输总量的增加，提高物流行业发展水平，对双创环境优化产生积极作用。

## （二）影响资源能力得分的重要指标选择及关系研究

本蓝皮书中双创资源能力下有3个二级指标，分别是人力资源、资本市场、科技投入。经过测算，该维度下对双创资源能力影响最大的二级指标是人力资源，其次是资本市场、科技投入。3个二级指标与资源能力的相关系数分别为0.9147、0.8191、0.6677。人力资源是城市创新发展的重要资源，该二级指标下有净流入常住人口数量、高等教育学历人口比例、知识密集型服务业从业人员比例、普通高校在校生数量、规模以上工业企业R&D人员5个细分指标；资本市场指标下有年末总市值、年度IPO规模、年度新三板上市企业数量3个细分指标；科技投入指标下有基础研究经费支出占万元GDP比重、应用研究经费支出占万元GDP比重、试验发展经费支出占万元GDP比重3个细分指标。本节分别选取3个二级指标下具有代表性的细分指标进行详细分析,选取的指标有"高等教育学历人口比例"(对应与资源能力得分的相关系数为0.8226)、"年度IPO规模"(对应与资源能力得分的相关系数为0.7134)、试验发展经费支出占万元GDP比重(对应与资源能力得分的相关系数为0.6477)。

**1. 高等教育学历人口比例**

经过对双创百强城市资源能力维度下细分指标的相关性测算发现,与资源能力相关性较强的指标集中在人力资源方面,其中高等教育学历人口比例与资源能力得分的相关系数为0.8226。在双创百强城市中,最具创新活力的5个城市平均每10万人中有超过3.3万人拥有高等教育学历。如果过去人口红利推动产业规模壮大,那么未来人才资源红利将推动产业转型升级。

高等教育学历人口比例反映了城市的人口素质。在双创百强城市中,高等教育学历人口比例均值为18.2%,该指标排名较为靠前的城市有北京、苏州、南京、上海等,其中北京高等教育学历人口比例最高,超40%,远高于其他城市,苏州高等教育学历人口比例排名较上年大幅提升;该指标排名靠后的城市有镇江、邯郸、茂名、汕头等,其中镇江的高等教育学历人口比例最低,不足6%。2021年双创百强城市高等教育学历人口比例分布情况如表8所示。

表8  2021年双创百强城市高等教育学历人口比例分布

单位:%,座

| 高等教育学历人口比例 | 城市数量 | 主要城市 |
| --- | --- | --- |
| 10%以下 | 12 | 镇江、漳州、汕头、沧州等 |
| 10%(含)~20% | 52 | 重庆、宁波、佛山、东莞等 |
| 20%(含)~30% | 28 | 深圳、广州、杭州、天津等 |
| 30%(含)~40% | 7 | 上海、苏州、南京、武汉等 |
| 40%及以上 | 1 | 北京 |

(1)过半数双创百强城市高等教育学历人口比例位于均值以下

从表8可以看出,双创百强城市高等教育学历人口比例数在10%以下的城市共有12座,在10%(含)~20%的城市有52座,而在20%及以上的城市有 36 座，各区间的城市数量与上年基本持平。对于经济发展水平较高的一二线城市而言，其高等教育学历人口比例通常较高，如北京、上海、苏州、南京、武汉，这与"双一流"大学数量与分布有密切关系，但是否能真正留住人才、引进人才，还受城市集聚的公共服务资源、城市吸引力等多方面因素影响。例如，北京的普通高校在校生数量排第 14 位，却拥有最高的高等教育学历人口比例；而广州普通高校在校生数量名列第一，其高等教育学历人口比例仅排第 15 位。

（2）城市的发展离不开人才引擎的驱动

根据测算，双创百强城市的高等教育学历人口比例与资源能力得分的相关系数为 0.8226，两者具有明显的正相关关系，高学历人才是城市双创发展的重要组成部分。2021 年，双创百强城市高等教育学历人口比例与资源能力得分之间的关系如图 8 所示。

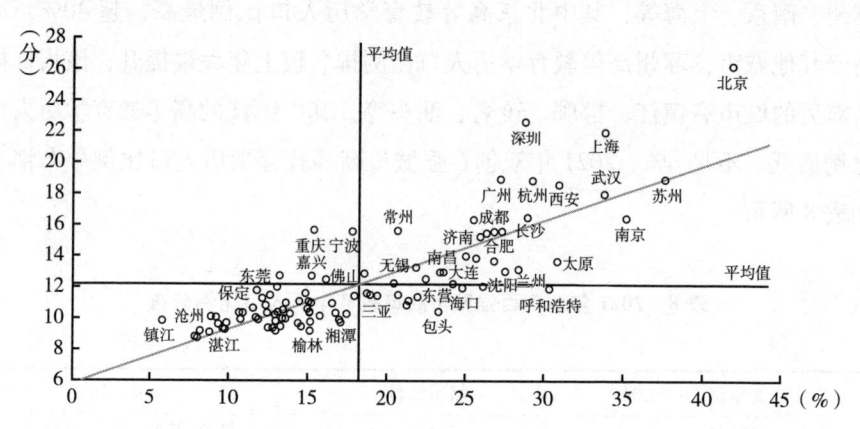

图 8　2021 年双创百强城市高等教育学历人口比例与资源能力得分的关系

由图 8 可以直观地看到城市资源能力得分随着高等教育学历人口比例的增加而提高，两者之间具有明显的正相关关系。2021 年，双创百强城市高等教育学历人口比例均值为 18.2%，随着高等教育学历人口比例上升，各城市的资源能力得分差距开始逐渐扩大。高等教育学历人口比例较大的城市基本拥有较强的资源能力；反之，高等教育学历人口比例较小的城市，其资源能力得分多在均值以下，例如，镇江、湛江、沧州等。

随着产业结构的调整和发展方式的转变，人才成为各城市创新发展的第一资源。一线城市人口规模和经济体量通常较大，具备相对完善的基础设施和公共服务，能为人才的发展提供更多的机遇。但大城市普遍存在房价高企、交通拥堵、居住环境拥挤、生活成本高等问题。如何补齐短板和突出城市特色，形成城市间错落有致和交相呼应的区域联动发展格局还有待深入思考。

**2. 年度 IPO 规模**

年度 IPO 规模为企业通过资本市场首次公开募股融资规模，IPO 作为上市公司资金的一个融资来源，为公司发展壮大提供了重要的机会，其与资本市场得分的相关系数为 0.8143。

**（1）北京年度 IPO 规模"一马当先"，上海、深圳、杭州表现突出**

总体来看，2021 年双创百强城市的年度 IPO 规模均值为 47.41 亿元，其中年度 IPO 规模为 0 的城市有 23 座，与往年相比有所减少。相比之下，一线城市拥有强大的经济圈和产业链，从资源能力来看，这些城市的企业更有活力、IPO 规模更具优势。其中，北京具有强大的金融实力，其年度 IPO 规模达 1215.15 亿元，是双创百强城市里唯一一个 IPO 融资额超过千亿元的城市，远超其他城市。凭借强大的资本市场优势，北京的年度 IPO 规模领先；其次是上海、杭州、深圳，其年度 IPO 规模分别达 648.7 亿元、336.32 亿元、325.55 亿元。值得注意的是，尽管上海年度 IPO 规模远超深圳，但其资源能力得分仍落后于深圳。2021 年双创百强城市年度 IPO 规模分布情况如表 9 所示。

**表 9　2021 年双创百强城市年度 IPO 规模分布**

单位：亿元，座

| 年度 IPO 规模 | 城市数量 | 主要城市 |
| --- | --- | --- |
| 0~10 | 50 | 汕头、佛山、岳阳、海口等 |
| 10（含）~50 | 29 | 长春、大连、南昌、湖州等 |
| 50（含）~100 | 14 | 宁波、合肥、成都、东莞等 |
| 100 及以上 | 7 | 天津、广州、杭州、深圳等 |

（2）在创新驱动发展战略的指引下，产业结构不断优化升级，资本市场改革也在持续深化，对科技创新的支持力度不断加大

经过测算，年度IPO规模与资源能力得分的相关系数为0.7134，较往年相关性有所增强。2021年双创百强城市年度IPO规模与资源能力得分之间的关系如图9所示。

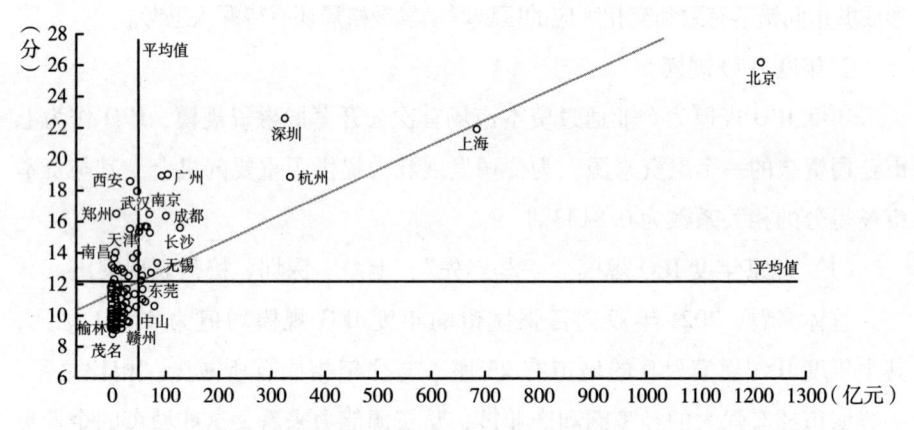

**图9 2021年双创百强城市年度IPO规模与资源能力得分的关系**

双创百强城市集中分布于均值以下的区间，该部分城市的年度IPO规模差距并不明显。除了北上深杭年度IPO规模领先外，其他城市多集中在100亿元以下水平。可以发现，这部分城市尽管年度IPO规模相当，其资源能力得分却拉开了较大的距离，如西安的年度IPO规模为34.08亿元，资源能力得分为18.54分；赣州年度IPO规模为31.19亿元，其资源能力得分为9.55分。西安年度IPO规模仅比赣州多2.89亿元，其资源能力得分却比赣州高8.99分。从地域分布来看，沿海城市资本市场发展具有较强的优势，年度IPO规模领先的4个城市均位于沿海地区，但地处中西部城区的部分城市也让人眼前一亮，如长沙、成都与广州齐头并进，这体现出中西部地区部分城市具有较大的发展潜力和韧劲。

**3. 试验发展经费支出占万元GDP比重**

在科技投入方面，该指标的影响力较大，但相比人力资源和资本市场，

科技投入对资源能力的影响相对较弱。2021年，基础研究经费支出、应用研究经费支出、试验发展经费支出占万元GDP比重的均值分别为6.64%、4.76%、29.42%，试验发展经费在整个R&D经费中占了较大的份额。与上年相比，试验发展经费支出占万元GDP的比重有所减小。2021年双创百强城市试验发展经费支出占万元GDP比重分布情况如表10所示。

表10 2021年双创百强城市试验发展经费支出占万元GDP比重分布

单位：%，座

| 试验发展经费支出占万元GDP比重 | 城市数量 | 主要城市 |
| --- | --- | --- |
| 5以下 | 59 | 洛阳、青岛、台州、长春等 |
| 5(含)~25 | 21 | 西安、武汉、郴州、常德等 |
| 25(含)~100 | 13 | 太原、遵义、咸阳、昆明等 |
| 100(含)~300 | 4 | 珠海、宁波、天津、重庆 |
| 300及以上 | 3 | 深圳、北京、上海 |

（1）双创百强城市试验发展经费支出占万元GDP比重总体较往年有所下降，过半数城市试验发展经费支出占万元GDP比重在5%以下，北上深比重远超其他城市

根据表10数据，试验发展经费支出占万元GDP比重在5%以下的城市增加至59座（2020年为55座），比重在5%（含）~25%的城市有21座，比重在25%及以上的城市有20座，其中比重在100%（含）~300%的城市较上年减少了6座（2020年该区间城市数量为10座）。另外，超过均值的城市数量较少，仅有16%的城市超过均值水平，且该部分城市试验发展经费支出占万元GDP比重的差距较大。如深圳试验发展经费支出占万元GDP比重遥遥领先，其次为北京、上海，这些城市的试验发展经费支出较高且与其他城市拉开了较大的距离，为城市的创新发展奠定了重要的基础。相比之下，低于均值水平的城市数量较多，占比为84%，其中试验发展经费支出占万元GDP比重不足1%的城市占了30%，如拉萨、芜湖、宿迁等，这部分城市试验发展经费支出占万元GDP比重较低，且城市间的差距不大。

(2) 经过测算，试验发展经费支出占万元 GDP 比重与资源能力得分之间的相关系数为 0.6477，表明二者之间存在正相关关系。

图 10 直观地呈现了 2021 年双创百强城市试验发展经费支出占万元 GDP 比重与资源能力得分之间的关系。

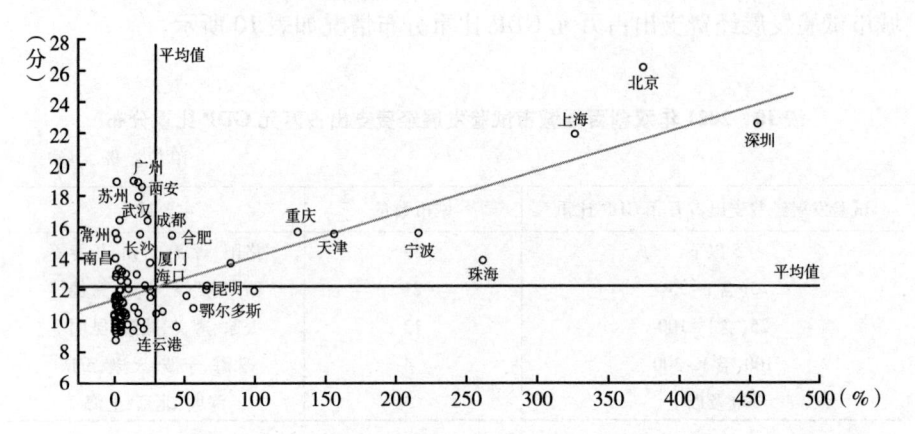

**图 10　2021 年双创百强城市试验发展经费支出占万元 GDP 比重与资源能力得分的关系**

可以清晰地看到，大部分双创百强城市试验发展经费支出占万元 GDP 比重在均值以下，该区间下各城市的试验发展经费支出占万元 GDP 比重相当，其资源能力得分却拉开较大的差距。如广州与岳阳，岳阳试验发展经费支出占万元 GDP 比重与广州相当，可在资源能力得分上，广州比岳阳高 9.58 分。广州的试验发展经费支出占万元 GDP 比重低于均值，其资源能力得分却远高于均值，排名第四，次于上海。从资源能力下的二级指标来看，广州的科技投入指标得分排第 35 位，资本市场指标得分排第 15 位，人力资源指标得分排名第一，这表明广州的科技投入相对不足，缺乏创新内生动力，主要通过人力资源要素推动城市的双创发展。

### （三）影响绩效价值得分的重要指标选择及关系研究

本报告中绩效价值维度下有 4 个二级指标，分别是产业绩效、创新绩效、可持续发展、创业绩效。经过测算，该维度下对绩效价值影响最大的二级指标是产业绩效，其次是创新绩效、创业绩效、可持续发展。4 个二级指标与绩效价值得分的相关系数分别为 0.9291、0.9164、0.8361、0.0161。产业绩效指标下有人均 GDP、高新技术企业数量、规模以上工业企业利润总额 3 个细分指标；创新绩效指标下有专利授权量、每万人国内发明专利申请量、中国城市数字经济指数 3 个细分指标；可持续发展指标下有单位 GDP 能耗、空气质量优良（二级及以上）天数占比 2 个细分指标；创业绩效指标下有私营企业法人数占常住人口比例、个体就业人数占常住人口比例 2 个细分指标。本节分别选取对绩效价值影响较大的产业绩效、创新绩效、创业绩效 3 个二级指标下较有代表性的细分指标进行详细的分析，分别为专利授权量（对应与绩效价值得分的相关系数为 0.8889）、高新技术企业数量（对应与绩效价值得分的相关系数为 0.8797）、私营企业法人数占常住人口比例（对应与绩效价值得分的相关系数为 0.7665）。

1. 专利授权量

城市的创新发展往往表现为从科技投入到专利产出，再到形成产业绩效的良性循环。专利授权量指一定时间内，由专利行政部门授予专利权的件数，是技术创新产出成果的重要表现。一般来说，专利申请量较大的城市其创新活跃程度较高，专利授权情况更多地体现了一个城市的创新质量。2021 年双创百强城市中，绩效价值得分靠前的深圳、北京，其专利授权量均位居双创百强城市第一、第二。从整体来看，双创百强城市平均专利授权量为 33977 件，较上年有明显增加（2020 年专利授权量平均值为 25988 件），极差超 27 万件，城市间的差距有所扩大。2021 年双创百强城市专利授权量分布情况如表 11 所示。

表 11　2021 年双创百强城市专利授权量分布

单位：件，座

| 专利授权量 | 城市数量 | 主要城市 |
| --- | --- | --- |
| 0~5000 | 11 | 洛阳、三亚、成都、拉萨等 |
| 5000（含）~10000 | 22 | 南宁、绵阳、保定、龙岩等 |
| 10000（含）~20000 | 23 | 吉林、贵阳、昆明、宿迁等 |
| 20000（含）~50000 | 27 | 济南、中山、佛山、青岛等 |
| 50000 及以上 | 17 | 深圳、北京、广州、上海等 |

**（1）双创百强城市的专利授权量较上年呈现增长趋势**

2021年专利授权量在5000件以下的城市有11座（上年同期有25座），比上年减少14座；5000（含）~10000件的城市有22座；10000件及以上的城市有67座（上年同期有58座），比上年增加9座。其中，专利授权量在50000件及以上的城市有17座（上年同期有14座），比上年增加3座。其中，深圳的专利授权量接近28万件，稳居榜首；其次是北京，专利授权量有19.9万件。

**（2）专利授权量是衡量城市技术创新水平的重要指标之一**

专利授权量是衡量一座城市技术能力的重要标志，反映了城市创新产出的能力，也是对城市创新绩效进行有效衡量的重要指标之一。经过测算，专利授权量与绩效价值得分之间的相关系数达0.8889，这表明两者关系密切，与上年相比两个指标的相关系数有所提高，表明专利授权量是影响城市双创绩效价值的重要指标之一。2021年双创百强城市专利授权量与绩效价值得分的关系如图11所示。

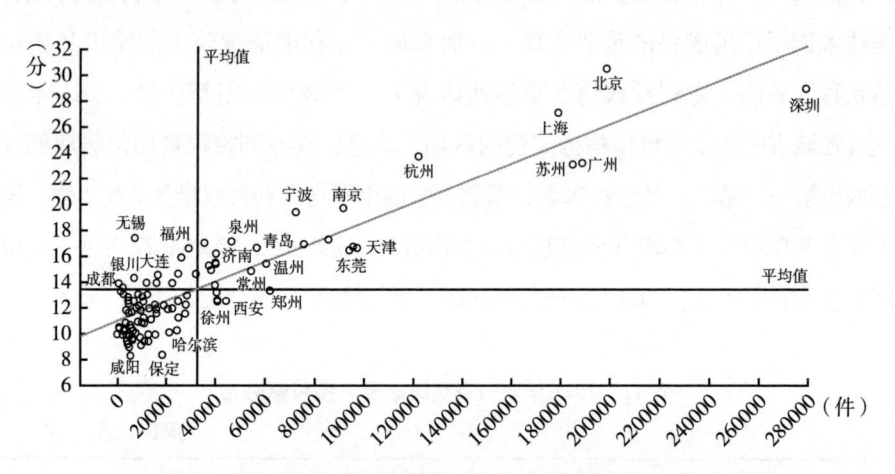

**图11　2021年双创百强城市专利授权量与绩效价值得分的关系**

可以发现，专利授权量越多的城市，其绩效价值得分也较高。从图11可明显看出，专利授权量与绩效价值得分具有显著的正相关关系。从散点图的分布可以发现，对绩效价值得分与专利授权量均高于平均水平的城市而言,其城市间差距较大。其中,深圳、北京、广州、苏州、上海5座城市专利授权量居于前列,深圳作为改革开放的"排头兵",在发展的过程中集聚了如华为等创新型企业,在专利授权量上具有领先优势。但总体来看,大部分城市专利授权量与绩效价值得分都比较低且差距不大,如三亚、湖州、榆林、湛江等,这些城市在创新转型发展上仍有一定空间。

创新是引领发展的第一动力,知识产权正融入城市创新发展"血液",尤其是专利作为科技成果向现实生产力转化的桥梁和纽带,对城市创新发展的基本保障作用突出,在地区经济社会发展中的地位也越发重要。但专利授权量的增长只是一个开始,还需要科学构建更为有效的知识产权保护体系,同时需要建立更为完善的知识产权运用服务体系,使专利的产出能够真正转化为市场价值,支撑城市高质量发展。尤其是对在高校数量上不占优势,缺乏大型创新企业的城市,完善的知识产权保护体系在激发中小企业的创新活力、加强专利保护等一系列工作中发挥重要作用。

2. 高新技术企业数量

高新技术企业数量反映了城市产业绩效水平,在一定程度上体现了产业的集聚程度。在双创百强城市中,高新技术企业数量均值为3191个。其中,高新技术企业数量最多的城市是北京,有27628个,位居双创百强城市之首,高新技术企业数量最少的城市是拉萨,仅有10个,这说明双创百强城市间高新技术企业数量差距较大。2021年双创百强城市高新技术企业数量分布情况如表12所示。

表12 2021年双创百强城市高新技术企业数量分布

单位:个,座

| 高新技术企业数量 | 城市数量 | 主要城市 |
| --- | --- | --- |
| 0~1000 | 48 | 洛阳、三亚、成都、拉萨等 |
| 1000(含)~2000 | 17 | 南宁、绵阳、保定、龙岩等 |
| 2000(含)~5000 | 14 | 吉林、贵阳、昆明、宿迁等 |
| 5000(含)~10000 | 11 | 济南、中山、佛山、青岛等 |
| 10000及以上 | 10 | 深圳、北京、广州、上海等 |

（1）2021年双创百强城市高新技术企业数量分布不均衡且多集中在一线城市

根据表12可知，接近一半的双创百强城市高新技术企业数量在1000个以下，其中数量在500个以下的城市占36%。高新技术企业数量在1000（含）~2000个的城市有17座，在2000（含）~5000个的城市有14座，在5000（含）~10000个的城市有11座，10000个及以上的城市有10座。其中，北京、深圳、上海高新技术企业数量突破2万个，其突出的产业绩效水平在双创百强城市中保持较大的优势。

（2）高新技术企业数量与绩效价值得分的相关系数为0.8797，与上年相比有所提高

高新技术企业数量是反映城市双创绩效价值水平的重要因素之一。图12直观地反映了高新技术企业数量和绩效价值得分之间的关系，随着高新技术企业数量的增加，绩效价值得分逐渐提高。

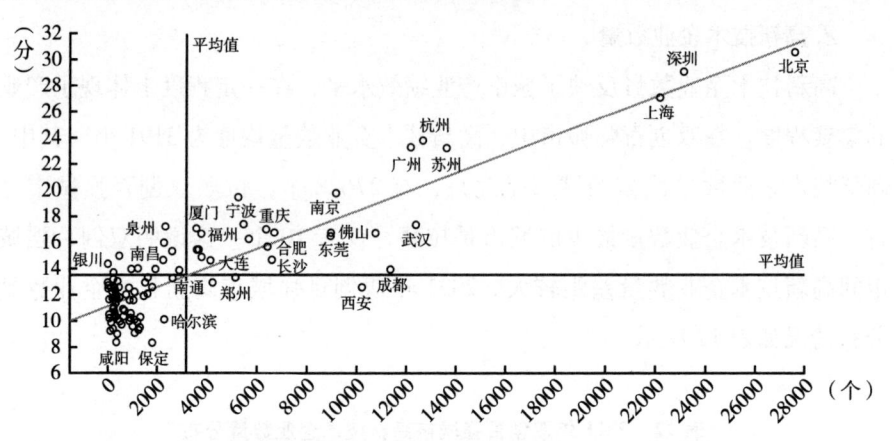

**图12　2021年双创百强城市高新技术企业数量与绩效价值得分的关系**

从图12可以发现，位于高新技术企业数量平均值以下的双创百强城市分布较为集中，随着高新技术企业数量逐渐增加，双创百强城市间的距离逐渐加大。

总体来看，高新技术企业数量是双创绩效价值的重要组成内容，高新技

术产业的集聚影响城市的双创发展,城市基于自身的要素禀赋优势,按产业或技术集群,发挥创新的虹吸效应,推动区域经济发展。城市在发展的过程中可以探索通过集群创新方式,有效发挥产业集群在专业化分工,产业链上下联动、协同创新等方面的核心优势,营造良好的创新环境。

**3. 私营企业法人数占常住人口比例**

2021年双创指数评价体系中新增创业绩效维度,该维度下有"私营企业法人数占常住人口比例""个体就业人数占常住人口比例"两个指标,其中"私营企业法人数占常住人口比例"对绩效价值得分具有一定影响,经过测算,该指标与绩效价值得分的相关系数为0.7665。企业法人数体现了城市推进大众创业、万众创新的成效,以创业带动就业,着力提升职业技能培训质量和就业服务水平,提高创新效率。企业是构成经济增长的主要部分和城市经济创新发展的重要载体,其为人才提供更多的就业创业机会,同时蕴含较强的创新活力。在双创百强城市中,私营企业法人数占常住人口比例均值为1.97%,其中,私营企业法人数占常住人口比例最高的城市是杭州,位居双创百强城市之首,其次是北京、深圳。2021年双创百强城市私营企业法人数占常住人口比例分布情况如表13所示。

表13 2021年双创百强城市私营企业法人数占常住人口比例分布

单位:座

| 私营企业法人数占常住人口比例 | 城市数量 | 主要城市 |
| --- | --- | --- |
| 0~0.5% | 21 | 三亚、榆林、镇江、桂林等 |
| 0.5%(含)~2.0% | 32 | 成都、保定、江门、南宁等 |
| 2.0%(含)~4.0% | 36 | 无锡、佛山、济南、合肥等 |
| 4.0%(含)~6.0% | 10 | 北京、深圳、珠海、上海等 |
| 6.0%及以上 | 1 | 杭州 |

(1)在双创百强城市中,私营企业法人数占常住人口比例分布较为分散

从表13可看出,在双创百强城市中私营企业法人数占常住人口比例在

0.5%以下的城市有21座,在0.5%(含)~2.0%的城市有32座,在2.0%(含)~4.0%的城市有36座,而在4.0%及以上的城市有11座,总体来看,各城市私营企业法人数占常住人口比例分布较为分散,且差距较大。

(2)私营企业法人数占常住人口比例对绩效价值得分具有一定的积极作用

根据测算,在双创百强城市中私营企业法人数占常住人口比例与绩效价值得分的相关系数为0.7665。2021年双创百强城市私营企业法人数占常住人口比例与绩效价值得分的关系如图13所示。

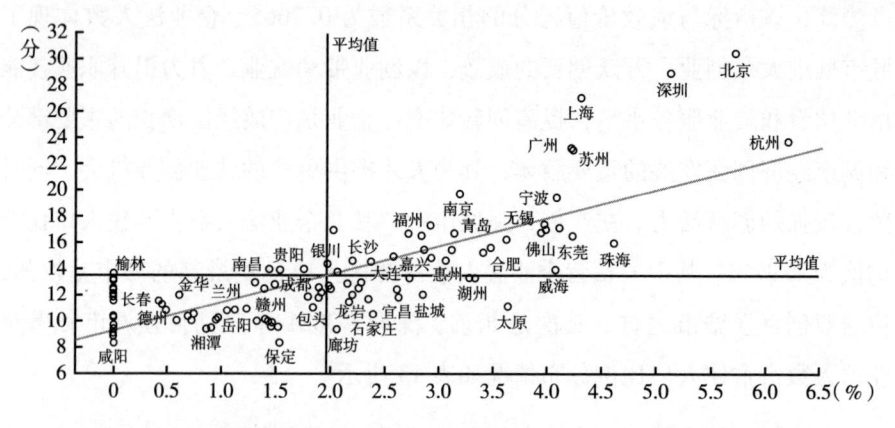

图13 2021年双创百强城市私营企业法人数占常住人口比例与绩效价值得分的关系

双创百强城市私营企业法人数占常住人口比例与绩效价值的分布情况如图13所示,私营企业法人数占常住人口比例较高的城市,其绩效价值得分也较高,如北京(私营企业法人数占常住人口比例为5.72%,绩效价值得分为30.49分)、深圳(私营企业法人数占常住人口比例为5.14%,绩效价值得分为28.92分)等。反之,私营企业法人数占常住人口比例较低的城市,其绩效价值得分也较低。

私营企业法人数是衡量城市创业绩效水平的重要指标之一,城市应把握发展的客观规律,适应经济发展新常态和创新驱动发展新要求,不断提高治理能力和治理水平,用好政府"有形的手",为市场发展稳预期、稳信心,激活市场"无形的手",调动各方创新创业主体的积极性,增强发展活力,主动支持中小微企业、个体工商户等市场主体进一步发展,培养发展"小巨人"领军企业等创新主体,为城市创新创业营造良好的环境。

## 二 双创指标相关分析

本节将基于双创指数评价体系,进一步分析环境支持、资源能力和绩效价值3个不同维度之间的关系,以期发现双创指数评价体系内部各维度之间相互影响的内在逻辑。

### (一)双创综合竞争力与城市产业发展的关系

本蓝皮书测算的双创指数综合反映了城市在环境支持、资源能力和绩效价值综合影响下的整体创新情况,体现了城市的双创综合竞争力水平。而产业结构的不断优化以及产业的转型升级,都会直接影响城市未来的发展方向。创新能力能够给产业经济发展带来动力,而产业发展的成果输出能够为城市创新发展提供经济支撑,两者相辅相成,共同发展。为进一步研究双创综合竞争力水平与城市产业发展的关系,本节选择了具有代表性的产业绩效指标,以综合衡量城市产业发展状况。该指标包括人均GDP、高新技术企业数量、规模以上工业企业利润总额3个细分指标。经过测算,2021年双创百强城市的双创指数与产业绩效得分的相关系数为0.9218,这说明双创综合竞争力水平与城市产业发展状况之间具有较强的相关性。

如图14所示,双创综合竞争力水平与城市产业绩效水平联系紧密,城市基本分布于趋势线附近。其中,榆林偏离趋势线,位于趋势线的下方,其产业绩效得分为5.65分,双创指数为31.85分,整体双创综合竞争力落后。这部分往趋势线下方偏离的城市,如鄂尔多斯等,多依靠传统生产要素驱动产业发展,在产业转型方面仍有较大的潜力。相对而言,广州则向趋势线上方偏离,其产业绩效得分为6.61分,双创指数为60.93分,但相比"北上深"以及苏州,广州产业经济发展后劲不足。且从双

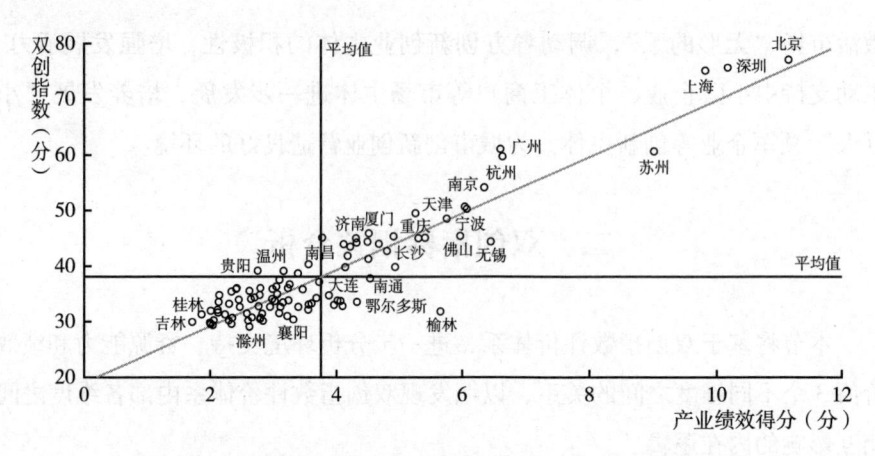

图 14　2021 年双创百强城市双创指数与产业绩效得分的关系

创指数来看，广州与"北上深"拉开一定的距离，还有苏杭紧追其后，其创新发展面临一定的压力和挑战，亟待突围，扭转颓势。只有这样广州才能保持发展活力，赶追"北上深"。整体来看，双创综合竞争力水平与城市产业发展水平密切相关。夯实产业发展基础、激发创新活力、推动产业转型升级，是实现城市高质量发展的重要途径。通过技术创新助推产业体系不断完善，为城市高质量发展提供有力支持。

### （二）环境支持与资源能力的相关性分析

本蓝皮书环境支持维度下设市场结构、产业基础、制度文化、配套支持 4 个二级指标。资源能力维度下设人力资源、资本市场、科技投入 3 个二级指标。本节将进一步讨论环境支持与资源能力两个维度之间的关系。一般来说，资源能力与环境支持相辅相成，双创资源能力是双创环境的重要支撑，双创资源的沉淀可以为双创环境的营造提供更多支持。双创资源能力可以提供技术支持、资金支持、人才支持、市场支持等，这些支持可以帮助城市营造更好的双创环境，有利于支持城市创新创业。相应地，良好的双创环境有助于城市吸引更多的双创资源。经测算，2021 年双创百强城市环境支持得分与资源能力得分之间的相关系数为 0.8177，这表明两个变量间存在较强的相关性。

从图15可以发现，环境支持得分较高的城市，其资源能力得分也较高，两者存在正相关关系。随着环境支持得分的提升，城市的资源能力得分也有所提高。例如，北京的资源能力得分近3年始终保持领先地位，且与排名第二的深圳拉开一定的距离，显著地偏离趋势线，位于趋势线上方。从细分维度来看，北京的资源能力优势集中表现在资本市场方面，北京资本市场维度得分为7.90分，比排名第二的深圳高3.11分。经过多年发展，北京形成了较为完善的科技创新金融体系，具备金融领域的发展优势。相比之下，广州在人力资源指标的得分（12.32分）上占据优势，但在资本市场得分（1.93分）上仍缺乏竞争力。广州拥有医疗、教育资源优势和发达的交通网络等基础配套设施，但其在促进城市创新发展、促进产业结构转型升级和科技创新上还需继续发力。

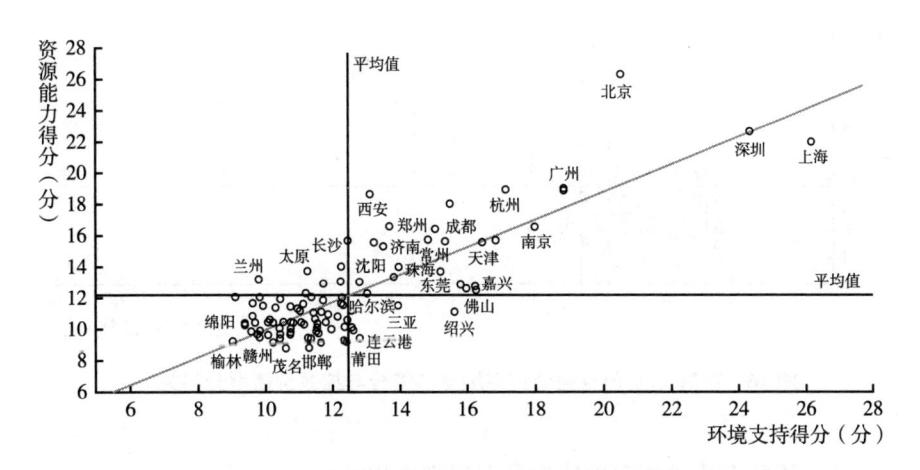

**图15　2021年双创百强城市环境支持得分与资源能力得分的关系**

城市不断丰富创新资源的同时，实现创新驱动发展和普惠共享，相较于一线城市，排名靠后的中小城市，更应充分利用地方特色优势，围绕稳住经济大盘、加强助企纾困，提升服务实体经济质效，发展与当地产业相适应的创新型企业，提高资源配置效率，营造更具韧性和活力的双创环境。

## （三）环境支持与绩效价值的相关性分析

本蓝皮书绩效价值维度下设产业绩效、创新绩效、可持续发展、创业绩效4个二级指标。本节将进一步讨论环境支持与绩效价值两个维度之间的关系。2021年双创百强城市环境支持得分与绩效价值得分的关系如图16所示。通常来说，环境支持是绩效价值的基础，环境支持的质量和效果直接影响绩效价值的提升。环境支持维度包括市场结构、产业基础、制度文化、配套支持4个二级指标，这些都是绩效价值形成的重要基础。城市通过不断优化市场结构以适应产业创新发展，探索适合城市经济发展的制度文化，通过完善区域基础配套设施等方式来提升环境支持水平，从而提升绩效价值。

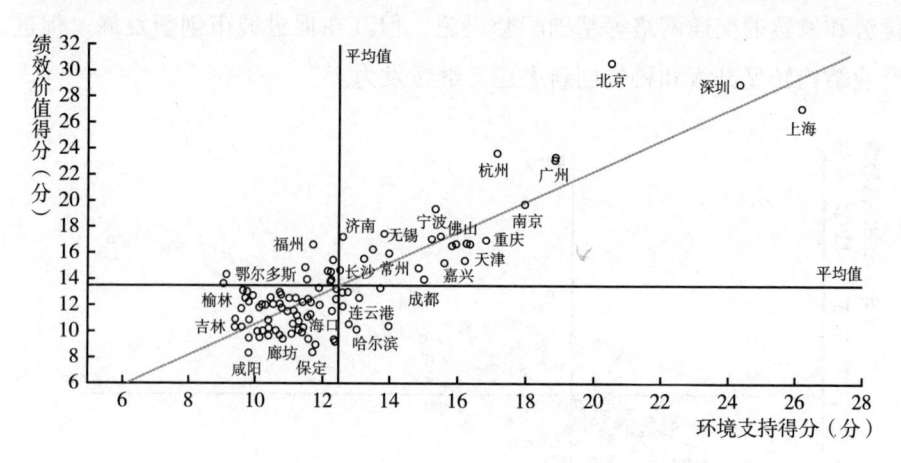

图16　2021年双创百强城市环境支持得分与绩效价值得分的关系

（1）环境支持对绩效价值提升有促进作用

从图16可以直观地看出，双创百强城市绩效价值得分与环境支持得分存在正相关性，两者相关系数为0.8520。随着城市环境支持得分的提高，其绩效价值得分也逐渐提高。进一步分析可以发现，尽管北京环境支持得分落后于上海、深圳，但北京在绩效价值方面表现突出。2021年上海环境支持得分超越深圳，位居榜首。其中，北京在产业绩效、创新绩效及创业绩效方面表现较好。

**（2）"北上深"环境支持得分与其他双创百强城市得分的差距有所扩大**

如图16所示，随着环境支持得分的提高，绩效价值得分也会相应提高。进一步分析可以发现，2021年双创百强城市的绩效价值得分极差为22.13分，较上年有所缩小（2020年绩效价值得分极差为24.12分）。尽管绩效价值得分极差有所缩小，环境支持得分极差却较上年略微扩大（2021年双创百强城市的环境支持得分极差扩大了0.47分）。与往年相比，上海、深圳、北京逐渐与其他城市拉开距离，以上海为例，上海的环境支持得分为26.17分，始终排名第一，比上年提高了2.71分，与广州、杭州等城市间的差距进一步扩大。城市创新生态环境一旦形成，在相应的产业链创新体系上自然会出现"马太效应"，由于上下游产业链不断完善协同，形成牢固的进入屏障，新进入者的替代成本将不断增加。产业链内的市场结构、产业基础、制度文化和配套支持等不断完善，为城市高质量发展不断厚植创新的沃土，企业通过自身的技术创新，带动上下游行业加速成长，形成较高的绩效价值，进一步完善优化创新体系。

### （四）资源能力与绩效价值的相关性分析

资源能力指助推城市创新发展所需的各种资源，包括人力资源、资本资源、技术资源、市场资源等，这些资源能够为双创发展提供支持，帮助城市提升绩效价值。绩效价值指企业通过双创活动实现的成果输出，包括产业绩效、创新绩效、可持续发展、创业绩效等。资源能力和绩效价值之间是相互促进的，两者存在密切的联系。经过测算，资源能力得分和绩效价值得分的相关系数为0.8391，具体关系如图17所示。

资源能力为绩效价值的产生提供动力，但在资源水平相当的情况下，资源的有效整合会产生不同的绩效价值水平。随着资源能力得分的提高，城市绩效价值得分也有所提高。可以发现，部分城市偏离趋势线，造成资源能力与绩效价值的错配，如保定、西安等城市。以西安为例，西安（资源能力得分为18.54分，绩效价值得分为12.50分）位于趋势线下方。西安在资源能力得分较高的情况下，其绩效价值得分却低于均值，并不理想。从细分指

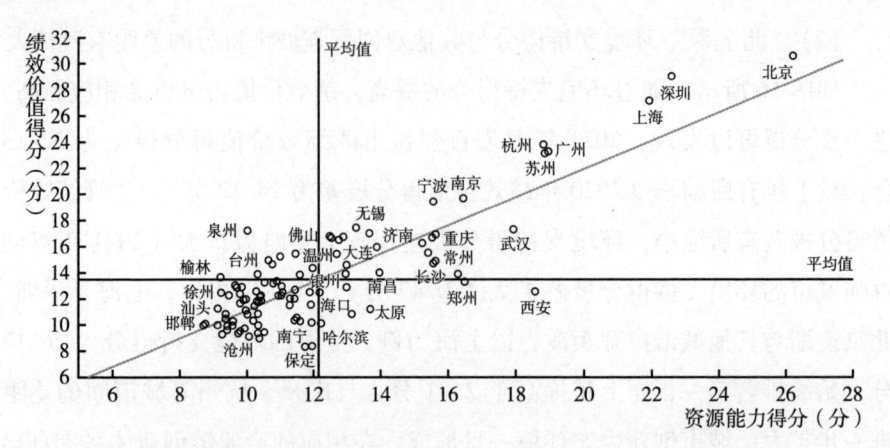

图17 2021年双创百强城市资源能力得分与绩效价值得分的关系

标来看，西安在资本市场方面（得分为4.09分，排名第四）具有一定的优势，而其在产业绩效（排第31位）、创新绩效（排第22位）、可持续发展（排第98位）、创业绩效（排第57位）方面排名均靠后。城市发展应注重提高资源整合能力，使其人才资源分配、资本结构、科技投入等进行重新整合和提升，根据其产业发展情况，进行产业分工，构建具有韧性的产业链，增加城市的绩效产出。

# 前 沿 篇
Regional Articles

前沿篇以地理区域为分析基点,首先,对比分析外部因素恶化下的东、中、西和东北四大区域城市双创发展现状和动态变化情况;其次,研究深圳大健康产业发展情况,以中盐常化为例考察化工企业"互联网+"数字化转型平台建设,在此基础上总结中国双创发展经验及其对深圳双创的启示;最后,本篇分析了我国高等教育发展情况及其在新时代的重要意义,着重分析了广东省教育现状,梳理了广东省高等教育发展面临的机遇与挑战。

# B.5 基于双创指数的区域总体情况分析

陈庭翰*

**摘　要：** 从总体特征来看，在外部环境未得到改善的情况下，全国双创发展依旧未结束2020年以来的下降趋势。东部地区进一步巩固了自身优势，西部地区实现了对中部地区的超越；在关键城市中，变化最大的是北京超越深圳成为全国双创表现最好的城市。自2018年以来，深圳首次让出榜首位置。相较于其他城市，北京、深圳、上海的优势也得到进一步巩固。从环境支持方面来看，全国各区域的表现都优于上年，双创环境整体持续优化。从资源能力方面来看，受外部环境影响，全国各区域资源水平出现较大幅度下降，不过科技投入和人力资源持续改善，表明全国各区域资源投入重心逐渐从金融转向科技和人才。从绩效价值方面来看，全国各区域的产业绩效和创新绩效有所改善，中部地区、西部地区对东部地区的追赶态势明显，不过在创业活跃程度方面依然与东部地区有较大差别。从双创总体水平来看，东部地区在各方面具有明显优势，西部地区双创总体水平较为稳定，但均衡发展程度不如中部地区。东北地区在全国双创发展中依旧落后，亟待进一步提升其双创发展水平。

**关键词：** 区域比较　子特征　绩效价值

---

\* 陈庭翰，经济学博士，深圳市社会科学院助理研究员，主要研究方向为产业经济、区域经济。

# 一 区域视角下的双创指数特点

根据总报告构建的中国双创指数评价指标体系,本报告对双创百强城市的区域特征展开分析。以区域为分类方式,对双创指数区域特征、双创环境区域特征、双创资源区域特征及双创绩效区域特征进行归纳与分析。

根据总报告中对城市区域的划分,① 本报告将我国双创的特点总结为:在外部负面因素的影响进一步加强的前提下,全国双创发展依然没有走出低谷,且全国均衡态势有所变化,东部地区城市一改上年的收缩态势,领先优势进一步扩大。2021年,在双创百强城市中,有57座城市来自东部地区,18座城市来自中部地区,20座城市来自西部地区,5座城市来自东北地区。相较于2020年,来自东部地区的城市增加了3座,来自中部地区的城市减少了3座,西部地区和东北地区的城市数量维持不变。

2021年双创百强城市的双创总指数得分平均值为38.06分,东部地区城市得分平均值为40.18分,中部地区城市得分平均值为35.19分,西部地区城市得分平均值为35.25分,东北地区城市得分平均值为35.46分。2021年外部负面因素的影响进一步加强,全国双创百强城市的双创总指数延续了2019~2020年的下降趋势,同比下降5.3%,东部地区城市得分平均值下降6.5%,中部地区城市得分平均值下降3.9%,西部地区城市得分平均值下降6.6%,东北地区是唯一未下降的区域,得分平均值同比上升9.8%,得分平均值超过中部地区和西部地区城市,仅次于东部地区城市,双创表现最为亮眼。总体来看,2021年双创百强城市的格局依旧延续了东部地区城市统领全国的基本特点,西部地区城市双创水平下降较为明显,但中部地区双创百强城市数量大幅减少,减少的数量超过西部地区(见图1)。

---

① 将我国分成四大区域,即东部、中部、西部和东北地区。东部地区包括北京、天津、河北、上海、江苏、浙江、福建、山东、广东和海南;中部地区包括山西、安徽、江西、河南、湖北和湖南;西部地区包括内蒙古、广西、重庆、四川、贵州、云南、西藏、陕西、甘肃、青海、宁夏和新疆;东北地区包括辽宁、吉林和黑龙江。划分标准来源于国家统计局。

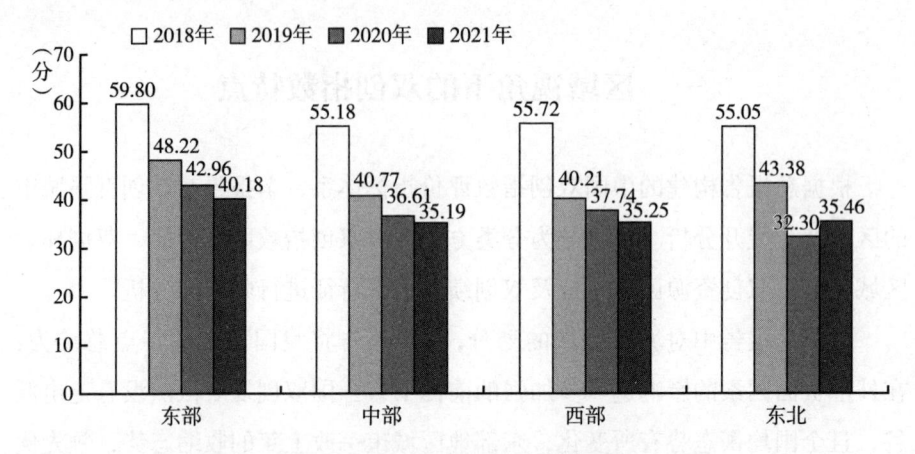

图 1 2018~2021 年各地区双创总指数得分平均值

根据本蓝皮书测算的双创百强城市及其总指数得分，统计其所在区域的分布情况，结果如表1所示。

表 1 2021 年双创百强城市的双创总指数得分分布情况

单位：座

| 双创总指数分数段 | 东部 | 中部 | 西部 | 东北 | 合计 |
|---|---|---|---|---|---|
| [20,30)分 | 2 | 3 | 0 | 1 | 6 |
| [30,40)分 | 35 | 10 | 17 | 4 | 66 |
| [40,50)分 | 12 | 4 | 3 | 0 | 19 |
| [50,60)分 | 3 | 1 | 0 | 0 | 4 |
| [60,70)分 | 2 | 0 | 0 | 0 | 2 |
| [70,80]分 | 3 | 0 | 0 | 0 | 3 |
| 合计 | 57 | 18 | 20 | 5 | 100 |

根据表1，将 2021 年中国双创发展的特征归纳如下。

第一，在一系列外部负面因素的持续影响下，中国双创发展依然处于低谷。大部分双创百强城市的双创总指数得分延续了 2019 年以来的下降趋势，大城市中仅有北京和上海的双创总指数得分有微弱增长。2021 年首次有双创百强城市的双创总指数得分位于［20，30）分，且数量高达 6 座。双创总指数得分在 50 分及以上的城市数量由 2020 年的 15 座下降到 9 座，相较

2018年（有97座城市双创总指数得分在50分及以上），2021年中国双创发展处境艰难。

第二，一线城市双创总指数得分保持领先地位，新兴城市和一线城市之前的差距进一步扩大。2021年，排第5~15位的城市双创总指数得分差距明显大于排第1~5位的城市。在排名前5的城市中，北京、上海的双创总指数得分出现微弱增长，深圳、苏州出现微弱下降。而排第5~15位的城市双创总指数得分显著下降，尤其是排第12~15位的城市下降幅度在10%左右。与此同时，排名前九的城市非常稳定，只有深圳和北京名次发生了变化，其他城市排名均未出现明显变化，这表明排名前九的城市在双创发展上的优势较为稳固（见表2）。

表2 2020~2021年双创总指数得分排名前15的城市变化情况

单位：%

| 排名 | 城市（2020/2021） | 2020年 | 2021年 | 变化幅度 |
| --- | --- | --- | --- | --- |
| 1 | 深圳/北京 | 76.44 | 77.06 | 0.81 |
| 2 | 北京/深圳 | 76.26 | 75.65 | -0.80 |
| 3 | 上海/上海 | 75.13 | 75.14 | 0.02 |
| 4 | 广州/广州 | 64.97 | 60.93 | -6.22 |
| 5 | 苏州/苏州 | 61.10 | 60.53 | -0.93 |
| 6 | 杭州/杭州 | 60.30 | 59.53 | -1.28 |
| 7 | 南京/南京 | 60.03 | 54.07 | -9.93 |
| 8 | 武汉/武汉 | 54.13 | 50.55 | -6.61 |
| 9 | 宁波/宁波 | 53.52 | 50.25 | -6.11 |
| 10 | 西安/重庆 | 51.19 | 49.32 | -3.66 |
| 11 | 佛山/天津 | 50.70 | 48.41 | -4.51 |
| 12 | 东莞/厦门 | 50.49 | 45.79 | -9.31 |
| 13 | 无锡/佛山 | 50.38 | 45.41 | -9.87 |
| 14 | 厦门/成都 | 50.14 | 45.18 | -9.90 |
| 15 | 长沙/青岛 | 50.12 | 45.09 | -10.04 |

## 二 区域视角下的双创环境特征及对比

根据本蓝皮书所用的评价方法，双创环境的子特征具体包括支持双创发展的市场结构、产业基础、制度文化与配套支持。2021年各区域双创环境子特征得分的平均值见表3。

表3　2021年各区域双创环境子特征得分的平均值

单位：分

| 地区 | 市场结构 | 产业基础 | 制度文化 | 配套支持 | 总分 |
| --- | --- | --- | --- | --- | --- |
| 东部 | 4.54 | 2.36 | 3.16 | 3.33 | 13.39 |
| 中部 | 4.55 | 1.67 | 2.65 | 2.68 | 11.55 |
| 西部 | 4.10 | 1.76 | 2.35 | 2.85 | 11.06 |
| 东北 | 4.10 | 1.84 | 3.02 | 2.73 | 11.69 |

根据表3中的数据可以总结出双创环境区域分布特征的变化。

第一，2021年各区域双创环境平均得分都高于2020年，表明中国双创环境持续优化。从子特征得分情况来看，2021年环境优化主要集中在产业基础和制度文化上，各区域均在这两个子特征上获得了较大的改善，尤其是制度文化得分明显提高，表明国家在促进政府效率提升和商业信用环境改善上取得显著效果。在市场结构和配套支持上，各区域有不同程度的下滑，体现了外部因素对双创环境造成了较大影响。

第二，东部地区继续在创新环境上保持领先优势，但优势有所减弱。东部地区的双创百强城市在产业基础、制度文化和配套支持上的优势有所减弱，市场结构子特征的得分被中部地区城市超越，体现出全国双创环境整体优化。

第三，中部地区双创环境改善速度快于西部地区。在产业基础和制度文化上，中部地区的改善较为明显。西部地区在配套支持维度的得分下滑显著，这是其被中部地区反超的主要原因。

第四，东北地区双创环境平均得分反超西部地区，仅次于东部地区。东北地区主要依靠市场结构的改善和产业基础及制度文化的显著进步。东北地区是唯一在市场结构上实现改善的区域，说明东北地区作为老工业基地，其市场机制转型取得了一定成果，市场活力有所增强。产业基础和制度文化子特征得分的提高说明东北地区整体双创环境有所改善。

## 三 区域视角下的双创资源特征及对比

为研究双创百强城市双创资源的区域分布特征,本报告根据本蓝皮书所确定的评价方法,对双创百强城市的资源子特征得分情况进行了统计。双创资源子特征具体包括人力资源、资本市场和科技投入。2021年各区域双创资源子特征得分的平均值见表4。

表4 2021年各区域双创资源子特征得分的平均值

单位:分

| 地区 | 人力资源 | 资本市场 | 科技投入 | 总分 |
| --- | --- | --- | --- | --- |
| 东部 | 5.87 | 1.57 | 5.22 | 12.66 |
| 中部 | 5.93 | 1.24 | 5.01 | 12.18 |
| 西部 | 5.99 | 1.20 | 5.15 | 12.34 |
| 东北 | 6.34 | 0.97 | 4.98 | 12.26 |

根据表4的数据,可以总结出双创百强城市的双创资源特征发生了如下变化。

第一,全国各区域的双创资源得分均出现了不同程度的下降,说明外部因素对要素投入造成了较大影响。东部地区、中部地区、西部地区和东北地区双创资源子特征得分较2020年分别下降了20.5%、15.9%、21.3%和27.3%,下滑幅度较大。

第二,资本市场子特征得分严重下滑是全国各区域双创资源水平下降的核心原因。东部地区、中部地区、西部地区和东北地区资本市场子特征得分的平均值分别较2020年下滑了76.1%、80.6%、81.2%和84.7%,金融市场不活跃成为影响全国资源支撑的关键因素,在资本市场相对落后的东北地区,其双创资源得分下降幅度最大。未来几年,如何加大金融市场对实体经济的支持力度,是中国双创发展必须解决的重要问题之一。

第三,全国各地区人力资源子特征得分都实现了较大幅度提升。在资源子特征得分下降的情况下，人力资源水平反而获得了提升。这也说明全国高等教育发展和企业科研团队构建在稳步前进，为未来中国双创的发展奠定人才基础。

第四，全国各地区科技投入力度有所加大。在资本市场支持力度持续减小的背景下，中国对基础研究、应用研究和试验发展的投入进一步增加，东部地区、中部地区、西部地区和东北地区科技投入子特征得分的平均值分别提升了17.6%、8.3%、17.3%和21.8%，除中部地区增速稍缓以外，全国其他地区的提升幅度都超过了15%。在中国产业转型升级的关键时期，各行业对科研投入的重视程度持续提升，中国各产业科研实力在逐步增强。在资本投入显著下降的背景下，各地区科研投入显著增加，说明中国企业逐渐减少了对金融行业的依赖，产业间、产业内投资逐渐占据重要位置，基于实际业务展开的投资日益受到重视，投资结构持续优化。

## 四 区域视角下的双创绩效特征及对比

为研究双创百强城市双创绩效的区域分布特征，本报告根据本蓝皮书所确定的评价方法，对双创百强城市绩效价值子特征得分情况进行统计。双创绩效价值子特征具体包括产业绩效、创新绩效、可持续发展与创业绩效4个方面，各区域绩效价值子特征得分的平均值见表5。

表5 2021年各区域绩效价值子特征得分的平均值

单位：分

| 地区 | 产业绩效 | 创新绩效 | 可持续发展 | 创业绩效 | 总分 |
| --- | --- | --- | --- | --- | --- |
| 东部 | 4.16(5.20) | 3.86(4.83) | 3.62(4.53) | 2.88 | 14.52 |
| 中部 | 3.41(4.26) | 3.15(3.94) | 3.21(4.01) | 2.07 | 11.84 |
| 西部 | 3.15(3.94) | 3.03(3.79) | 4.18(5.23) | 1.89 | 12.25 |
| 东北 | 2.92(3.65) | 3.07(3.84) | 3.75(4.69) | 2.15 | 11.89 |

注：括号内数值为根据2020年权重计算出的2021年平均得分，用于和2020年数据做对比分析。

根据表5的数据可以总结出双创百强城市的双创绩效特征。由于2021年双创绩效价值测算指标有所调整，增加了"私营企业法人数占常住人口比例""个体就业人数占常住人口比例"两个三级指标。以往的产业绩效、创新绩效、可持续发展指标的权重也做出了相应调整，因此这里对2020年与2021年各区域绩效价值得分情况进行对比，主要分析各子特征的变化情况。

第一，根据权重换算发现，2021年全国各区域产业绩效和创新绩效子特征得分都获得了较大幅度的提升，说明各区域在产业发展水平和科技创新水平上均保持了良好的上升态势。尤其是中部地区、西部地区对东部地区的追赶态势较为明显，东北地区的增长相对缓慢，产业转型难度依然较大。

第二，根据权重换算发现，与产业绩效和创新绩效良好的发展态势不同，全国各区域可持续发展子特征得分出现了一定幅度的下滑。在外部因素的影响下，全国经济发展的环保压力再次增大。全球资源市场在地缘政治不稳定的影响下出现了一定波动，美国量化宽松导致的通货膨胀使得国内资源消耗成本大幅增加，这些都会对全国各区域可持续发展子特征产生影响。其中，西部地区表现最为亮眼，西部发展资源友好型产业的政策获得了较好的效果。

第三，从创业绩效来看，东部地区创业活动最为活跃，西部地区相对不足。新增的创业绩效维度能够评价创业活动的活跃程度，总体表现出自东向西逐渐递减的趋势。虽然西部地区双创百强城市的数量多于中部地区和东北地区，但是创业活动不活跃，体现出西部地区对固定资产投资、国有企业发展的依赖程度依然较高。

## 五 区域视角下双创环境、资源和绩效的总体水平

将每个区域的双创百强城市视作一个整体，得出各区域双创环境、资源和绩效的总体水平，结果见表6。

表6  2021年各区域双创百强城市双创总指数及各一级指标得分的平均值

单位：分

| 地区 | 环境支持 | 资源能力 | 绩效价值 | 总指数 |
| --- | --- | --- | --- | --- |
| 东部 | 61.03 | 57.82 | 61.51 | 60.17 |
| 中部 | 16.63 | 17.53 | 15.86 | 16.64 |
| 西部 | 17.67 | 19.75 | 18.21 | 18.53 |
| 东北 | 4.67 | 4.90 | 4.42 | 4.66 |

与2020年相比，2021年全国各区域双创总体水平发生了新的变化。东部地区双创总指数由53.78分提升到60.17分。不仅如此，东部地区在环境支持、资源能力和绩效价值维度上的得分都得到了显著提升，其中绩效价值得分大幅领先，达61.51分。可以看出，在产业转型升级和高质量发展的推动下，高质量生产要素在全国产业价值链上的重要性逐渐提高，对于具有中高端生产要素优势的东部地区而言，日益复杂的外部因素进一步提高了东部地区的首位度。

除此之外，西部地区整体超越了中部地区，与2020年相比，中部地区减少了3座双创百强城市。不过西部城区的稳健与中、西部地区省份分布情况有关。中部地区只有6个省份，而西部地区多达12个省份。虽然中、西部地区总人口数量接近，但是西部地区省份的省会城市可以通过提高首位度提升其竞争力，这是西部地区得以保持竞争力的重要原因之一。在中部地区的18座双创百强城市中，有12座城市是非省会城市；而在西部地区的20座双创百强城市中，只有8座城市是非省会城市，可见中部地区发展的均衡程度依然高于西部地区。

# B.6
# 深圳市大健康产业发展分析

赖勉珊 刘运翔*

**摘　要：** 健康与大健康产业的良好发展是中国经济与国民生活水平不断提高后的必然需求，也是中国经济向高质量发展转型的重要组成部分。深圳市作为全国创新型城市的"领头羊"，在医疗器械、生物科技、数字医疗等方面具有独特优势。同时，深圳市常住居民平均年龄相比其他城市更低，因而对医美、化妆品行业的产品和服务需求较为旺盛。随着第一代城市建设者逐渐步入老龄化，未来深圳市的康复养老产业将面临较大的供给压力。本报告在分析深圳市人口与医疗卫生条件现状的基础上，以当地健康和大健康产业的政策动态为切入点，深入分析深圳市大健康产业细分行业的发展动态，并探讨深圳市大健康产业在养老服务、数字医疗等方面面临的机遇与挑战。

**关键词：** 深圳市　大健康产业　康复养老　数字医疗

## 一　引言

根据世界银行统计数据，1978 年中国人均预期寿命为 63.2 岁，略高于当年世界平均预期寿命（61.5 岁），但比高收入国家的平均预期寿命短大约 10 岁。经过 20 多年的发展，中国人均预期寿命在 2020 年达到 78 岁，比世

---

\* 赖勉珊，土地经济学博士，深圳大学中国经济特区研究中心助理教授，主要研究方向为区域经济学、产业经济学；刘运翔，剑桥大学发展研究博士，主要研究方向为产业经济和发展经济学。

界平均预期寿命高约6岁，仅比高收入国家平均预期寿命（80.2岁）短两岁。作为生命健康的重要指标之一，中国人均预期寿命的变化反映了国民平均健康水平显著提升，也从侧面体现了中国经济的发展、卫生医疗设施的改善、生活水平的提高等。中国作为世界第二大经济体，2022年人均可支配收入为36883元，① 已经是世界银行标准下的中高收入国家。

在经济发展、生活健康已经达到一定水平，人口结构动态变化、新技术与商业形态等不断涌现的背景下，如何通过进一步改善健康及相关产业、优化健康相关资源配置，以满足国民对生命健康更多元的需求，已成为中国健康产业发展面临的新形势。2016年10月25日，《"健康中国2030"规划纲要》发布，明确了从国家战略层面统筹健康领域和经济社会发展的思想，制定了2030年各项健康指标，并从普及健康生活、优化健康服务、完善健康保障、建设健康环境等方面提出了相关措施，以推动实现纲要目标。② 此后，各类有关医疗、医疗管理、健康行业发展等的政策被颁布并执行，如2019年《中华人民共和国药品管理法》得到修订，2020年11月国家医保局发布《国家医疗保障局关于积极推进"互联网+"医疗服务医保支付工作的指导意见》，2022年7月国家医保局、财政部、国家税务总局发布《关于做好2022年城乡居民基本医疗保障工作的通知》等。

作为创新创业前沿城市之一的深圳市，在2022年6月发布《发展壮大战略性新兴产业集群和培育发展未来产业》的背景下，③ 于当月出台《培育发展大健康产业集群行动计划（2022—2025年）》④，将推动健康相关产业的发展扩展为培育发展大健康产业集群，将康复养老、精准医疗、精准营

---

① 《2022年居民收入和消费支出情况》，中国政府网，2023年1月17日，http://www.gov.cn/xinwen/2023-01/17/content_5737487.htm。
② 《中共中央 国务院印发〈"健康中国2030"规划纲要〉》，中国政府网，2016年10月25日，http://www.gov.cn/zhengce/2016-10/25/content_5124174.htm。
③ 《深圳将发展壮大20个战略性新兴产业集群 培育发展8个未来产业》，人民网，2022年6月6日，http://sz.people.com.cn/n2/2022/0606/c202846-35303048.html。
④ 《政策观察｜深圳市培育发展大健康产业集群行动计划（2022—2025年）》，深圳国家高技术产业创新中心网站，2022年7月1日，http://fgw.sz.gov.cn/hiic/zlzx/zyztyj/content/post_9927806.html。

养、现代农业、医疗美容和化妆品等所有以维护、改善和增进人的健康为直接目的的产业作为集群发展目标。从产业集群培育的视角支持健康及健康相关产业的发展，不仅有助于充分利用深圳市的产业集群优势，而且为人民生命健康需求注入新的内涵。

## 二 深圳市大健康产业发展现状与动态

### （一）政策现状

深圳市将大健康产业嵌入战略新兴产业集群，并系统性推出相关支持政策是在2022年6月。早在2016年，深圳市就被新华社报道为一座已走上"创新驱动未来"的城市。① 2019年，深圳市有新型显示器产业、人工智能、智能制造3个产业入选国家级战略性新兴产业集群。② 2021年，在工信部公布的第一批、第二批25个国家先进制造业集群入围名单中，深圳市共有4个集群入围，包括新一代信息通信集群、先进电池材料集群、智能装备集群、高端医疗器械集群，位列全国城市第一。③ 深圳市以创新驱动发展的战略持续推进。2022年6月，深圳市人民政府结合深圳市发展现状、优势与目标，进一步凝练产业发展战略，《深圳市人民政府发展壮大战略性新兴产业集群和培育发展未来产业的意见》，明确发展壮大包括网络与通信、高端医疗器械、医疗生物等在内的20个战略性新兴产业，培育合成生物、区块链等8个未来产业，以推动其成为当地经济社会高质量发展的主要动力。④ 同月，为配合战略落地执行，深圳市工业和信息化局、规划和自然资

---

① 《创新驱动未来——深圳启示录》，中国政府网，2016年5月8日，http://www.gov.cn/xinwen/2016-05/08/content_5071337.htm。
② 《66个国家级战略性新兴产业集群名单已公布，江苏3个入选》，搜狐网，2019年12月21日，https://www.sohu.com/a/361825963_100014721。
③ 《先进制造业集群"国家队"名单公布，4个与深圳有关!》，搜狐网，2021年4月7日，https://www.sohu.com/a/459298164_626425。
④ 《深圳市人民政府关于发展壮大战略性新兴产业集群和培育发展未来产业的意见》，深圳政府在线网站，2022年6月28日，http://www.sz.gov.cn/zfgb/2022/gb1248/content/post_9918806.html。

源局结合深圳市各地区资源差异和优势，出台了《深圳市20大先进制造业园区空间布局规划》，①为深圳市发展战略性新兴产业集群提供了空间保障。在所有制造业园区空间分布中，龙岗区的"东部先进制造业园区"，龙华区的"九龙山先进制造业园区"和"黎光—银星先进制造业园区"，坪山区的"金沙—碧湖先进制造业园区"，光明区的"玉塘先进制造业园区"和"光明先进制造业园区"，盐田区和大鹏新区的"东部滨海先进制造业园区"七大园区都将生物医药、高端医疗器械等健康及大健康产业纳入重点布局行业。其中，由于坪山区拥有国家首批生物产业基地，在前述空间布局规划中，坪山区的"金沙—碧湖先进制造业园区"以生物制药、高端医疗器械和大健康产业作为重点布局产业集群。

在此背景下，深圳市推出《培育发展大健康产业集群行动计划（2022—2025年）》，明确了大健康产业范畴，并从大健康产业总体情况、2025年工作目标、重点任务、重点工程、空间布局、保障措施几个方面具体规划了大健康产业集群化的发展方向。该行动计划内涵丰富，结合深圳市产业发展现状，对包括前海在内的5个区域给予不同定位，即前海——大健康核心研发区、罗湖区——大健康综合发展带、盐田区——精准体系发展先导区、大鹏新区——旅游康养和现代农产品示范区、坪山区——美丽康复产业引领区。在重点工程方面，深圳市结合当前发展状况，提出要重点发展医疗美容品质提升、康复养老示范亮点、精准营养平台打造、现代农产品基础创新、精准医疗先行发展和化妆品品牌升级6个工程。6个工程与5个区域建设彼此呼应与支持。

2022年7月，结合前述大健康产业集群发展行动计划，深圳市发改委发布《深圳市促进生物医药产业集群高质量发展的若干措施》《深圳市促进高端医疗器械产业集群高质量发展的若干措施》《深圳市促进大健康产业集

---

① 《深圳市工业和信息化局 深圳市规划和自然资源局关于发布〈深圳市20大先进制造业园区空间布局规划〉的通知》，深圳市工业和信息化局网站，2022年6月6日，http：//gxj.sz.gov.cn/gkmlpt/content/9/9861/post_9861069.html#3115。

群高质量发展的若干措施》，进一步细化推动大健康产业集群发展的政策。①比如，《深圳市促进大健康产业集群高质量发展的若干措施》重点支持精准医疗、康复养老、精准营养等健康服务业，以及支撑这些服务业的医疗美容设备、康复养老设备、新型营养保健品等与健康相关的制造业的发展。在具体支持政策上，以政策促进、推动信息互通、项目资助等为主。

## （二）人口与医疗卫生条件现状

一地的人口及其健康水平是当地健康产业市场容量与结构的主要决定因素之一。了解当地健康产业与医疗水平的发展现状，有利于理解其发展的出发点和潜力。图1展示了深圳市卫生发展水平及总人口数。从人口—医疗资源分布情况来看，深圳市每千常住人口床位数近20年平稳上升，在2014~2015年和2019~2020年增长速度较快。2021年深圳市每千常住人口床位数为3.62张。在每千人口卫生技术人员数方面，2006年深圳市有明显增长，但这主要是由统计口径变化引起的。在此之前，卫生技术人员仅指在编人员，但自2006年起，所有在岗人员均统计在内。可以看到，2006~2017年深圳市每千人口卫生技术人员数保持在5人以上，自2018年起，深圳市每千人口卫生技术人员数有较为明显的增长。相比之下，全国每千人口卫生技术人员数一直保持较为稳定的增长态势，并在2013年超过深圳市。2021年，深圳市每千人口卫生技术人员数为6.41人，而全国该指标值为8人。因此，从每千人口卫生技术人员数角度来看，深圳市存在医疗资源较为紧张的情况。

然而，如果将深圳市年末常住人口变化考虑在内，深圳市每千人口卫生健康条件的稳步提升则体现出医疗资源总量持续增加。2003~2021年，深圳市常住人口从778.27万人增加到1768.16万人，除2021年增长率仅为0.27%以外，其他年份的增长率大都在3%以上，2011年和2012年分别达到8.3%和6.5%。在如此显著的人口增长背景下，深圳市每千人口医疗健

---

① 《深圳市发展和委员会关于印发〈深圳市促进生物医药产业集群高质量发展的若干措施〉等三个政策措施的通知》，深圳市发展和改革委员会网站，2022年7月26日，http://fgw.sz.gov.cn/zwgk/qt/tzgg/content/post_9981221.html。

康资源还能保持较为平稳的发展态势，反映了其医疗资源总量的提升。深圳市总人口的持续增长，则体现出大健康产业服务与产品的市场需求巨大。

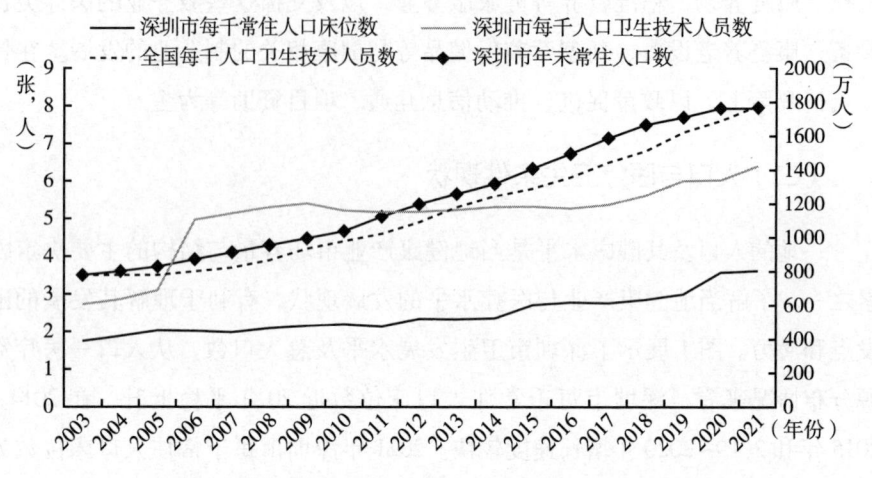

**图1 2003~2021年深圳市卫生发展水平与总人口数**

资料来源：国家统计局与深圳市统计局。

图2从人口出生率、死亡率和自然增长率角度进一步展示了深圳市人口动态变化的情况，及其相较于全国平均水平的发展情况。2003~2021年深圳市人口死亡率与全国人口死亡率无显著变化，其中后者比前者高5%~6%，从侧面反映了深圳市的年轻化。从人口出生率来看，2011年以前深圳市与全国平均水平并无显著差异，但2011~2017年，深圳市人口出生率大幅提升，2017年达到25‰左右，而全国人口出生率自2012年起整体呈下降趋势，2021年全国人口出生率略高于死亡率，导致全国人口自然增长率接近0。自2017年起深圳市人口自然增长率呈现明显的下降趋势。常年低于全国平均水平的人口死亡率，以及明显高于全国平均水平的人口出生率，共同决定了深圳明显高于全国平均水平的自然增长率。以婴幼儿和年轻人口为目标消费者的大健康产业需求活跃。

根据深圳市第七次全国人口普查数据，在2020年底的1700多万常住人口中，15~59岁人口占比为79.53%，0~14岁人口占比为15.11%，60岁及以上人口占比为 5.36%。① 相比之下，全国 15~65 岁人口占比为 68.33%。从适龄劳动力人口占比情况来看，深圳市当前仍具有较大的人口红利。然而，可以预见，随着当前年轻人口年龄逐渐增长，未来深圳市面临的养老压力与医疗资源的需求也会不断增加。

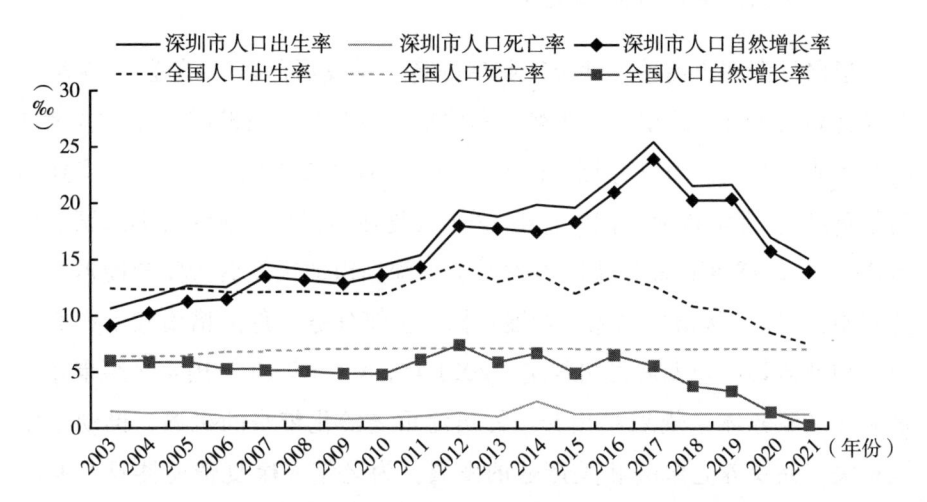

**图 2　2003~2021 年全国与深圳市人口出生率、死亡率及自然增长率**

资料来源：国家统计局与深圳市统计局。

深圳市医疗卫生机构方面，根据《2021 年深圳市卫生健康统计提要》，② 2021 年末，深圳市共有医疗卫生机构 5241 家，比 2020 年增加了 555 家。其中，71.5% 为私人诊所、16.4% 为门诊部，共有 145 家医院，占比为 2.8%，其他医疗卫生机构包括企事业单位内部医务室（4.6%）、独立社康（2.9%）、妇幼保健院（0.2%）、专科防治院（0.1%）、急救中心、采供血机构等。虽然私人诊所在数量方面占据优势，但从卫生技术人员分布情况来看，70.4% 的卫生技术人员都集中在 145 家医院，私人诊所

---

① 《深圳市第七次全国人口普查主要数据解读》，深圳市统计局网站，2021 年 5 月 17 日，http://tjj.sz.gov.cn/ztzl/zt/szsdqcqgrkpc/ggl/content/post_8772304.html。
② 《2021 年深圳市卫生健康统计提要》，深圳政府在线网站，2022 年 6 月 20 日，http://www.sz.gov.cn/szzt2010/sjfb/sjkd/content/post_9896222.html。

卫生技术人员数仅占全市总卫生技术人员数的8%。从机构数量来看，私人诊所发展比较活跃，但从专业人员分布情况来看，私人诊所存在专业人员匮乏的情况。

### （三）大健康产业发展动态

根据《深圳市促进大健康产业集群高质量发展的若干措施》，深圳市政府将如图3所示的相关产业纳入高质量发展政策支持范畴。在康复辅助器具产业发展上，2017年国务院发布《关于加快发展康复辅助器具产业的若干意见》，深圳市成为国内首批12个康复辅助器具产业综合创新试点地区之一。① 2018年，深圳市政府发布了《深圳市加快发展康复辅助器具产业实施方案》，从指导思想、发展目标、主要任务、保障措施几个方面对康复辅助器具产业发展做出规定。2021年，《"十四五"国家老龄事业发展和养老服务体系规划》出台，提出注重老龄化带来的机遇，推动老年人相关产品及养老服务相关产业的发展，为老年人康复辅助器具产业的发展提供了政策便利。与此同时，以坪山区生物医药产业园区为核心的基地早在2005年就成为国家首批3个生物产业基地之一，并已发展成国内较具竞争力的药物研发与医疗器械产品生产基地之一。截至2022年5月，坪山区已集聚近900家生物医药企业，其中，60%的企业为高端医疗器械类。② 因此，坪山区生物产业基地以其比较优势成为深圳市康复辅助器具产业发展的主要依托基地之一。③ 结合自身先发优势与当地技术发展动态，坪山区进一步将自己精准定位为深圳市智能辅助器具产业发展前驱地区，截至2022年5月，已规划了约85万平方米的空间用于发展康复辅助器具产业，并在2022年揭牌成立了"大湾区辅助器具创新中心"和

---

① 《看产业｜中国康复辅助器具产业政策及典型园区盘点》，维科网，2023年3月30日，https://m.ofweek.com/medical/2023-03/ART-11158-8420-30592298.html。
② 《先行先试 大湾区辅助器具创新中心在深圳揭牌》，中国商报网，2022年5月21日，https://www.zgswcn.com/article/202205/202205211453331022.html。
③ 《深圳首个智能康复辅具产业发展生态圈，就在坪山》，搜狐网，2023年3月17日，https://www.sohu.com/a/655390238_121107085。

"深圳市智能康复辅具产业基地",强化当地在康复辅助器具产业上的专业优势。

在养老产业发展上,深圳市养老服务政策制度体系初步形成,《深圳市人民政府关于加快发展老龄服务事业和产业的意见》(2013年)、《深圳市养老设施专项规划(2011—2020)》(2013年)等政策颁布,为深圳市初步建立"以居家为基础、社区为依托、机构为补充"的社会养老服务体系奠定基础。2014年,深圳市成为42个全国养老服务业综合改革试点地区之一。[1] 2015年底,深圳市养老床位总数为8359张,公办养老机构有22家,民办养老机构有9家,社区老年人日间照料中心有61家,星光老年之家有916个,社区党群服务中心有668个,居家养老服务网点有200多家。[2] 2016年,深圳市政府颁布《深圳市养老服务业发展"十三五"规划》,通过结合深圳市人口发展新形势,从完善创新投融资政策、完善用地和补贴支持政策、加强监管等方面支持深圳市养老服务业持续发展。《深圳市养老服务业发展"十三五"规划》从新增养老床位、计划竣工时间等方面明确了深圳市养老机构重点建设项目;提出了鼓励社区养老、推动医养结合服务机构发展、支持居家住宅适老化功能建设等措施。2020年《深圳经济特区养老服务条例》颁布,为深圳市养老服务业发展监管提供了法律依据;2022年《深圳市民办养老机构资助办法》发布,以规范私有资本进入养老产业,从而达到调动各方资源发展该产业的目的。

截至2020年初,深圳市已设置养老床位12176张,比2015年增加约46%;全市公办养老机构17家,公建民营养老机构15家,民办养老机构15家。[3] 私有资本在养老产业上获得了进一步发展。到2022年底,深圳市养老床位共有1.4万张,养老机构有76家,社区养老服务机构有142家,社

---

[1] 《民政部确定42个全国养老服务业综合改革试点地区》,中国产业经济信息网,2014年8月28日,http://www.cinic.org.cn/site951/cjkx/2014-08-28/760130.shtml。
[2] 《深圳市养老服务业发展"十三五"规划》,深圳政府在线网站,2016年11月29日,http://www.sz.gov.cn/szzt2010/wgkzl/jcgk/jchgk/content/post_1328938.html。
[3] 《深圳建成养老床位1.2万余张 推进建设老龄综合服务中心》,凤凰网,2020年1月13日,https://gd.ifeng.com/a/20200113/7960465_0.shtml。

区党群服务中心有665家,"街道—社区—小区—家庭"的养老服务网络得到进一步发展。① 在行业形态发展方面,2020年深圳市禾正医院与深圳市养老护理院合作,开发了"医养结合"新模式;② 2022年,深圳市老龄智慧科技产业园在深圳市八卦岭成立,成为深圳市第一个包含养老服务全产业链的产业园区,引入大数据技术,涵盖老年大学、科技创新、老年人能力评估、老龄智能科技等领域。

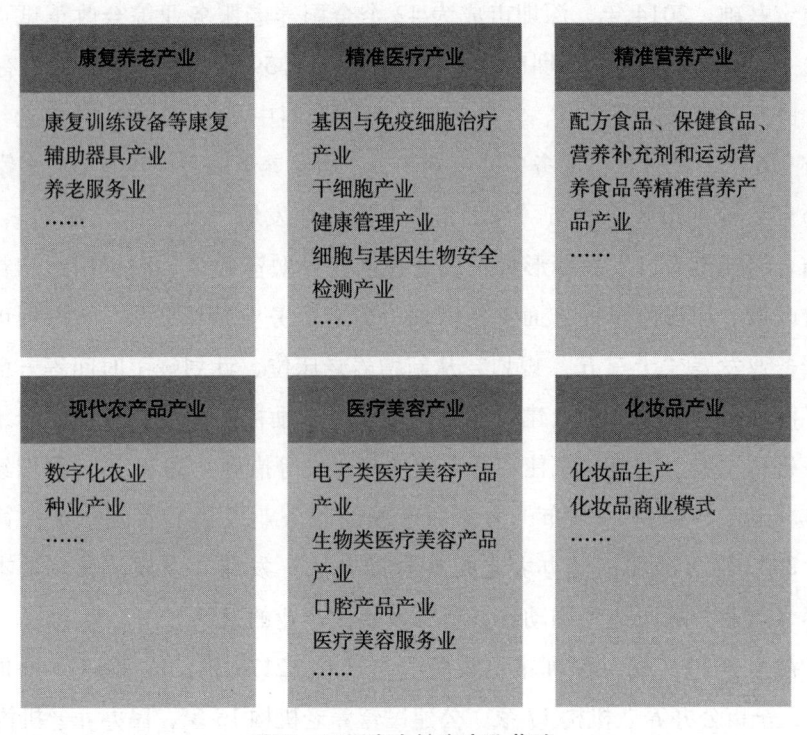

| 康复养老产业 | 精准医疗产业 | 精准营养产业 |
|---|---|---|
| 康复训练设备等康复辅助器具产业<br>养老服务业<br>…… | 基因与免疫细胞治疗产业<br>干细胞产业<br>健康管理产业<br>细胞与基因生物安全检测产业<br>…… | 配方食品、保健食品、营养补充剂和运动营养食品等精准营养产品产业<br>…… |
| 现代农产品产业 | 医疗美容产业 | 化妆品产业 |
| 数字化农业<br>种业产业<br>…… | 电子类医疗美容产品产业<br>生物类医疗美容产品产业<br>口腔产品产业<br>医疗美容服务业<br>…… | 化妆品生产<br>化妆品商业模式<br>…… |

**图3 深圳市大健康产业范畴**

资料来源:《深圳市促进大健康产业集群高质量发展的若干措施》。

---

① 《深圳人大持续推动高水平养老服务体系建设》,深圳政府在线网站,2023年2月8日,http://www.sz.gov.cn/cn/xxgk/zfxxgj/zwdt/content/post_10415541.html。
② 《深圳市级最大型养老院与医院联手,开创"医养结合"新模式》,搜狐网,2020年10月6日,https://www.sohu.com/a/436581796_161795。

精准医疗主要指结合个体从宏观层面到微观层面的差异,通过基因、蛋白、代谢等数据,制定个体化的治疗方案。① 在精准医疗产业发展方面,由于精准医疗概念最早在 2011 年提出,② 深圳市在该产业的发展上仍处于早期阶段。然而,深圳市拥有支撑生命科学、大数据与 IT 行业发展的良好的产业环境,并具备"基础研究—技术攻关—成果产业化—科技金融—人才支撑"这一良好的创新生态链,因此在精准医疗产业发展上具有巨大的先发优势。③ 2016 年,在第四届深圳国际低碳城论坛的"中美精准医疗产业和政策论坛"平行论坛上,中美两国基因测序、大数据处理等精准医疗领域的专家就相关主题进行了讨论,在印证深圳市良好的行业环境的同时,为当地关于精准医疗的发展搭建了一个良好的交流平台。④ 2016 年 9 月,深圳市精准医学研究院成立,旨在引导精准医疗产业发展,为深圳市精准医疗产业发展提供研究支撑。⑤ 2017 年,深圳市精准医疗峰会召开;2021 年 9 月,深圳市精准医疗学会第一届交流会举行,精准医疗知识交流实现常态化。2020 年 9 月,深圳市卫健委委托深圳华大生命科学研究院运营深圳市华大医院,并将其定位为精准医学理念医院。⑥ 可以看到,精准医疗行业在深圳市的发展十分活跃。

精准营养与现代农产品产业方面,两大行业并非与疾病及医疗直接相关,而是立足食品安全,从改善与优化人体营养构成等角度入手,降低疾病发生率。配方食品、保健食品等营养品行业较为传统,深圳市在该行业发展的动态特征方面主要体现在监管不断完善上。比如,2021 年,深圳市市场监管局在基于上年保健品生产企业、流通企业、消费终端等调研形成的

---

① "Chinese Journal of Lung Cancer", https://www.ncbi.nlm.nih.gov/pmc/articles/PMC6015203/。
② 《深圳市精准医学研究院成立》,环球网,2016 年 9 月 3 日,https://china.huanqiu.com/article/9CaKrnJXqCo。
③ 《深圳成为粤港澳大湾区生物医药产业热土》,中国政府网,2021 年 10 月 17 日,http://www.gov.cn/xinwen/2021-10/17/content_5643080.htm。
④ 《发展精准医疗 深圳优势何在》,新浪新闻网,2016 年 6 月 14 日,https://news.sina.cn/gn/2016-06-14/detail-ifxszmnz7258729.d.html。
⑤ 《深圳市精准医学研究院成立》,环球网,2016 年 9 月 3 日,https://china.huanqiu.com/article/9CaKrnJXqCo。
⑥ 《深圳市卫生健康委委托华大研究院 运营精准医学理念医院》,华大 BGI 网站,2020 年 9 月 9 日,https://www.genomics.cn/news/info_itemid_6059.html。

《深圳市保健品食品行业分析报告》的基础上，研制了《深圳市保健食品生产企业原材料治疗控制风险清单》①，通过资源整合，为当地保健品行业的发展提供技术支持，并在科学分析的基础上，点面结合对行业发展进行监管。行业动态上，创新活动不断涌现。比如，2019年，利用数据实现营养成分量化管理的快餐品牌"维小饭"成立，让消费者可以对其每日餐饮成分进行可视化管理；② 2021年，依托"维小饭"产品的完善、用户的增长，深圳市市场监管局、慢性病防治中心等与"维小饭"品牌的管理公司——深圳市维士智慧健康管理有限公司联合举办了数字化精准饮食配餐指南研讨会，③ 体现了个体企业从商业产品开发到行业形态发展角色上的转变。最终，该指南被纳入深圳市地方标准计划任务。

现代农业方面，深圳市并非传统的农业大区。然而，本地农业的发展对深圳市的农业安全、食品供应稳定、田园都市概念实现等都至关重要。无论是从政策支持方面，还是从行业发展方面来看，深圳市现代农业的发展都比较活跃。在深圳市创新城市特色的背景下，深圳市现代农业发展也实现了科技赋能，产学研融合度较高。截至2022年，深圳市已经创建了1个省级农业公园，180个"菜篮子"基地，并审核通过了567个"圳品"品牌等。④ 根据2023年2月深圳市市场监管局组织召开的深圳现代农业高质量发展专题座谈会，目前深圳市农业正处在转型的关键期，提高农业发展的科技含量，打造深圳市国际食品谷品牌、提高深圳农业影响力等是未来深圳市农业发展的重点。⑤

深圳市在医美与化妆品行业发展上具有独特优势，且行业发展活跃。根据

---

① 《深圳创新保健食品监管模式》，中国食品网，2021年11月4日，http：//www.cnfoodnet.com/index.php？c=show&id=1016。
② 《数据化新快餐品牌维小饭完成近亿元A轮融资，天图独家投资》，投中网，2021年12月9日，https：//www.chinaventure.com.cn/news/108-20211209-366027.html。
③ 《维士参与承办全球首个数字化配餐标准起草》，维士网站，https：//www.weis-inc.com/src/institute.html。
④ 《深圳持续提升农业科技创新链能级 推动现代农业高质量发展》，读特网站，2022年4月29日，https：//www.dutenews.com/shen/p/6724218.html。
⑤ 《深圳市市场监管局组织召开深圳现代农业高质量发展专题座谈会》，中国商报网，2023年2月6日，https：//www.zgswcn.com/article/202302/2023020605935l001.html。

头豹研究院发布的《2020年中国化妆品行业深度报告》，中国化妆品消费主要分布在包括深圳、上海、广州等一线城市在内的华东地区和华南地区。除了当地强大的购买力以外，这些地区在化妆品包装材料和代工生产方面也比较发达，有对供给市场"近水楼台"的优势。同时，深圳市在合成生物、新材料等方面具有研发优势，为深圳市医美产品和化妆品创新发展奠定了较好的基础。在整体市场潜力方面，2019年中国医美市场渗透率约为12%，相比之下，亚洲医美较发达的韩国市场渗透率为28%；在每千人医美次数上，韩国、美国、巴西等医美发达的国家是中国的3倍及以上，中国医美市场广阔。[①]《深圳市促进大健康产业集群高质量发展的若干措施》中提出，会对新取得医用激光、光子等电子类医疗美容器械注册证，新取得抗衰老药物等生物类美容产品临床批件，新获得国际认证的医疗机构等提供奖励，并将通过成立医疗美容质量控制中心、建设查询平台等规范行业发展；在化妆品行业方面，该文件提出将深圳美丽谷坪山基地作为当地化妆品行业核心启动区，推动形成成熟的行业区位空间格局，并通过补贴等方式支持化妆品生产技术与商业模式创新。深圳市政府对医美与化妆品行业发展提出明确、可操作性强的支持政策，系统性地推进当地"颜经济"的发展。据不完全统计，截至2022年11月，深圳市具备化妆品生产许可资质的企业有90多家，从事化妆品销售与服务的企业有上千家。深圳市的化妆品批发市场已成为珠三角地区的主要批发市场之一，且已成为全国进口美容美发、化妆品的重要基地之一。[②]

## 三 深圳市大健康产业发展面临的机遇与挑战

新冠疫情及相关卫生管理措施的实施持续了近3年时间，对消费者的消费偏好、不同行业业态等带来了很大影响。互联网经济的繁荣，也推动了互

---

[①] 《中国医美行业2022年度洞悉报告》，同花顺财经网，2022年8月18日，http://stock.10jqka.com.cn/20220818/c641213952.shtml。

[②] 《林洁带队调研深圳化妆品产业 开拓创新搭乘"时尚列车"加速向前跑》，读特网，2022年11月25日，https://www.dutenews.com/shen/p/7195114.html。

联网医院的蓬勃发展；消费者对健康也更加重视。来自宏观环境的影响不会立即消散，其所蕴含的挑战与机遇也将持续影响深圳市大健康产业的发展。深圳市人口结构与其健康状态的动态变化、健康及大健康产业的发展阶段、智能基础设施推进与技术创新、产业发展支持政策与监管政策等的不断完善等，也将继续为其大健康产业的发展注入活力。在大健康产业支持政策已出台、经济逐渐恢复的背景下，深圳市大健康产业将重点关注消费者特征、当地人口年龄结构，以及数字医疗3个方面。

## （一）疫情防控常态化时期消费者特征

疫情带来的收入、生活等方面的不确定性让消费者的消费偏好趋向谨慎。图4显示了2010~2021年全国储蓄率的变化情况。可以看到，2020~2021年存在就业、收入等不确定性大大增加的情况，储蓄率在"预防性储蓄"等因素的驱动下显著提升。根据中国人民银行披露的2023年1月金融数据，这一储蓄热度持续至今。① 储蓄率的上升反映了居民消费意愿的降

图4 2010~2021年全国储蓄率

资料来源：CEIC Data。

---

① 《中国居民存款破纪录，大规模储蓄未来流向何处？》，新华网，2023年2月17日，http://www.news.cn/fortune/2023-02/17/c_1129371904.htm。

低，尤其是疫情初期的2020年上半年，以及疫情即将结束的2022年底。与此同时，不同类别商品的消费偏好也发生了变化。根据《2023中国消费者洞察与市场展望白皮书》，疫情期间，很多消费者降低了其对化妆品、奢侈品、娱乐品、研究等非必需品的消费。① 可以预见，在健康与大健康产业需求方面，除了医疗健康等需求弹性较小的行业受消费者偏好转变影响较小以外，包括医疗美容、化妆品等在内的需求弹性较大的行业需求恢复可能更慢一些。然而，2023年1~2月社会消费品零售总额数据显示，消费需求有回暖的迹象，烟酒、化妆品等非必需品消费需求有所恢复。在与健康和大健康产业相关的商品中，化妆品零售额同比增长3.8%，日用品零售额同比增长3.9%，中西药品零售额同比增长19.3%。② 充分利用现有消费者特征，积极为未来消费继续回暖提前合理布局，可以让相关行业企业抢占先机，为企业带来发展机遇。

### （二）老龄化与养老服务

相比于医疗美容、化妆品、精准医疗等其他大健康产业，康复养老行业的需求弹性更小。虽然在过去10多年间，深圳市医疗健康与康复养老体系不断完善，但整体来看，深圳市的医疗卫生与养老资源还有待持续扩充。根据深圳市2021年人口普查数据，深圳市60岁及以上人口为94.07万人，65岁及以上人口为56.52万人，③ 但2022年底养老床位数仅为1.4万张。随着第一批来深圳的人口逐渐老龄化，深圳市养老服务的供需差距更为明显。因此，在现有养老体系的基础上，不断扩大市场容量，并结合行业创新活动或新业态发展提高养老服务效率，成为深圳市面临的一个长期挑战。深圳市政府在促进当地多元养老机制建设、提高养老精准化服务水平、推动养老设施

---

① 《2023中国消费者洞察与市场展望白皮书》，https：//www2.deloitte.com/content/dam/Deloitte/cn/Documents/consumer-business/deloitte-cn-cb-consumer-insight-zh-230118.pdf。
② 《2023年1~2月份社会消费品零售总额增长3.5%》，国家统计局网站，2023年3月15日，http：//www.stats.gov.cn/sj/zxfb/202303/t20230315_1937198.html。
③ 《深圳市第七次全国人口普查主要数据解读》，深圳市统计局网站，2021年5月17日，http：//tjj.sz.gov.cn/ztzl/zt/szsdqcqgrkpc/ggl/content/post_8772304.html。

建设、鼓励民办养老机构发展等方面提供良好的政策环境和较大的市场需求。不过整体来看，考虑到康养机构的公众福利性质，需要有一定社会责任感的企业参与。比如，由深圳国资委直管的深业集团在2020年6月投入运营了深圳市第一个高端都市医康养综合体——深业生命健康中心，为入住老年人提供餐饮、生活服务、心理支持等基础服务，与医疗、健康管理、健康教育等健康服务，[①]为康复养老企业形态提供了一个新样本。

### （三）数字医疗

疫情期间社交隔离等措施的实施，促进了互联网医疗、数字医疗等的快速发展；行程码、健康码等基于大数据进行卫生健康风险管理的经验，也使大部分人意识到大数据在医疗健康和大健康领域的力量。中国第一批互联网医疗平台早在2010年之前就进入市场，但直到2015年，互联网医疗才得到快速发展，2020年疫情催生了对远程诊疗、远程诊断、健康管理等的需求，《国家医疗保障局关于积极推进"互联网+"医疗服务医保支付工作的指导意见》等政策的实施，规范了互联网医疗的发展。以此为契机，医疗健康和大健康领域"数字化"转型步伐加快。平安好医生、京东健康、春雨医生、丁香园等一批互联网医疗企业在消费者中的认可度、在投融资领域的热度等都获得了进一步提高。长期来看，作为数字医疗最重要场景之一的互联网医疗，可以嵌入智慧城市、智慧医疗等更为宏观的发展战略，利用人工智能、大数据等技术，实现智慧诊疗方案、智慧健康管理、数字医疗营销、智慧支付等。深圳市作为创新之都，为数字医疗企业和应用场景发展提供了独特的政策和产业环境。比如，2022年9月，深圳国家感染性疾病临床医学研究中心、深圳市第三人民医院与腾讯公司签署了战略合作协议。[②]因此，深圳市数字医疗领域充满了发展潜力与机遇。

---

[①]《案例：深业生命健康中心——深圳市首个高端都市医康养综合体》，搜狐网，2020年7月29日，https://www.sohu.com/a/410366800_762454。
[②]《深圳知名医学研究中心和腾讯公司携手探索数字医疗新模式》，读特网，2022年9月26日，https://www.dutenews.com/shen/p/7079146.html。

# B.7
# 化工企业"互联网+"数字化转型平台建设启示

## ——以中盐常化为例

李景林 顾留杰 孙永登 顾晶晶*

**摘　要：** 中盐常化隶属中国盐业集团，是一家有着近70年发展历史的国有企业，在把握新发展阶段、贯彻新发展理念、构建新发展格局的背景下，制定一系列具有全局性意义的重大战略成为当务之急。数字化转型平台建设是加快转型升级、打造一流化工企业的迫切需要，也是完善企业治理体系、实现高质量发展的必由之路。中盐常化数字化转型平台依托"智改数转"行动计划，涵盖数据管理、偏差管理和决策管理，涉及全面预算管理、安全管理、设备管理、全面质量管理、巡检巡查、绩效管理、职业健康安全、环保、能源等方面，借助大数据、云计算、物联网、人工智能等信息化手段，实现自动生成绩效考核指标、自动预警、自动记录运行过程、自动检查指标完成情况、自动督促闭环等功能。本报告梳理了"互联网+"数字化平台建设的背景、现阶段的实施状况、对企业发展的重要意义，揭示了平台的运行逻辑，最后对其发展前景进行了展望。

**关键词：** 数字化转型　盐化工　中盐常化

---

\* 李景林，中国盐业集团中盐安徽红四方股份有限公司总经理，主要研究方向为化学工程与工艺、控制科学与工程；顾留杰，中盐常州化工股份有限公司副总经理，主要研究方向为化学工程与工艺；孙永登，常州新东化工发展有限公司综合管理部部长，主要研究方向为企业管理；顾晶晶，中盐常州化工股份有限公司经营管理部部长，主要研究方向为企业管理。

在新一代信息技术催生的第四次工业革命背景下，互联网、大数据、人工智能、区块链等新技术加速融合应用，数据要素赋能作用持续显现，正在引发系统性、革命性、群体性的技术变革，不断催生融合发展的新技术、新产业、新模式和新业态。站在信息化和工业化深度融合历史进程的交汇点上来审视新型工业化的发展路径，可以清晰地看出，数字化、网络化、智能化发展是其必由之路，数字化转型必将推动组织形态、生产方式、业务模式、管理方式发生根本性变革。

"互联网+"数字化转型平台是中国盐业集团中盐常州化工股份有限公司（以下简称"中盐常化"）抢抓时代发展机遇，依托江苏省"智改数转"行动计划，以关键绩效管理为切口，提升企业治理能力的一次新实践和新尝试。该项目以实现"管理智能化"为目标，以"闭环管理"为目的，涵盖数据管理、绩效管理、偏差管理和决策管理等多个要素，覆盖所有管理职能，涉及企业各级员工，是完善企业治理体系、提升治理能力的重要抓手，也是认真践行中盐常化"专精特新示范企业"发展使命和定位的重要举措。

## 一 实施背景

### （一）数字化转型平台建设是激发员工活力，提升企业经营管理效率的迫切需要

随着时代的快速发展和市场经济体制的不断完善，我国经济发展已进入新常态，资产、资本、利润等"硬实力"指标已无法涵盖企业的核心竞争力，执行力、共识力、创新力等"软实力"指标成为企业核心竞争力的重要体现，直接影响企业经营效率的提升和长远发展。

中盐常化是一家有着近70年发展历史的国有企业，经历了从计划经济向市场经济的转变，见证了历次国有企业改制，挺过了一次次金融危机，取得了一定的发展成就，组织效能不断提高。但是，与一流企业相

比，其执行力、共识力和创新力还有不小的差距，整体运营效率还有很大的提升空间。

### （二）数字化转型平台建设是加快转型升级，打造一流化工企业的迫切需要

当前，我国经济正由高速增长阶段转向高质量发展阶段，立足新发展阶段、贯彻新发展理念、构建新发展格局，对企业发展提出了更高要求，"开源节流、提质增效"已成为企业生存发展的题中之义。中盐常化作为以氯碱化工为基础的制造型企业，安全、环保以及同质化竞争的压力日益加大。压实安全环保责任、做好成本控制、加快推进产业转型升级，是中盐常化应对新形势的必然选择。

### （三）数字化转型平台建设是完善企业治理体系，实现高质量发展的迫切需要

放眼国际知名企业，信息化建设已融入企业生产经营的各个环节。可以说，信息化水平决定了企业发展高度。与国内部分老牌国企类似，中盐常化信息化建设具有起步早、规划散、系统多、品牌杂、宽度够、深度浅、智能化水平较低等特征。对标一流企业，中盐常化发现，造成差距的主要原因在于没有与时俱进将信息化技术与企业生产经营有效融合，特别是没有充分挖掘数据的创新驱动潜能，这制约了企业持续发展壮大。

## 二 实施内容

《中华人民共和国国民经济和社会发展第十四个五年规划和2035年远景目标纲要》围绕"打造数字经济新优势"做出了培育壮大新兴数字产业的明确部署。

利用全链条大数据技术、工具和平台，深度参与数据要素"采、存、

算、管、用"全生命周期活动，是激活数据要素潜能的关键。围绕产业链现代化目标，聚焦产业数字化和数字产业化，在数据生成、采集、存储、加工、分析、服务、安全、应用各个环节协同发力，打好产业链现代化攻坚战。发挥大数据特性优势，围绕数据全生命周期关键环节，加快数据"大体量"汇聚，强化数据"多样化"处理，促进数据"时效性"流动，加强数据"高质量"治理，推动数据"高价值"转化，将大数据特性优势转化为产业高质量发展的重要驱动力。

将"新基建"、技术创新和标准引领作为产业基础能力提升的着力点，实现数字产业化和产业数字化的有机统一，并进一步强化数据安全保障。充分发挥要素配置作用，加快数据要素化，培育数据驱动的产融合作、协同创新等新模式，促进数据驱动的传统生产要素合理配置。推进生产过程数字化监控及管理，加速业务系统互联互通和工业数据集成共享，实现生产管控一体化。支持构建行业生产全流程运行数据模型，基于数据分析实现工艺改进、运行优化和质量管控，提升全要素生产率。推动关键设备上云上平台，聚焦能源管理、预测性维护、安全预警等重点环节，培育基于流程管理的工业聚合类解决方案。加强全流程运行优化与虚拟制造、智能感知与网络系统协同控制、计划调度系统优化与智能决策、安全环境足迹监控与溯源诊断。

中盐常化数字化转型平台是一项系统性工程。按照"整体规划、分步实施、有序推进"的原则，整个实施过程分为调研阶段（需求梳理）、规划设计阶段（脚本制定）、实施开发阶段（方案落地）、试运行阶段（调试）、验收阶段（正式上线）等 5 个阶段，包含信息化基础设施改造、网络安全水平提升、计量改造、平台数据基座搭建及数据集成、无接触发货、产量/销量独立核算、智能仓储改造、全面预算管理系统开发、合同管理及项目管理功能模块开发、安全信息管理平台升级、全面质量管理系统开发、视频智能分析系统开发、设备管理功能模块开发、"数智常化"App 开发等 10 多个子项目。

## 三 基础支撑

当前，数据已成为重要的生产要素，大数据产业作为以数据生成、采集、存储、加工、分析、服务为主的战略性新兴产业，是激活数据要素潜能的关键支撑，是经济社会发展质量变革、效率变革、动力变革的重要引擎。面对世界百年未有之大变局、新一轮科技革命和产业变革深入发展的机遇期，开启大数据产业创新发展新赛道，聚焦数据要素多重价值挖掘，抢占大数据产业发展制高点，成为创新创业、高质量发展的必由之路。

中盐常化数字化转型平台运用"SMART原则""5W1H原则""0、1原则""二八法则"等管理理念和管理工具，借助大数据、云计算、物联网、人工智能等信息化手段，实现了自动生成绩效考核指标、自动预警、自动记录运行过程、自动检查指标完成情况、自动督促闭环等功能。

该平台从厘清岗位职责权利、全面预算、安全、质量、环保、职业健康、能源等重要管理要素入手，班组安全标准化建设做深做实，能够实现对风险控制点的事前控制，达到了完善企业治理体系、提升企业治理能力的目的。

### （一）科学分类

依据关键指标性质、展现形式等特性及考核形式、考核主体的不同，对关键绩效指标进行分类，共分为以下几类。

#### 1. 量化指标

量化指标指用于衡量个人绩效的基本经济技术指标，包括考核期内产量、成本、消耗、利润、各类费用等需要完成的指标，也用于衡量相关绩效。该类指标按关键绩效控制点测量标准的3个尺度（完成时限、数量、标准）进行控制。其中，达到的标准一般指产品的质量指标，如优等品率、一等品率、合格品率等。根据绩效控制点尺度的重要程度分别赋予各指标权重。

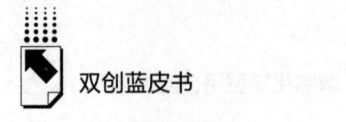

2. 工作标准指标

工作标准指标指按照本岗位的工作标准、规程，保质保量地完成本职工作，主要考核相关人员审批流程的效率和质量。

3. 基础管理指标

基础管理指标指用于衡量国家法律法规、公司的标准制度、体系文件等执行力度的指标，确保公司合法、合规经营，提升公司的整体管理绩效。为便于衡量绩效，必须提供经第三方审批通过的验证性文件、验收报告、批复报告、设计报告、整改通知单、罚款单、考核单、不符合报告等，一般通过系统自动抓取。作为基础管理指标的关键绩效控制点，控制点的数量根据岗位性质确定，依据控制点的重要程度赋予指标权重。

通过上述分类，引导各级管理人员围绕企业战略发展目标及上级部署的重点任务目标，科学、合理地梳理组织绩效指标，从而确定岗位关键绩效指标。

（二）关联原则

计算机智能验证是数字化转型平台建设的重点和难点，当部分指标验证数据无法自动采集时，可灵活转换为采集关联指标。例如，验证某台电机维修完成情况时，维修完成确认台账无法自动采集，可通过采集维修完成后的泵机电流值来自动验证，从而有效解决了自动验证难题；再比如，验证某装置建设完成情况时，除项目验收报告外，还可通过直接采集新装置的产量流量等数据指标，客观验证项目完成情况。

（三）二八法则

在数字化转型平台建设过程中，基于现有计量和数据采集条件，综合考虑采集成本，通过引导各级员工围绕组织职责，不断提炼绩效考核指标，力争用关键指标来评判被考核人的履职情况，有效降低了验证成本及数据采集、智能考核的难度。

## （四）客观原则

数据自动采集、结果自动验证是数字化转型平台建设的核心目标。项目建设过程中，特别重视数据采集及数据治理，充分利用大数据、云计算、物联网等前沿技术对数据进行治理和应用，保证数据及时、客观、有效。此外，坚持能自动采集的数据指标通过数据接口纳入考核，不能自动采集的数据指标暂缓采集，人为主观判断成分高的一律不用，让被考核人信服。

## （五）闭环管理

数字化转型平台将闭环管理作为核心目的，PDCA循环贯穿项目的每个环节，每个指标、每项重点任务均采用PDCA循环方法，形成了一个"大环套小环"的综合管理体系。在运营过程中发现的不符合项，通过数据共享的方式汇总至"不符合项管理库"，该库具备在线验证、不符合项汇总分类、不符合项超时未完成报警等功能，且规定时间未能完成的，每月扣责任人相应绩效，直至整改闭环。

## （六）预警功能

预警功能是中盐常化数字化转型平台的特色。机器人自动巡检或人工巡查过程中发现的问题项，可通过该平台生成待办任务，第一时间推送至责任人，提醒责任人统筹安排解决，责任人可通过随身携带的手操器及时接收相关信息。此外，待办任务完成时间节点前10~30分钟（根据需求设定），系统会自动预警，提醒责任人尽快履职。

## （七）智能化

智能化水平直接决定了数字化转型平台的性能和效果。该平台应用了大数据、云计算、人工智能等技术手段，通过全面预算管理系统有效落实了指标分解体系，并通过各类系统采集的基础数据实现了绩效指标自动生成、实施过程自动记录、完成情况自动验证、偏差自动推送和跟踪，通过智能化最大限度地减少人为干预，既提升了管理效率，又增强了考核客观性。

## 四　主要措施

### （一）深度调研，明确需求

数字化转型项目提出之初，公司党委书记、总经理李景林特别强调，明确、科学、全面的需求是任何信息化项目成功实施的关键。为此，公司采用"走出去、请进来、沉下去"相结合的调研方式，一是与"对标世界一流"活动相结合，调研走访了英飞凌、中天钢铁等智能化水平较高的企业，借鉴其先进理念和经验；二是邀请高校、科研院所和专业软件开发商来公司调研，为企业"智改数转"工作建言献策。为夯实开发基础，该项目花费了近半年时间整理需求，并以文字形式作为乙方开发的脚本，达到了事半功倍的效果。

### （二）校企合作，携手共进

中盐常化数字化运营效率管理平台个性化需求多，时间紧、任务重、难度大，而公司存在信息化人才严重匮乏、信息化建设整体力量薄弱等不足，工作推进困难，外部力量助力公司制定信息化发展规划，科学、高效地推进信息化建设成为当务之急。通过与信息化建设标杆企业、高校及科研院所等的调研交流，中盐常化认为，高校技术力量雄厚、研发能力强、科技创新资源多、研发成本低，与高校开展产学研合作是公司"借力"的首选。最终，公司选择了对项目需求了解最为透彻的安徽工业大学开展产学研合作。该校校长亲自参加项目启动仪式，并表态"把握合作机遇，集该校全力助力常化发展，与常化同发展、共进步"，着力组建了60多人的开发团队，为项目保驾护航。

## （三）引进成熟系统，提升专业化能力

本项目涉及产、供、销、存、财等企业生产经营的方方面面，需要对大量的关键数据进行采集和计算分析，对智能化要求很高，也离不开财务管理、资源管理、生产工艺管理、安全管理、设备管理、质量管理、行为管理等专业系统的支撑。鉴于部分系统市场已有成熟产品，同行使用效果较佳，在开发综合性数字化平台的同时，中盐常化决定部分模块采用成熟系统，直接引进外部先进的管理理念和做法，以此缩短开发时间。引进的三维全面质量管理系统，依托高新技术企业，应用效果良好。结合中盐常化实际，对该系统进行了必要的专业化二次开发，以使其高效融入公司生产经营过程，在显著提升质量管理水平的同时，节约实施费用近30%。

## （四）专班化推进，清单化管理

为确保项目顺利推进，中盐常化成立了数字化转型项目建设专班、全面预算管理专班、风险控制专班、班组化建设专班、全面质量管理专班等，把庞大、复杂的项目拆分为若干个子项目，落实到各个专班，以明确职责、明晰路径。定期督查督办工作任务完成情况，安排部署，总结经验，每次例会均形成工作清单，安排专职部门跟踪进度，实现了闭环管理。

本项目涉及面广、创新性强，业界甚至国内尚无成功先例。毋庸置疑，项目落地能给企业带来新的发展机遇，但也充满挑战，需要各类专业人才的广泛参与和辛苦付出。为此，项目专班重点选拔中青年员工参与，既为他们提供施展才华的舞台，也通过聚力攻坚培养中青年骨干。

随着项目进入攻坚阶段，需要协调解决的任务越来越多，以项目推进例会的形式邀请各技术实施单位和部门负责人集思广益、共商良策，及时协调解决每个子项目存在的问题，不断统一思想、凝聚共识、咬定目标、埋头苦干。

## 五 实施效果

### （一）以智能化绩效管理实现了管理模式的新跨越

数字化转型平台通过信息化技术实现了对既有"分级分权绩效管理理念"的智能化，公司经营目标、重点工作、会议任务等均通过该平台自动分解至相关员工绩效管理卡，实现了对公司各项业务的实时管控和每位员工任务完成情况的实时监测。此外，该项目具备预警功能，员工可以通过"数智常化"App及时查询待办工作事项，对于临近期限的未完成项，系统也会自动预警，有效增强了员工工作的计划性，进一步提高了员工工作的主动性。

### （二）以偏差管理理念有效落实了闭环管理

偏差管理是各行各业的重点和难点，主要体现在偏差查找、偏差预警和偏差纠正三个方面。数字化转型平台通过计算机自动下达任务，根据工作完成标准自动判断完成情况，对未按规定时限提交或完成不达标的考核项，平台将自动统计、分类汇总，有效解决了偏差查找难题；平台具备工作完成期限提醒功能，有效提示、督促被考核人尽快完成考核任务，有效解决了偏差预警的难题；未能按规定期限或未能达到完成标准的考核项将被自动推送至被考核人上级、上级的上级直至总经理，未完成将一直在系统中提示，直至完成，督促各级人员加强管理，认真履职，有效解决了偏差纠正问题，真正实现了闭环管理。

### （三）以信息化手段筑牢安全防线

安全生产是企业的重中之重，"双碳"机制下，对危化品生产单位的安全环保管理要求只会越来越高。中盐常化力主推行的"12345"班组安全标准化建设，为每位员工结合自身岗位职责设置了各自的巡检路线和节点，涵盖生产过程关键控制点，并通过安全信息管理平台固化了企业安全管理制度，覆盖了安全标准化建设的所有要素。项目落地后，公司为全员配置了个人手操器终端，巡检任务定期推送到个人任务清单。以"绩效"为驱动，有效确保了安全生产主体责任、监督责任落实到位，从而打通了安全标准化建设的"最后 100 米"。

### （四）以强化信息基础建设夯实发展根基

数字化转型平台依托多个子系统，需要对海量数据进行传输、治理、分类和存储备用，对公司信息化水平有较高要求。

#### 1. 硬件建设

数字化转型离不开高性能的网络基础设施。项目实施初期，中盐常化严格按照"等保 2.0"的要求，本着"安全、节约、高效"的原则，对核心机房、网线等基础设施进行了改造提升，扩建了私有云，增加了堡垒机、日志审计等安全设施，实现了核心层、汇聚层具备万兆条件，接入层具备千兆条件，存储空间达到 174T，满足公司 5 年发展规划的目标。

#### 2. 软件布局

中盐常化原有系统具有"多、杂、孤"等特征，部分模块甚至成为企业可持续发展的短板。鉴于此，公司采用"提升部分、废除部分、新建部分"的方式，依据行业发展情况及企业经营实际，对具备一定价值的原有系统或功能模块进行深度开发和完善，对制约企业高效运行的部分系统或功能模块即刻废除，根据业务发展需要新建部分系统或功能模块，实现系统数据之间的互联互通。公司现有系统架构如图 1 所示。

本项目将网络基础设施改造作为首个子项目实施，同时，按照"等保 3.0"要求，对公司网络安全等级进行提升。网络基础设施改造及网络安全等级提升子项目实施后，公司网络设施可以满足企业未来 5 年的发展需求。通过采用最新的信息安全保护技术，对网络信息安全防护策略进行了完善，实现了事前有防范、事中有应对、事后有追溯。

图 1 中盐常化观有系统架构

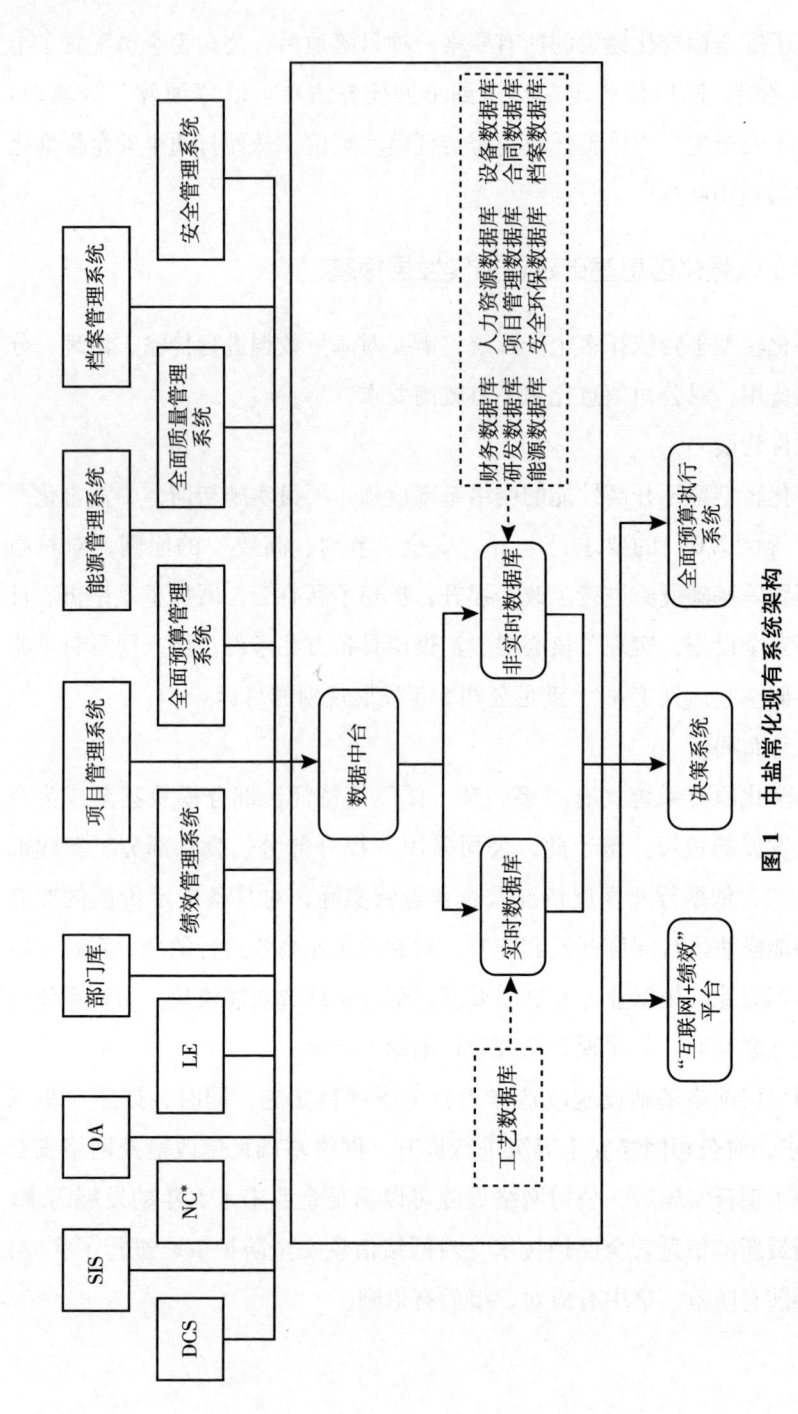

*NC 指用友开发的一款 ERP。

## （五）以同步异构系统确保数据互联互通，实现信息共享

中盐常化信息化起步较早，各类系统较多，但缺乏整体规划，信息"孤岛"现象比较突出，且系统间普遍存在功能冲突，影响运营效率的提升。设计规划阶段，项目组根据前期梳理的系统功能结果，果断地进行了系统性整合，同时原有、新建及规划中的各系统均与数据平台对接，有效实现了数据共享，为深度开发利用数据资源打好了基础。

数据互联互通是绩效采集与举证的关键环节。中盐常化数字化运营效率管理平台配有数据中台，实现了对分布式控制系统（DCS）、安全联锁系统（SIS）、企业资源计划（ERP）、办公自动化（OA）、全面预算管理系统、全面质量管理系统、无人值守（LE）系统、安全管理系统等的数据实时采集、存储和备用，供数字化运营效率管理平台等上层系统调用，实现了数据的互联互通，消除了信息"孤岛"，发挥了数据的创新驱动作用。

数字化运营效率管理平台下设"全面质量管理系统"子模块，实现了对原材料进厂检验、生产过程检验、产品出厂检验的全流程管控，实现了数据一次录入、多次应用，并开发了包含关键质量控制点的工艺流程图，对各关键取样点质量情况进行实时监控，针对异常及时预警，并将其推送给责任人，督促责任人尽快整改。

## （六）以数据决策化管理提升企业组织效能

数字化转型平台实现了对公司所有生产系统和业务系统数据的采集、治理、存储，进而完成工业大数据的处理分析与挖掘，可以根据部门职责提出数据需求，包含人员、产量、能源、财务、库存、安全、环保等数据，经理层实时掌握企业生产运营信息，帮助各级管理人员做出精准决策，提高企业整体经营决策水平，真正实现企业数字化转型。企业决策管理开发逻辑如图2所示。

设备档案数字化是预防性检修的落脚点，"重视小缺陷、预防大故障"

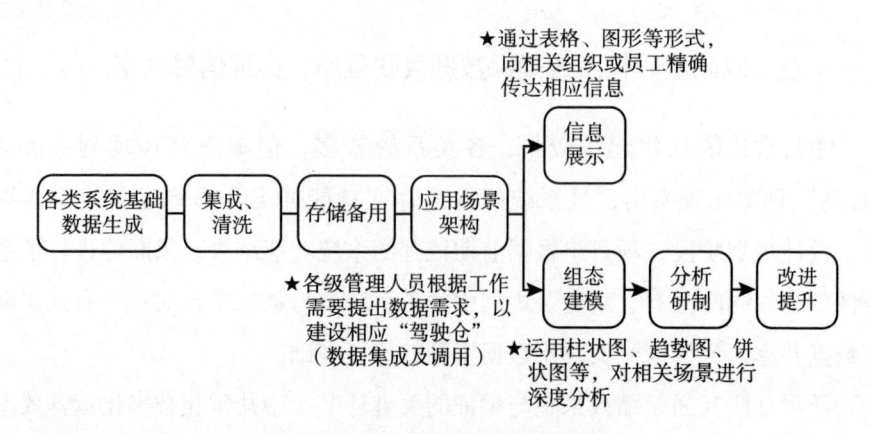

```
  ★通过表格、图形等形式，
    向相关组织或员工精确
    传达相应信息

各类系统基础    集成、    存储备用    应用场景        信息
数据生成        清洗                  架构            展示

                    ★各级管理人员根据工作        组态    分析    改进
                     需要提出数据需求，以         建模    研判    提升
                     建设相应"驾驶仓"
                     （数据集成及调用）    ★运用柱状图、趋势图、饼
                                          状图等，对相关场景进行
                                          深度分析
```

**图 2　中盐常化决策管理开发逻辑**

是预防性检修的出发点。要达到这一目标，必须对现有设备的运行情况了如指掌。但传统的纸质设备档案一方面容易遗失，无法迭代，无法记载最新的设备运转情况；另一方面过于依赖操作人员的技术水平，很难电子化，可流转，知识传承困难。实时更新的数字化设备档案是企业重要的无形资产，是管理人员做出生产经营决策、防范风险的重要依据。中盐常化数字化运营效率管理平台子系统——安全管理系统对生产装置和主要设备进行精细化管理，记录设备点位、固定资产编号、备品备件情况、巡检情况及各类静态和动态参数，最终可以实现系统自动判定检修计划，为安全生产奠定基础。

此外，介于计划管理系统和工业控制之间的面向车间层的管理系统制造执行系统（MES）可以帮助企业实现生产计划管理、生产过程控制、产品质量管理、车间库存管理和项目看板管理等。高级计划与排程（APS）：通过综合考虑产能、工装、设备、人力、班次、工作日志等硬性约束，在产能有限的条件下，实现柔性化生产产能的精确预测、计划排期等；通过将原氯碱发货PLC控制系统并入DCS系统，在已扩容过氧化氢发货DCS系统的基础上增加控制室、控制站、通信接口、桥架电缆和质量流量计、电磁流量计、储槽出口切断阀等仪器仪表及设备设施，实现氯碱产品、过氧化氢产品发货全过程自动化，减少人工干预，为无人值守发货做好基础工作；通过

"优质采"等平台,确保物资采购和服务购买过程公平、公正、公开,加大物资供应等重点领域的管控力度,实现事前审核、事中监控、事后跟踪,探索长效管理机制,真正落实计划、比价、定价、合同"四权分离"。

## 六 前景展望

中盐常化数字化转型第一阶段取得了丰硕成果,建成了以"绩效"计量为场景的全员绩效管理系统,包括全面预算管理系统、基于NFC卡的巡检巡查管理系统、全面质量管理系统、机器人巡检巡查及合规巡检系统、以设备档案为管理核心的支持特种作业的数字化作业票管理系统和设备维修计划、备品备件、润滑计划等管理系统的升级,以及能够实现基本量化指标、重点工作、工作标准、基础管理等关键指标自动采集及验证的绩效管理系统,实现了"绩效管理"的全场景展示与应用。

以全面预算财务闭环、业务闭环提升了企业的协同能力、风险控制能力和成本控制能力。与此同时,市场驾驭能力、风险防范能力都有不同程度的提高,企业在无形中悄悄发生着蜕变。

下一阶段,中盐常化将从管理人员维护平台建设、完善绩效指标库与分解体系、完善人力资源模块、完善营销与供应链管理模块、完善班组化建设的全场景展示、完善数据分析与决策等6个方面集中发力。一是全员参与,包括履职记录、业务场景数据化、数据业务化;二是经理层与中层管理人员率先垂范,充分发挥示范引领作用;三是开发方植入管理咨询,包括管理动作的解构、建构与业务场景数据化,数据分析决策动作的解构、建构与数据业务化等。

针对下一阶段的开发需求,中盐常化计划从以下几个方面着手。

一是进一步解放思想,先"破"后"立"。其中,"破"为非数字化业务,"立"为数字化业务。数字化转型本质是一种思维方式的转变,甚至是一种颠覆,是应对未来竞争的必由之路,认知水平的提升程度决定了企业在未来市场中的地位和竞争力。

二是数字化转型是自上而下、全面贯通的普适性、覆盖式工程，必须全员参与，涉及从经理层成员到中层管理人员再到基层操作人员的每个人。他们日常处理各类繁杂事务，对业务流程的痛点最为敏感。最终，数字化转型所要达到的目标是每个管理者都参与决策过程。

三是强化学习型组织建设。数字化转型的核心是管理场景全要素的数字化展现，是在解构当下的基础上进行的数字化重构。因此，与咨询团队学、与开发团队学、与同事学、相互学成为工作所需，所有人都要秉持空杯心态和自我革新的勇气。

四是统一思想，紧密配合。数字化转型的核心是管理场景全要素的数字化展现，是在解构基础上的全新建构。责任制部署、效率提升、激励算法是中盐常化数字化转型的核心。

五是破除"毕其功于一役"的思想，破釜沉舟，背水一战。强化业务引领，成立以经理层成员为班长的专班团队。

下一步，中盐常化将加快推动"智改数转"工作，并通过后续不断努力，将数字化转型平台打造成业界"互联网+"领域的灯塔，通过信息化、智能化技术促进企业管理水平不断提升。

# B.8
# 2022年中国双创发展及其对深圳双创的启示

李 桐*

**摘 要：** 2022年党的二十大胜利召开，国际发展环境日益恶化，在全面落实疫情要防住、经济要稳住、发展要安全的过程中，大众创业、万众创新取得了积极进展，在促就业、保民生方面发挥了极为重要的作用，数据显示，科技创新发展指数与地区经济发展水平高度相关，表明大众创业、万众创新在加快经济发展和促进就业等方面具有积极带动效应。本报告以2022年中国代表性城市的双创发展为样本，总结一年来大众创业、万众创新的发展进程和特点，结合深圳及粤港澳大湾区双创发展情况，探讨中国双创发展形势，提出合理化建议。

**关键词：** 双创 深圳 粤港澳大湾区

2022年是中国将鼓励大众创业、万众创新政策上升为国家战略的第8年，疫情防控取得决定性胜利，社会经济发展各领域都在逐步恢复，受疫情影响最严重的经济领域也在艰难中复苏。受2022年下半年国内多地局部疫情冲击的影响，全年国内生产总值增长3%，在全球主要经济体中增速较快，高于美国、日本、德国等主要经济体；全国工业增加值为40.2万亿元，

---

* 李桐，经济学博士，深圳大学中国经济特区研究中心教师，主要研究方向为经济特区发展与比较。

制造业增加值为33.5万亿元，全年全国规模以上工业增加值比上年增长3.6%，规模以上高新技术制造业增加值比上年增长7.4%，增速高于全国规模以上工业增加值3.8个百分点。全年服务业增加值同比增长2.3%。全年社会消费品零售总额接近44万亿元，比上年下降0.2%。全年固定资产投资572138亿元，比上年增长5.1%。全年货物进出口总额42万亿元，比上年增长7.7%。全年居民消费价格（CPI）比上年上涨2.0%。全年城镇新增就业人员1206万人，超额完成1100万人的全年预期目标任务。2022年底全国市场主体总量超过1.69亿户，其中企业超过5000万户，个体工商户突破1亿户，创新动能有效增强，创业带动就业趋势显著。

2023年3月5日，李克强在政府工作报告中总结国务院5年来的工作时，强调强化就业优先的政策导向，持续推进大众创业、万众创新，连续举办8届全国双创活动周，超过5.2亿人次参与，鼓励以创业带动就业，加强劳动者权益保护，新就业形态和灵活就业成为就业增收的重要渠道。3年多的疫情应对举措也充分体现了大力提倡双创对解决就业和发展民生的重要意义与积极作用。

本报告以2022年中国代表性城市的双创发展为样本，总结一年来大众创业、万众创新的发展进程，结合深圳双创发展实际，探讨中国双创发展形势，提出合理化建议。

## 一　2022年中国双创总体发展情况

2022年党的二十大胜利召开，为新时代中国经济高质量发展指明了方向。国际发展环境日益恶化，国内发展改革任务艰巨繁重，在全面落实疫情要防住、经济要稳住、发展要安全的过程中，大众创业、万众创新持续推进，取得积极进展，在促就业、保民生方面发挥了极为重要的作用，全年城镇新增就业人员1206万人，年末城镇调查失业率控制在5.5%，居民消费价格上涨2.0%，货物进出口总额增长7.7%，助力稳住了经济发展基本盘。国家利用税收杠杆的调节作用，在企业和个体工商户生产经营出现困难时加大纾困支持力度，全年增值税留抵退税超过2.4万亿元，新增减税降费超过1万亿元，缓税缓费7500多亿元。针对有效需求不足的矛盾多措并举扩投资、促消费、稳外贸，针对就业压力凸显，强化稳岗扩就业政策支持。

2022年9月，在全国大众创业、万众创新活动周启动仪式上，时任总理李克强充分肯定了连续8年开展大众创业、万众创新的积极作用，每年1300万城镇新增就业大部分是新增市场主体、初创企业增加的就业岗位，双创功不可没。双创的要义在"众"，三人成众，何况大众万众。人人都有创造力，双创就是要聚众智、汇众力，激发市场活力和社会创造力。双创遵循40多年改革开放总体思路，持续放开搞活、促进公平竞争，给人民群众经商办企业更多自由和便利。双创与"放管服"改革互促共进，培育壮大了市场主体，目前市场主体已达1.6亿户，比10年前增加近2倍，形成支撑我国市场经济的坚实基础。就业是最大的民生，就业稳是经济运行在合理区间的重要标志。创业带动了大量就业，创新成就众多创业。双创推动大中小企业融通发展，促进了新动能快速成长，新产业、新业态、新模式占经济总量的比重不断上升。双创契合科技创新网络化等特征，把千千万万"个脑"连成创造力强的"群脑"，提升了创新能力。实践证明，双创是创新创业观念和模式的变革，激励千万人起而行之，把亿万普通人的智慧汇集起来，在奋斗中创造财富，促进了社会纵向流动和公平正义。

（一）2022年中国双创发展总体情况

大众创业、万众创新政策实施8年来，各项制度逐步完善，高等院校作为人才培养重要基地已成为促进双创发展的智力支撑。2022年9月，教育部公布了首批国家级创新创业学院、创新创业教育实践基地建设名单，从高等教育制度设计上强化高校在大众创业、万众创新引领方面的地位和作用，首批共有170所本科院校和27所职业技术学院入选，旨在深化高等学校创新创业教育改革，加强创新创业人才培养，纵深推进大众创业、万众创新工作，引领带动创新创业教育质量整体提升。12月，工业和信息化部发布国家小型微型企业创业创新示范基地名单，全国共170个基地入选，它们将在发挥政府与小微企业桥梁作用、宣传落实相关政策、优化中小微企业创新创业环境等方面发挥示范带动作用，为中小微企业创新创业提供有力支撑，推动基地内中小企业发展。在加强示范基地建设和有利于双创制度建设的同时，大力支持科技创新已成为各地各行业的共识，《2022年中国城市科技创新指数报告》显示，在2022年中国城市科技创新综合指数排名前十的城市中，四大一线城市北京、深圳、上海和广州位居前四，长三角城市群的南京、杭州和苏州排第5名、第6名和第8名，长江中游城市群的武汉排第7名，京津冀城市群的天津排第9名，成渝城市群的成都排第10名。科技创新资源的头部城市主要分布在京津冀地区、长江经济带和粤港澳大湾区。从区域看，华北、华中、华东、华南、西南地区均有代表性城市入选，西北地区排名最靠前的城市西安排第11名，东北地区排名最靠前的城市沈阳排第18名。① 可以看出，西北地区和东北地区科技创新能力落后于全国平均水平，也体现了科技创新指数与地区经济发展程度呈高度正相关，经济发达地区的科技创新能力普遍较强，经济欠发达地区科技创新指数相对较低。北京在科技创新总量方面优势明显，深圳在知识产权建设方面表现卓越，上海在科技创新的各项指标上表现更为均衡。从城市群整体来看，各城市群都不同程度存在头部城市"一马当先"、两极分化现象较为明显的情形，无论是科技创新总量还是科技创新效率都尚未形成区域合力。同时区域差异显著，西安和沈阳分别作为西北地区和东北地区的中心城市，其科技创新综合指数仅排第11名和第20名，表明区域整体科技创新能力偏弱，这也与西北地区和东北地区经济发展水平整体落后于其他地区的情况相符。

受疫情影响，经济社会发展面临重大挑战，民生领域和就业问题成为社会关注的重点话题，在此背景下，"双创带动就业"的积极作用凸显，连续两年全国大众创业、万众创新活动周的主题都能充分体现这一特点，2021年双创活动周主题是"高质量创新创造，高水平创业就业"，2022年以"创新增动能，创业促就业"为主题，充分挖掘双创促进就业的潜力。2022年，

---

① 首都科技发展战略研究院课题组：《2022年中国城市科技创新指数报告》。

双创活动周以线上线下相结合的形式，共举办了1000场活动，全面回顾并展示近年来深入实施创新驱动发展战略，纵深推进大众创业、万众创新取得的新进展、新成就和新突破，继续发挥提升创新创业能力、拓展创新创业空间、培育创新创业氛围的积极作用。安徽合肥作为2022年双创活动周的主会场共设置了5个主题展区，全面展示全国创新创业的典型案例和取得的最新成果。合肥于2017年获批建设综合性国家科学中心，国家重大科技基础设施达12个，是全国重要的科技创新引领城市，作为2022年双创活动周主会场，创新创业高质量发展峰会、第十届中国创业投资行业峰会、"科创中国"新时代创业者说等众多精彩活动均在合肥举办。此外，作为长江经济带重要节点城市，为推动城市群产业要素资源流通，促进合作交流，合肥主会场还安排了长三角区域G60科创走廊青年创新发展主题活动、长三角文化创意经济论坛、欧美同学会海创中心现场会暨长三角海创论坛、长三角老字号创新发展线上论坛暨"重振老品牌续写新传奇"联展等一系列特色长三角峰会。作为安徽省落实大众创业、万众创新政策的重要活动已连续举办6届的"创响中国"安徽省创新创业大赛，累计评选出600个"双创之星"获奖项目，140余个外地项目落地安徽省，综合效果显著。

北京市坚持把国际科技创新中心建设作为构建新发展格局的首要工作，立足科技和人才优势，持续优化有利于双创的发展环境，充分释放创新创业活力，打造北京高质量发展的"创新名片"。北京市现有30家国家级双创示范基地，3万余家高新技术企业，超过100家"独角兽"企业，年新增参保创业单位6万余家，创造就业岗位33万个。

2022年，山西省公布了省级科技企业孵化器和省级众创空间认定名单，推动双创工作提档升级，建设了新型众创空间，促进全省高新技术产业做大做强。2022年双创活动周期间，山西省分会场通过举办论坛峰会、项目路演、双创培训等活动，聚集高校毕业生等重点群体，搭建沟通桥梁，引导社会资源加速创新创业项目发展，推动双创成果向现实生产力转化，助推实现更充分更高质量的就业。

2022年，云南省通过发放创业担保贷款的形式带动就业创业，持续推动大众创业、万众创新工作，全年新增91个省级创新创业平台，对大学生、农民工、返乡人员、退役军人等重点群体给予政策支持，开展存量创新创业平台提质行动，同时制定面向双创企业的税费优惠政策，开展重点主题创业培训活动，落实中小微企业纾困发展以奖代补资金4.94亿元，累计发放知识产权质押融资贷款2.86亿元。

青年作为大众创业、万众创新的主力军，在落实国家政策，促进双创高质量发展方面起到重要作用。根据《中国青年创业发展报告（2022）》，专科及以上学历的青年创业者占比超九成，近七成青年创业者启动资金低于10万元，多数来源于个人或家庭积蓄、亲友借贷，首次创业人数占七成以上，31岁及以上青年创业者半数有二次及以上创业经历，超过九成青年创业者选择个人独资、合伙创业形式，家庭创业占比较小，创业资金、社会资源和知识储备是青年创业面临的三大困难，创业税收优惠政策和简化行政审批手续是青年创业者的两大诉求，超半数大学生创业者参加过创业大赛，具备一些初步的创业理论知识。[①] 报告建议在要素市场化改革、市场资源配置方面为青年创新创业提供良好的环境。

### （二）2022年深圳市及粤港澳大湾区双创发展情况

深圳市作为全国创业密度第一的城市，创新创业动力较强，深圳市南山区自2016年被认定为全国首批双创示范基地以来，已两次获国务院督查激励，目前辖区内国家级高新技术企业数量超过4300家，上市公司达196家，专精特新"小巨人"企业近80家。目前，深圳市拥有7家国家级双创示范基地、2家省级双创示范基地和17家市级双创示范基地，各类创新载体有2700多家，拥有科技企业孵化载体570家，已孵化企业8333家，在孵化企业6996家，带动就业总人数达20.27万人。在深圳市中小企业服务局公布的《2022年深圳市专精特新中小企业名单》中，共有4818家企业符合认定标准，其中深圳市宝安区位列第一，也是全国区县级拥有"专精特新"中

---

① 中国青年创业就业基金会：《中国青年创业发展报告（2022）》。

小企业数量最多的区，充分体现了深圳市具有的创新创业活力和巨大的发展潜力。作为首个国家创新型城市和国家自主创新示范区，深圳市多年来坚持把创新作为城市发展主战略，"创新之都"建设已取得积极成效。在有利于创新创业的体制机制建设方面，深圳市始终走在全国前列，经过多年的沉淀积累，创新成果不断涌现，自大众创业、万众创新战略实施以来，深圳市的创新创业氛围活跃了起来。2022年8月，广东"众创杯"创新创业大赛正式启动，大赛围绕以赛助创、以赛聚才理念，集展示交流、资源对接、政策落实、服务落地四大功能于一体，是极具影响力的双创赛事标杆平台。大赛设科技海归领航赛、大学生启航赛、技能工匠争先赛、残疾人公益赛、大众创业创富赛、乡村振兴专题赛6个单项赛事，打造开放式的湾区创新生态，全力支持海内外人才到广东创新创业。历时4个月的比赛最终决出各类奖项134项，参赛项目共2.2万个，参赛人数超12万人。对于符合条件的创业项目，可享受培训、宣传、创业场地、创业融资等方面的支持，大赛还配套了赛后跟踪、落地孵化、投融资对接和成果转化等服务，有力驱动参赛创业者在粤港澳大湾区落地生根、开花结果。

在粤港澳大湾区建设推动下，越来越多港澳青年北上，湾区成为他们实现创业梦想的最佳选择。广东省9市建成系列双创基地55家，为港澳青年提供集交流、培育、实训、孵化功能于一体的服务平台，广东省现有12家重点建设的港澳青年创新创业基地投入运营。2022年4月，广东省人社厅、财政厅、税务局、港澳办四部门联合出台《支持港澳青年在粤港澳大湾区就业创业的实施细则》，对港澳青年在大湾区就业创业可以享受的扶持政策进行了全面梳理。12月，为支持港澳青年就业和创新创业，更好融入粤港澳大湾区发展，粤港澳三地以视频方式首次共同举办港澳青年粤港澳大湾区就业创新创业推进会，正式发布第二批粤港、粤澳青年创新创业基地名单，并面向港澳青年宣传解读就业创业"政策包"。粤港澳大湾区（广东）创新创业孵化基地、南沙粤港澳（国际）青年创新工场、广州科学城粤港澳青年创新创业基地、羊城创意产业园、佛山港澳青年创业孵化基地、东莞滨海湾创新创业基地、惠州仲恺港澳青年创业基地、肇庆新区港澳青年创新创业基地共8家粤港青年创新创业基地，以及粤港澳大湾区（广东）创新创业孵化基地、中国（江门、增城）"侨梦苑"华侨华人创新创业集聚区、中山粤港澳青年创新创业合作平台3家粤澳青年创新创业基地。目前，广东已基本建成以粤港澳大湾区（广东）创新创业孵化基地为龙头的"1+12+N"体系，粤港共建18家青年创新创业基地，粤澳共建5家青年创新创业基地，吸引了大批港澳青年来粤发展，实现创新创业梦想。广东省现有国家级高新技术企业超5.3万家，各类市场主体超1400万户，区域创新综合能力连续4年排名全国第一。

广东省委十三届二次全会提出要深化粤港澳合作，高水平谋划推进新阶段粤港澳大湾区建设，统筹推进粤港澳大湾区、深圳先行示范区和横琴、前海、南沙三大平台等重大战略落地落实，携手港澳加快建设国际一流湾区和世界级城市群。2022年，《广州南沙深化面向世界的粤港澳全面合作总体方案》正式发布，推出了支持港澳青年发展"新十条"，大力扶持港澳青年来南沙就业、创业、发展。9月，广州南沙区搭建的"湾区启梦港"支持港澳青年发展全方位一站式服务平台正式运营，开展特色品牌活动，提供贴心综合服务，全力助力港澳青年融入国家发展大局，共有153个港澳青年社团、商协会、行业协会、重点院校达成战略合作，吸引超过5.2万名港澳青年在南沙交流，吸纳超过1800名港澳青年入驻南沙完成实习，促成15名港澳青年成功就业，推动15名港澳青年担任公职，集聚292个港澳台青创团队（企业）入驻。特别是在创新创业方面，打造了以创享湾为龙头，以粤港澳（国际）青年创新工场、"创汇谷"粤港澳青年文创社区为核心的港澳青年创新创业基地矩阵，推出"湾区启梦港"港澳青年创新创业大礼包，助力港澳青创团队落户无障碍、无负担。同时强化基地联动，广泛开展2022年"湾区创未来"港澳青年创新创业故事分享会等各类创新创业活动。2022年5月，广州科技创新创业大赛暨港澳台创新创业大赛正式启动，作为以双创为核心的国家级赛事，在激发双创活力、发掘双创潜能、对接双创项目等方面，取得了显著的社会效益和经济效益。本届赛事首次搭建标准化全流程赛事服务体系，发布"创新创业大赛管理规范"，面向港澳台地区首次推出

"港澳台赛"专区，对接港澳台科技创新资源，强化区域合作，助推港澳台优质项目在穗孵化落地，进一步激发粤港澳台各类创新主体活力，建设开放互通、布局合理的区域创新体系。2022年7月，第六届"创客广东"粤港澳大湾区港澳台中小企业创新创业大赛决赛在深圳举办，广大港澳台企业家和创业者通过线上路演和直播方式参与。深圳前海已成为新时代重要的制度创新策源地，2023年4月，广东省政府正式发布了首批20个粤港澳大湾区规则衔接机制对接典型案例，前海已累计推出制度创新成果765项，"粤港澳跨境领用报告标准互认"等8项案例已在前海落地并取得成效。同时，深圳作为拥有立法权的经济特区通过高质量立法为创新发展保驾护航，许多先行先试的领域通过地方立法在深圳得以高效开展，并为其他层面立法实施提供试验田，为企业打造一个开放包容的市场运行机制和有利于创新创业的市场发展环境。

截至2022年底，科技部共支持103个城市（区）建设国家创新型城市，在创新型国家建设中发挥重要作用。2023年3月，科技部中国科技信息研究所发布了《国家创新型城市创新能力评价报告2022》，在对纳入统计的97个地级和副省级国家创新型城市的创新能力分析评价中，深圳连续4年排名第一，广州排名第四，对粤港澳大湾区整体双创发展发挥引领作用。在工业和信息化部公布的《2022年度国家小型微型企业创业创新示范基地名单》中，广东共有9家企业和园区入选，其中深圳4家、广州2家、佛山2家、江门1家。在此基础上，深圳评选了12家产业园区作为市级创业创新示范基地加以扶持，促进双创向纵深领域推进。

## 二 双创发展面临的问题及挑战

国家支持大众创业、万众创新政策上升为国家战略已实施8年，已从最初一哄而上逐步发展成有法可依、循序渐进的创新创业产业链，与之相匹配的相关制度不断推出和完善，产业链上的相关行业也得以快速发展，各地创新创业平台与有利于双创的市场化体系建设逐步成熟，这也丰富和发展了中

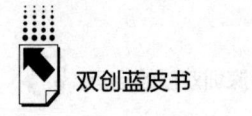

国特色社会主义市场经济体系的理论，以"互联网+"为依托，创业已不再局限于建立实体经济这一单一模式，创新也不再局限于传统意义上的技术进步，这些新经济要素的不断涌现既为中国特色社会主义市场经济理论体系创新增添了生机与活力，也给市场监管领域带来了新的问题，双创在发展过程中面临许多不可回避的问题与挑战。

第一，在制度设计方面，创新型国家目标已提出，但与之相关的制度设计，特别是顶层制度设计尚未形成，科技创新的地位不断强化，但其他方式的创新提的较少，比如，管理创新和制度创新等，与全要素和全市场体系的创新相比还有不小差距。在加强自主创新的同时，更应着眼于国际市场，通过国际合作实现自主创新与可控的国际合作创新相结合，达到事半功倍的效果。

第二，创新的前瞻性不足，技术储备和实现模式与产业需求不一致，导致一些双创平台和众创空间在帮扶政策退出后，企业应对市场竞争能力不足，"短期公司"情况并不少见，道德风险与宽容失败的尺度难以把握，既不利于双创的可持续发展，也浪费了公共资源。

第三，初创企业孵化成功率整体不高，双创服务平台运营模式仍以政府扶持为主，市场化率偏低。双创服务平台在企业成立之初给予的支持仍以提供办公场地、减免租金和税费等为主，在软环境和技术服务方面的支持较为欠缺，比如，融资、培训、资源对接等企业发展方面的扶持。对此，深圳市于2020年出台了《深圳市重点产业链"链长制"工作方案》，实施效果较为显著，两年来这一创新产业发展制度逐步被其他地区采纳，在"延链、强链、补链"方面起到了积极作用。

第四，知识产权和专利转化为现实生产力渠道尚不畅通，国家和省级地方政府近些年已逐步加大对这一领域的支持力度，许多高校和科研院所都成立了专利转化专项负责中心，但由于研究主体不参与市场竞争等局限性，知识产权转化仍有不少问题亟待解决，包括科研活动本身是否有市场等源头问题。

## 三 对策建议

随着2022年底疫情趋于平稳，各项社会活动回归正常，大众创业、万众创新的活力快速恢复。无论是创业还是创新都不是一蹴而就的短期工作，而是机遇与挑战并存的高风险事业。政府和社会各界在面对双创时，在鼓励与宽容之间要力求做到平衡，既不能浪费过多资源，又要对失败的创新创业项目给予应有的包容和客观评价。国家大力提倡大众创业、万众创新，除了技术进步、解决就业、产业转型升级这些重要因素外，一个更具普遍意义的作用就是普通劳动者在参与创新创业的过程中，得以了解创办企业或创新过程需要具备什么条件，个人、政府、社会资本需要如何协调运作，进而体会到创新创业过程的艰难以及取得成功后的喜悦。千千万万个实体经济不断发展壮大，企业创新发展在国民经济和民生领域的重要作用越发凸显。从更深远层面讲，即使创业失败，没有达到预期效果，在以后的工作中也能充分了解管理者与劳动者各自的角色和作用，在和谐劳动关系和企业命运共同体构建方面也具有积极意义。因此，政府鼓励和引导守正创新的初衷必须一以贯之，建立从基础研究、应用研究到不同行业间的协同创新研究的创新市场体系，营造全社会创新氛围，进而形成以需求为导向的创新创业市场。

第一，让创业者和企业家在参与国有企业和国家重大科技项目过程中真正感受到同等地位。在建设创新型国家目标下，制定更为细化的国家层面的制度体系，将以市场需求为导向的创新驱动发展战略作为顶层设计，同时将量化的创新发展指数纳入各级领导干部考核体系。

第二，加强区域间双创资源流动与产业链衔接，在"卡脖子"重点领域突破地区限制，在重点领域产业链重塑过程中遵循自主可控原则，向民营高科技初创企业开放，允许其公平参与以需求为导向的技术创新。

第三，继续加大知识产权转化力度，通过放宽政策和市场机制引导，将有可能具有市场推广价值的知识产权成果进行消化吸收，将收益分配向一线科研人员倾斜，激发知识产权转化的积极性。

第四，探索科技园区和众创平台的市场化运营机制，逐步摆脱政府对双创服务平台的直接管理，真正将其推向市场，运用市场化机制解决政府搭建平台后的运维问题。

**参考文献**

首都科技发展战略研究院课题组：《2022年中国城市科技创新指数报告》。
中国青年创业就业基金会：《中国青年创业发展报告（2022）》。

# B.9
# 广东省高等教育发展分析

罗一峰*

**摘　要：** 高等教育的发展是我国建设科技强国，推动可持续发展的重要基础。在国际形势错综复杂的当前，高等教育肩负着促进科技和文化发展，培养一支全面的、适应当今社会的人才队伍，以及提高社会福利水平的重要责任。在这一背景下，广东省当前正大力推广产教结合，鼓励高校联盟的合作交流，以此推动高等教育的全面发展。未来，广东省可在以下几个方面继续努力，进一步发展高等教育：教育资源配置的优化、教育科技的应用、师生心理健康的教育、管理和评估体制的完善以及可持续发展和社会责任教育。

**关键词：** 高等教育　人力资本　教育科技

## 一　我国高等教育发展概况

高等教育指在完成中等教育的基础上进行的专业教育和职业教育，是培养高级专门人才和职业人员的主要社会活动。自1999年教育部出台《面向21世纪教育振兴行动计划》以来，我国高等院校数量及入学人数快速增长。如图1所示，我国高等学校数量从1999年开始高速增长，在2008年前后增速放缓并持续平稳增长。根据教育部的数据，截至2022年，我国共有高等学校3013所，其中普通高等学校2759所，含本科院校1270所、高职（专

---

\* 罗一峰，教育经济学博士，深圳大学中国经济特区研究中心助理教授，主要研究方向为劳动经济学、教育经济学、产业经济学。

科）院校1489所；成人高等学校254所。目前，我国已建成世界规模最大的高等教育体系。

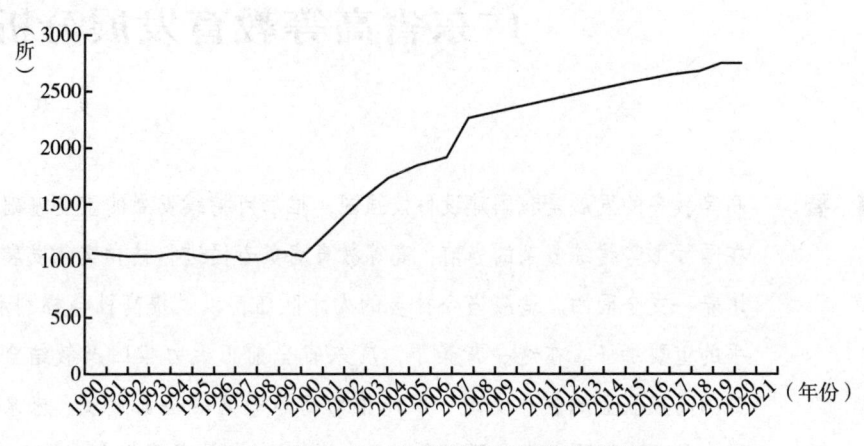

**图1　1990~2021年我国普通高等学校数量**

2022年，我国高等教育毛入学率已达59.6%，这意味着高等教育进入普及化阶段。根据2023年3月的数据，我国各种形式的高等教育在学总人数已超过4655万人。如图2所示，我国本专科在校学生数近20年一直稳步增长，增速在2019年前后有所提高。同时，在校研究生数量也逐年增加。近年来，我国企业和学生对研究生学历的需求也越来越高。

"211""985"工程和"双一流"建设计划使得中国高等教育整体水平进入世界第一方阵。自疫情以来，我国慕课蓬勃发展。截至2022年2月底，我国上线慕课数量超5.25万门，注册用户达3.7亿人，已有超过3.3亿在校大学生获得慕课学分。这些新时代的变化形成了慕课与在线教育发展的中国范式。

截至2022年，全国共有高等教育专任教师197.78万人。其中，普通本科学校有专任教师131.58万人，本科层次职业学校有2.78万人，高职（专科）学校有61.95万人，成人高等学校有1.47万人。在普通高校中，近年来教师学位层次不断提高。2020年，在普通高校教师中，具有研究生学历的教师占比为75.80%，这一比例在2022年已提高至78.54%。我国

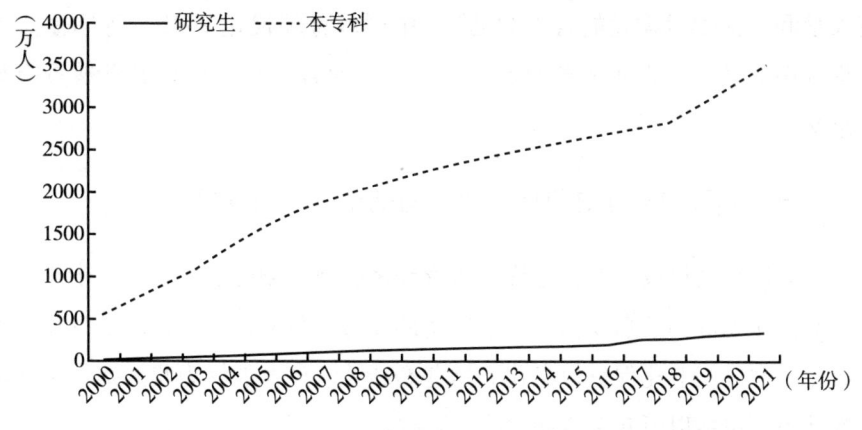

图 2 2000~2021 年我国本专科与研究生在校学生数量

高等学校师生比略高于教育水平较高的其他国家：2020 年，我国普通高等学校师生比为 18.4∶1，其中本科院校约为 17.5∶1，高职（专科）院校为 20.3∶1。相比而言，2019 年美国高等学校师生比约为 16∶1，日本约为 12∶1，新加坡约为 16∶1，英国约为 17∶1。

与此同时，国家对高等教育的投入持续加大，2020 年国家高等教育经费达 1.39 万亿元，占教育总投入的 26.4%。我国高校的经费来源主要包括 5 个：中央财政拨款、地方财政拨款、学费收入、科研经费和捐赠款项。其中，中央财政拨款与地方财政拨款合计约占总经费的 70%。

## 二 发展高等教育在新时代的意义

2023 年是我国全面贯彻落实党的二十大精神的开局之年。在完成脱贫攻坚、全面建成小康社会的历史任务之后，如何高质量发展是全面建设社会主义现代化国家的首要任务。在国际形势错综复杂的当前，培养一支高素质、高水平、全面发展的人才队伍，是保障国家平稳安定、社会经济健康可持续发展的重要因素之一。高等教育作为培养新时代人才的载体，肩负着顺应时代要求、培养适应时代发展创新性人才的重要使命。近年来，《统筹推进世界一流大学和一流学科建设总体方案》《关于深入推进世界一流大学和一流学科建设的若干意见》《中国教育现代化2035》等国家文件均提及高等教育对人才培养的重要性。具体而言，高等教育的发展具有如下意义。

### （一）高等教育促进科技进步，有助于社会高速发展

大力进行高科技生产，是许多国家经济腾飞的制胜法宝。近几十年，许多国家依靠先进的信息技术促进了经济的发展。目前，我国正以信息化带动工业化，并以工业化促进信息化。这些高新技术产业能够为我国提供全面的发展动力，包括以下几个方面。

1. 生产效率的提高

先进技术和设备的研发有助于提高生产效率，降低生产成本，并提高企业竞争力。

2. 更多的就业机会，从而改善民生，提高生活水平

3. 更强的国际竞争力

高新技术产业是国际竞争的重要领域，对我国在全球市场的地位具有重要影响。强大的高新技术产业能够帮助我国吸引外国投资和开展技术合作，从而提高国家整体竞争力。

4. 产业升级和结构优化

高新技术产业能够推动传统产业进行技术改造和产品升级，有助于提高整体经济的附加值。

5. 改善环境和提高资源使用效率

6. 通过研发和技术创新提供新的创新驱动力，推动经济持续增长，并为其他产业提供技术支持

高等教育为科技进步提供必要的创新与研发平台，同时，高等教育机构常常是研究和创新的发源地。新技术和创新产品已被证明能够为经济发展提供源源不断的创新动力。这种创新对提高生产率、降低成本并最终推动科技进步具有重要意义。因此，高等教育体系是重要的科技进步摇篮，也是创新之路的领军力量。近年来，国家越来越重视科研与社会需要的结合，越来越

多的研究成果转化为生产技术，为新产业的形成和已有产业的升级奠定重要的技术基础。更重要的是，高等教育越来越重视学生的创新创业能力，越来越多的大学生从就业型人才转变为创业型人才，高等教育既提供了新的岗位机会，减少了社会就业压力，也为新兴产业提供了源源不断的活力。因此，高等教育培养了创业精神，通过鼓励学生开展创业活动，推动经济增长。最后，高等院校也通过技术咨询、服务、专利、技术转让及兴办新企业等方式让科学技术通过不同的形式为生产力的提高服务。

### （二）高等教育有助于促进社会文化建设

随着我国经济发展，人民群众的精神文化需求也越来越丰富。如何创造出先进、健康的社会主义文化，发展繁荣的社会主义文化事业是党和国家关注的热点问题之一。而高等教育具有深厚的文化底蕴、良好的学习氛围和价值取向，它的存在以及其毕业生的影响将对社会产生较强的辐射作用。高等教育所强调的深层次的精神文化对社会的影响不是短期的、区域性的，而是深刻的、广泛而久远的，对社会繁荣稳定的发展有无可替代的作用。不同于偶发性的文化，高等教育与社会之间存在一种稳定、长期的交流与共同进步的关系，因此对社会文化持续地产生深刻的影响。在许多国家，高等教育发挥着社会文化创造中心的作用。因此，高等教育的发展对社会的和谐稳定起着重要的作用。

### （三）高等教育为社会发展提供人力资源

当代社会，知识与技术是第一生产力，是经济发展的决定性因素。高等教育不仅能够提高劳动者的技能和知识水平，使大学生更具生产力，让劳动者能够胜任技术水平、附加值更高的工作，近年来，高等教育更朝着为社会提供技能丰富、创新型劳动力的方向前进。这为企业提供了专业化的人才，有助于企业更好地应对市场需求、竞争和变化。因此，高等教育在培养社会发展需要的人才，提高整体经济水平上发挥着重要作用。更重要的是，高等教育在构建终身教育体系，开展继续教育，营造学习型社会、学习型区域、

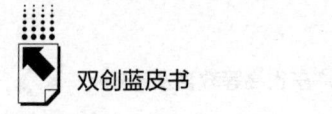

学习型城市等方面起着重要的推动作用。终身教育思想对新知识的创造和社会创新有重要的作用，也对学习型社会的构建与传承有着重要意义。这些因素决定了高等教育在人力资本创造和提高上的地位无可替代。

### （四）高等教育是可持续发展的重要动力

世界环境与发展委员会在《我们共同的未来》中，将"可持续发展"定义为："能满足当代人的需要，又不对后代人满足其需要的能力构成危害的发展。"在我国，可持续发展是科学发展观的基本要求之一，也是我国在经济、社会、环境等方面的重要考量指标。我国人均资源相对不足，就业压力较大，生态环境问题逐渐浮出水面。因此，近年来可持续发展受到越来越多的关注。在首届可持续发展论坛中，习近平强调"中国秉持创新、协调、绿色、开放、共享的发展理念，推动中国经济高质量发展，全面深入落实2030年可持续发展议程"。如何推动可持续发展，是我国亟须回答的问题。

作为人才培养的摇篮，高等教育的发展是可持续发展的重要组成部分，更是影响可持续发展战略实施的关键因素。高等教育培养可持续发展所需的专业人才、管理人才和合格公民。只有培养出具有可持续发展理念的人才，并通过高等教育体系的辐射能力，将可持续发展思想更深、更广地传播到社会中，使得人才具备投身可持续发展的知识和能力，才能更好地推动社会的可持续发展。同时，高等教育本身带有提高人力资本、提供教育机会的属性，这也为社会可持续发展奠定了文化基础。

此外，高等教育还能带来技术扩散。高等教育不仅培养了技能丰富的劳动力，而且通过研究、教学和合作项目等，帮助技术传播和扩散。这使新技术能够在更广泛的领域得到应用，从而进一步提高整体生产效率。

### （五）高等教育有利于提高社会福利水平

不同于许多西方高等教育筛选体系，我国的高考制度为低收入家庭提供了相对公平的竞争环境。高等教育能显著提高个体的收入水平和生活质量，这种作用对于低收入家庭而言尤为显著。因此，高等教育对减少贫困、缩小收入差距具有积极作用。另外，受过高等教育的人有更强的意愿参与社会活动，为社会的稳定和发展做出贡献。

（六）高等教育的发展是吸引人才的必要条件

近年来，我国越来越重视高精尖人才的作用。政府制定了一系列优惠政策，旨在吸引国内外顶尖人才。这些政策包括减税、优惠贷款、住房补贴等。同时，我国在持续深化改革，破除制度性障碍，为人才发展提供更广阔的空间。长期而言，这些政策需要高等教育进一步发展来巩固人才引进的成果。例如，许多高精尖人才在高等教育机构任职，这就要求我们改革科研项目评审机制，提高科研经费的使用效率，并进一步支持高等院校与企业合作进行研发创新。此外，对子女教育的关注也使得当地高等教育水平成为人才能否长期留任发展的重要因素之一。

## 三　广东省高等教育现状分析

（一）广东省高等教育概况

截至2021年9月30日，广东省普通高等学校共160所，其中本科院校有66所，专科院校有94所。这里面包括中山大学、华南理工大学等知名高校。得益于省内良好的经济状况，广东省内高等学校有丰富的教育资源，如先进的实验室、图书馆、体育场馆等。

作为我国经济最为发达的地区之一，广东省许多高校与产业紧密结合，为学生提供了宝贵的实习和就业机会，使他们更快捷地接触产业界的先进技术和实践经验。这些实践教学不仅发生于实验室，也发生于实习基地、校外实践基地等。这些经验能够大力增强学生的实践能力和就业竞争力。

广东省的高等学校数量在全国位居前列。但如表1所示，尽管省内高等学校数量在全国位居前列，但人均高等学校数量远远落后于全国平均水平。

造成这一现象的主要原因是广东省庞大的人口基数。然而，人口数量同样庞大的山东省、江苏省、河南省、河北省及四川省，每百万人高等学校数量均在 1.6 所左右，有的甚至接近 2 所。因此，广东省的高等教育现状有极大的改善空间。

表1 全国31个省（区、市）高等学校数量及每百万人高等学校数量

单位：所，万人

| 省(区、市) | 高等学校数量 | 人口 | 每百万人高等学校数量 |
| --- | --- | --- | --- |
| 北京市 | 92 | 2189 | 4.20 |
| 天津市 | 56 | 1373 | 4.08 |
| 河北省 | 124 | 7448 | 1.66 |
| 山西省 | 82 | 3480 | 2.36 |
| 内蒙古自治区 | 54 | 2400 | 2.25 |
| 辽宁省 | 114 | 4229 | 2.70 |
| 吉林省 | 66 | 2375 | 2.78 |
| 黑龙江省 | 78 | 3125 | 2.50 |
| 上海市 | 64 | 2489 | 2.57 |
| 江苏省 | 168 | 8505 | 1.98 |
| 浙江省 | 109 | 6540 | 1.67 |
| 安徽省 | 121 | 6113 | 1.98 |
| 福建省 | 89 | 4187 | 2.13 |
| 江西省 | 106 | 4517 | 2.35 |
| 山东省 | 153 | 10170 | 1.50 |
| 河南省 | 156 | 9883 | 1.58 |
| 湖北省 | 130 | 5830 | 2.23 |
| 湖南省 | 130 | 6622 | 1.96 |
| 广东省 | 160 | 12684 | 1.26 |
| 广西壮族自治区 | 85 | 5037 | 1.69 |
| 海南省 | 21 | 1020 | 2.06 |
| 重庆市 | 70 | 3212 | 2.18 |
| 四川省 | 134 | 8372 | 1.60 |
| 贵州省 | 75 | 3852 | 1.95 |
| 云南省 | 82 | 4690 | 1.75 |

续表

| 省（区、市） | 高等学校数量 | 人口 | 每百万人高等学校数量 |
|---|---|---|---|
| 西藏自治区 | 7 | 366 | 1.91 |
| 陕西省 | 97 | 3954 | 2.45 |
| 甘肃省 | 49 | 2490 | 1.97 |
| 青海省 | 12 | 594 | 2.02 |
| 宁夏回族自治区 | 20 | 725 | 2.76 |
| 新疆维吾尔自治区 | 55 | 2589 | 2.12 |

注：人口数据为2021年末的常住人口数量。
资料来源：2022年《中国统计年鉴》。

近年来，广东省乃至国家层面已意识到省内高等教育资源匮乏的现状。国务院印发的《珠三角规划纲要》指出，"支持大湾区建设国际教育示范区，引进世界知名大学和特色学院，推进世界一流大学和一流学科建设"，"充分发挥粤港澳高校联盟的作用，鼓励三地高校探索开展相互承认特定课程学分、实施更灵活的交换生安排、科研成果分享转化等方面的合作交流"，及"支持粤港澳高校合作办学，鼓励联合共建优势学科、实验室和研究中心"等。这些指导方针不仅肯定了广东省通过寻求合作等多种途径增加高等教育机构数量的措施，同时鼓励了广东省高等教育做全国的"排头兵"，探索高等教育机构间更深层次交流的途径。

### （二）市级高等教育概况——以深圳市为例

根据深圳市教育局公开信息，若将研究生院及医学院、研究院等计入，深圳市目前共有高等院校18所。然而，这18所院校中有相当大的一部分为研究生院。深圳市的高等学校数量相对较少，且大部分是新建高等学校，教育资源仍处于相对匮乏的状态，拥有极大的进步空间，以满足深圳市对高科技人才的需求。

如表2所示，从高等学校总数及人均高等学校数量来看，深圳市远远落后于国内其他大规模城市。同处于高校资源较为匮乏的广东省，广州市的每百万人高等学校数量高达5.86所，而深圳市这一数据不到广州市的25%。

北京、天津、杭州等人口数量较多的城市，每百万人高等学校数量也达到4所以上。因此，深圳市高等学校数量较少的问题亟须解决。

表2 部分城市高等学校数量及每百万人高等学校数量

单位：所，万人

| 地区 | 高等学校数量 | 人口 | 每百万人高等学校数量 |
| --- | --- | --- | --- |
| 北京市 | 92 | 2200 | 4.20 |
| 天津市 | 56 | 1400 | 4.08 |
| 上海市 | 64 | 2400 | 2.57 |
| 重庆市 | 70 | 3100 | 2.26 |
| 广州市 | 82 | 1400 | 5.86 |
| 深圳市 | 18 | 1300 | 1.38 |
| 杭州市 | 47 | 1000 | 4.70 |
| 成都市 | 58 | 1700 | 3.41 |

深圳市已充分注意到高等教育的重要性，并在城市规划中指明其发展前景。在《深圳市国民经济和社会发展第十四个五年规划和二〇三五年远景目标纲要》（以下简称《纲要》）中，深圳市拟将3~5所高等学校的综合排名提高至全国前50名，并拟建成2~3所具有世界一流水平的职业学校。

具体而言，深圳市拟重点支持深圳大学和南方科技大学进入国家"双一流"行列，并支持哈尔滨工业大学（深圳）、清华大学深圳国际研究生院、北京大学深圳研究生院、香港中文大学（深圳）、深圳北理莫斯科大学等院校进入省内高水平大学建设行列。同时，深圳市拟加快建成高端应用技术型人才培养基地，如深圳技术大学。此外，深圳市还将实施学科专业强链补链计划，加快新工科、新医科、新文科建设，并培育新兴学科和交叉学科。表3列举了深圳市已有的以及正在筹建的主要大学。

与粤港澳大湾区整体规划一致，深圳市同样鼓励高校探索弹性学制，加强校际学分互认与转化实践，制定个性化培养方案和学业生涯规划，倡导启发式、探究式、讨论式、体验式教学，培养学生独立思考、自由探索、创新创造能力。更重要的是，深圳市十分强调中青年骨干教师的培养及博士后师资战略储备。作为一座年轻的城市，高等学校对青年师资力量的重视是追赶世界领先水平高等学校的有效方法。

此外，深圳市正不断加快产教融合试点城市建设，探索更适应市场需求的职业教育办学模式。通过"引企入教"改革，高等学校与企业能够"双元"育人，使得订单式人才培养成为可能。在《纲要》中，深圳市还指出将鼓励龙头领军企业参与职业教育，组建产教融合联盟，使学校教师到企业实践和企业成员到学校任教常态化，并在2025年培育100家以上产教融合型试点企业。这一试验将对我国更广泛地推广产教融合，解决全国性技术人才需求大于供给的问题起到关键作用。

表3 深圳市主要高等院校

| 大学名称（排名不分先后） | 大学性质 | 备注 |
| --- | --- | --- |
| 深圳大学 | 市属本科 | |
| 南方科技大学 | 市属本科 | |
| 深圳技术大学 | 市属本科 | |
| 香港中文大学（深圳） | 本科 | 内地与港澳台地区合作办学 |
| 深圳北理莫斯科大学 | 本科 | 中外合作办学 |
| 中山大学深圳校区 | 中央部署 | |
| 深圳职业技术学院 | 专科 | |
| 深圳信息职业技术学院 | 专科 | |
| 广东新安职业技术学院 | 专科 | 民办 |
| 哈尔滨工业大学（深圳） | 中央部署 | |
| 北京大学深圳研究生院 | 中央部署 | |
| 清华大学深圳国际研究生院 | 中央部署 | |
| 深圳开放大学 | 成人高校 | |
| 中国科学院深圳理工大学 | 市属本科 | 筹办中 |
| 深圳海洋大学 | 市属本科 | 筹办中 |
| 深圳创新创意设计学院 | 市属本科 | 筹办中 |
| 深圳音乐学院 | 市属本科 | 筹办中 |
| 深圳师范大学 | 市属本科 | 筹办中 |
| 香港大学深圳校区 | 本科 | 筹办中 |
| 天津大学佐治亚理工深圳学院 | 本科 | 中外合作办学 |
| 电子科技大学（深圳）高等研究院 | 中央部署 | |
| 暨南大学深圳校区 | 中央部署 | |

## 四 广东省高等教育发展面临的机遇与挑战

当今世界正经历百年未有之大变局。近年来，经济全球化遭遇逆流，保护主义、单边主义抬头，俄乌冲突让世界的恐慌情绪蔓延。世界经济低迷也带来了国际经济、科技、文化、安全、政治等格局的深刻调整。在当前局势下，培养一支高水平的、适应当代社会变局的人才队伍显得尤其重要。变局也给高等教育体系的调整与发展带来了新的机遇与挑战。具体而言，我国高等教育体系在如下方面值得关注。

### （一）完善教育资源配置机制

我国强调教育兴国，而合理地配置有限的教育资源是提高教育水平的重要途径。目前，我国高等教育资源配置在如下方面仍有提高空间。

#### 1. 城乡差距较大，并有持续扩大的趋势

地方性高等学校在基础设施、经费、生源上均与经济较发达地区的高等学校有显著差距。近年来，经济较发达地区的高等学校高考录取分数快速提高。将更多的教育资源投入欠发达地区、并鼓励人才在欠发达地区的高等学校就职，将有助于改善这种不平等的状况。与此同时，较发达地区（如北京、粤港澳、苏浙沪）的高等学校在培养大学生时，可以适当加强学生对我国城乡差距的理解，以吸引更多人才加入缩小城乡差距的队伍。

#### 2. 校际师资力量悬殊

近年来，我国大力吸引人才到高等学校任教，多年来培养了一批青年骨干力量加入头部高等学校。然而，对于非头部及欠发达地区的高等学校而言，人才稀缺的问题依然存在。我国仍需继续加大对高等学校教师的培训力度，提高教育教学水平。同时，应考虑加强对高等学校教师的特殊教育、职业教育和心理健康教育等方面的培训，使他们能更好地满足学生的需求。

#### 3. 家庭教育和社会教育需要受到更多的重视

许多经济学、教育学研究已发现，在各级教育中，包括大学教育，社会

和家庭的支持与协助对学生在校学习效果的增强，以及将在校所学转化为服务于社会的技能有重要意义。我国家庭教育意识和社会教育意识仍有待进一步增强。高等学校提供的高质量教育如果能与家庭、社会良好的环境互补，会对学生产生事半功倍的效果。

4. 进一步促进教育公平

尽管我国拥有一个相对公平的高考体系，然而，物价水平的上涨仍然让部分有潜力的学生对大学教育望而却步。我国需要完善教育资助政策，加大对家庭经济困难学生的资助力度，确保每个学生都有平等受教育的机会。

5. 加强教育科技的应用

近年来，信息技术的进步和人工智能（AI）的广泛应用让教育科技得以广泛推广。教育科技带来了大数据分析、个性化学习、在线教育、虚拟现实（VR）和增强现实（AR）的应用、智能教学辅助工具等。这些进展与突破大大提高了教师的工作效率，为学生提供了个性化支持，也为消除地理位置、时间上的学习限制提供了可能。在未来，5G 的应用和更智能的 AI 助手将带来更强的数据分析能力、更大的跨学科合作可能。应当充分调动各种资源，利用现代科技手段，提高教育资源的利用效率。与此同时，我国应积极推广在线教育、远程教育等新型教育模式，由此共享教育资源，增强教育的公平性。

6. 提高资源投入效率

每年，我国都投入大量的人力、物力来建设高水平高等教育体系。近年来，国家财政性教育经费占 GDP 的比重一直在 4% 左右。2021 年，全国教育经费总投入为 57873.67 亿元，其中，国家财政性教育经费为 45835.31 亿元。如此庞大的投入要求，我国对资源的使用效率做出有效的评估和监督。得益于科技的发展和科研水平的提高，经济学和教育学有越来越多的研究探讨如何有效地利用高等教育资源提高学生的学业成绩以及各方面技能。我国应继续鼓励相关科研力量探讨如何有效使用教育资源的问题，并研究人力资本发展的哪些方面对社会有重要意义，从而帮助社会"将好钢用在刀刃上"，培养对社会有帮助的人才队伍。

### 7. 推进高等教育财政收入多元化

目前，我国高等教育经费主要来源于国家及地区的财政性支持。社会各界和高等院校自身还可以进一步思考如何开拓新的收入渠道，包括服务提供、社会捐赠等，从而筹集更多教育资金，满足不同层次和领域的教育需求。

## （二）完善教育管理及评估体制

教育管理和评估体制的完善有助于高校可持续发展。具体而言，我国高等教育体系可以关注如下方面。

### 1. 分权管理

通过推进教育管理的分权，赋予学校更多的自主权。这有助于更有效地管理，并帮助学校根据自身特点和需求制定教学方案，提高教育质量。

### 2. 积极推进"破五唯"

"破五唯"指的是破除五种保守主义和封闭心态，分别是唯权威、唯书本、唯资历、唯成果、唯固有观念。我国学术界应当积极提倡"破五唯"，鼓励科学家和研究者在创新、合作和交流中寻求发展。

### 3. 树立以学生为中心的教育观念

高等教育应当加强对学生个性化需求的关注，注重成绩的同时，更加强调实践能力的培养。

### 4. 充分利用高新科技进行评估与监管

近年来，数据分析能力的提高和人工智能的发展带来了许多先进的管理理念和方法，合理地运用这些技术将对整体教育水平的提高产生积极作用。

### 5. 鼓励高等教育机构更多、更深入的协作与交流

政府可以通过制定相关政策，促进高等教育机构之间的协作及交流，鼓励高等教育机构共享教育资源，共同提高办学质量。

## （三）学生及教师心理健康

随着我国经济的发展和人民生活水平的提高，人们越来越关注心理健康问题。然而，近年来，随着学习、生活、工作压力等的加大，人们开始不满

足于物质上的需求，转而追求更高层次的心理满足。这一改变不可避免地使部分高等学校的学生和教师产生心理健康问题。《高等学校学生心理健康教育指导纲要》和《关于加强学生心理健康管理工作的通知》明确指出，培养学生理性平和、积极向上的健康心态至关重要。这也是我国高等教育亟须解决的一个重要问题。

学业压力、升学竞争、家庭期望以及社会环境等因素使部分学生承受巨大的心理压力。这可能导致大学生产生焦虑、抑郁、自卑、孤独等心理问题。而对于高等学校的教师而言，教学任务、职业发展、家庭压力等多方面因素同样带来了巨大的挑战。工作强度大、时间安排紧，以及科研上的竞争压力同样给许多青年教师带来了焦虑和抑郁等心理问题。然而，在我国许多地区，心理健康教育仍然没有普及。高等学校师生在面对心理问题时，可能缺乏良好的应对办法。此外，我国许多地区缺乏足够的心理援助资源。高等学校师生在遇到心理问题时若无法得到及时、专业的心理援助，可能会使情况进一步恶化。

全社会和各级教育机构有义务共同解决这一问题。家庭和社会应当更多关注学生的心理健康问题，并提供必要的支持和理解。各级教育机构应加强学生的心理健康教育，包括开设心理健康课程，传授舒缓压力和情绪的方法等。对于高等学校教师，应当完善职业发展体系，为高等学校教师创造良好的工作、科研环境，提高教师的职业满意度。更重要的是，高等学校需要营造一种积极向上的校园氛围，帮助师生建立良好的人际关系，倡导尊重、包容的校园文化。此外，一个成熟的心理援助体系必不可少。在提供专业的心理咨询服务的同时，高校还需要鼓励师生勇于发现自己可能存在的心理问题，积极主动地与心理辅导师沟通。

### （四）加强教育教学改革，推动教育理念和方式创新

随着教育水平的提高，高校毕业生的学业素养及认知能力已达到较高水准。调查显示，近年来，国内外企业在对员工的要求中越来越重视各种非认知技能和综合能力。前沿经济学研究已发现，学生的各种非认知技

能，例如，毅力、社交能力、自控能力等，对未来的职业发展、个人收入、心理健康等许多方面有重要影响。因此，高等学校应注重培养学生的综合素质和实践能力，推进课程设置和教学内容改革，加强教学方法和手段创新。

在当前时代背景下，利用好教育资源培养全方面发展的人才，培养学生认知技能以及认知技能之外的各项能力，是国家教育实践所面临的迫切问题，也是我国高等教育义不容辞的责任。近年来，党和国家及社会各界越来越重视教育对提高学生综合素质、心理健康水平、创新能力、合作能力等的作用。《中国教育现代化2035》指出，我国人才培养应重视培养奋斗精神，以及实践能力、合作能力、创新能力等。

同时，我国高等学校要注重培养学生的创新精神和实践能力，不断从多维度提高教育教学质量和人才培养水平。具体而言，高等学校可以通过如下举措提高学生的创新能力。

1. 教育理念的变化

高等学校应将创新精神融入日常的学术、科研、实践等方面。高等学校教学应当着重培养学生独立思考的能力和批判性思维，为学生提供多元化的资源。

2. 课程改革和实践教学

通过调整课程体系，添加创新教育相关的课程，高等学校可以帮助学生在学习过程中系统地掌握创新技能。此外，鼓励跨学科选课也将对学生拓宽视野起到重要作用。实验、实习等让学生应用所学内容的机会大大提高，增强了学生发现问题并创造性地解决问题的能力。高等学校可以通过与企业进行更深入的合作，为学生提供更多在实践中学习的机会。

3. 提供创新平台和环境

许多创新思维与发明的产生离不开好的平台。高等学校可以通过建立实验室、科技园等为师生提供良好的创新环境。高等学校还应积极营造敢于创新、敢于尝试、宽容失败的校园文化。

4. 举办创新活动

高等学校可以通过举办各类与创新相关的活动与竞赛，例如，创业大赛和设计大赛等，提高学生的创新能力。学生还能组建自己的创新团队，通过协作、沟通和解决问题建立未来的合作网络。

## （五）可持续发展和社会责任教育

如前文所述，可持续发展和社会责任是全世界关注的热点问题。我国在几十年快速的经济发展后，也开始转向寻求更绿色、可持续的发展模式。高等学校是可持续发展和社会责任教育的重要平台。具体而言，高等学校可以通过如下方式促进社会责任教育和可持续发展教育。

1. 开设相关课程

高等学校可以设置可持续发展和社会责任相关课程，如环境学、伦理学、社会学等，使学生了解社会责任的内涵和意义，培养学生的社会责任意识，增强环保理念和可持续发展理念，让学生掌握相关技能。

2. 将社会责任和可持续发展理念融入各学科课程

例如，在商学院和经济学院的课程中，考虑加入与企业和社会责任相关的内容；在理工科课程中，加入与环境保护相关的课程等。此外，教育教学应强调尊重文化的多样性，强调保护各民族、各地区文化特色的重要性，促进文化交流。高等学校可以通过鼓励传承、交流合作等方式，传承和弘扬优秀文化。

3. 增强环境保护、资源保护意识，加强校园文化建设

高等学校可以通过营造具有社会责任意识和可持续发展理念的文化，培养学生的相关理念。通过主题讲座、论坛等方式，高等学校能够在学生中传播社会责任和可持续发展理念。可持续发展强调合理利用和保护自然资源，防止资源的枯竭和对环境的破坏。通过在校期间强调资源的循环利用、节能减排等方式，学生将有可能长期地维持良好习惯，从而使资源得以持续供应，满足人类长远发展的需求。

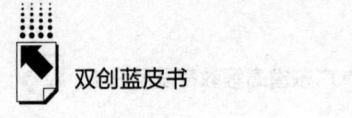

### 4. 开展实践活动

高等学校可以积极组织学生参与志愿服务、社会调查、社区服务等实践活动，让学生体验社会活动，培养学生的社会责任感。同时，高等学校也可以与企业、社区等合作，为学生提供更丰富的实践平台。

### 5. 高等学校教师以身作则，树立榜样

高等学校教师的优良品德与行为常常能够激励学生。教师应当在课堂上及课外生活中以身作则，引导学生树立正确的价值观和社会责任意识。

### 6. 优化评价体系

高等学校可以考虑将社会责任意识和可持续发展理念纳入评价标准，激励学生参与相关活动。

# 国 际 篇
## International Articles

本篇报告从全球视角出发,关注追踪全球创新创业最新发展态势,结合实际国情,探究中国创新创业新动态。第一,本篇报告根据2022年两个全球创业指数公布的内容,分析中国及部分城市的创业发展近况,以及从不同维度上与中国双创指数进行比较,同时融合时代特性分析数字化对创业活动的驱动作用。第二,数字经济正成为中国经济增长和社会发展的新引擎,本篇报告梳理近年来全球主要经济体与数字经济相关的政策,并总结未来数字经济的发展趋势,在此基础上厘清我国现行数字经济发展的优势与不足,并给出发展建议。

# B.10
# 全球创业指数分析

王 晴 王淑婷 李 苗*

**摘 要：** 本报告主要研究了2022年两个全球双创指数的排名情况及其反映的全球创业生态现状，在此基础上与中国双创指数的排名情况和指标构成进行比较，分析了中国所处的创业阶段、优势和劣势以及未来的发展机遇。研究显示，无论是全球创业观察还是全球创业生态指数报告，都展现了近年来全球创业的活跃度和产业层面的激烈竞争状况。中国虽然在创业表现上略有退步，但总体创业环境和创业活动依然处于较高水平，尤其在全球数字化背景下，中国的创业生态将迈入新的阶段。

**关键词：** 全球创业观察 全球创业生态指数 创业 数字化

本报告首先选取两个国际权威指数——全球创业观察和全球创业生态指数，以探究全球创业的发展趋势和内在联系。全球创业观察以国家为单位，衡量国家整体创业活动的活跃程度。全球创业生态指数以城市为单位，考察全球范围内主要城市的创业生态系统，并将其划分为顶级创业生态和新兴创业生态两大系统，从多个维度评价不同城市创业生态的活跃度。这两个指数逐渐成为相关人士获取创业信息的重要来源，在全球范围内极具权威性和参考性。

---

* 王晴，经济学博士，中山大学国际金融学院副教授，主要研究方向为劳动经济学、发展经济学等；王淑婷，深圳大学中国经济特区研究中心硕士研究生，主要研究方向为产业组织、数字经济；李苗，中山大学国际金融学院硕士研究生，主要研究方向为创业创新、区域经济。

# 一 全球创业观察

## （一）指数介绍

全球创业观察（Globe Entrepreneurship Monitor，GEM）是由美国百森学院和英国伦敦商学院共同发起，旨在衡量和检测全球创业情况的长期研究项目。该项目于1997年开始筹备，自1999年起每年发布一期全球创业观察报告，同时与各国本土研究所合作发布国家报告，根据经济发展和时代变化发布专题报告。自创立以来，该指数在200多家资助机构的支持下，对来自五大洲120个经济体的300万名成年人开展GEM成年人口调查（APS），追踪与个人创业相关的数据，与500多名专家、300多个学术研究机构合作，开展国际专家调查（NES），追踪权威评估数据。该项目样本覆盖了全世界超过70%的人口，其涉及的经济体产出占全世界总产出的90%以上。

2023年，全球创业观察发布了第24期全球创业观察报告，本年度共有来自全球49个经济体的17万名成年人参与APS访谈、来自51个经济体的专家参与NES调查。全球创业观察是全球唯一一个直接通过创业者获取创业数据，同时与NES互为补充的创业研究国际项目，具有广泛影响力。该项目以数据为支撑，建立客观全面的评价指标体系，对参与国家（地区）的创业活跃度进行评价，识别并厘清创业活动与各国经济发展、社会文化、疫情冲击等影响因素的内在联系和双向作用机制，以证据和数据为基础信息，为创业活动研究和以政府为主的创业支持政策提供强有力的支撑。

上年的全球创业观察报告对全球经济复苏持谨慎乐观的态度，但俄乌冲突打破了短暂的积极预期。在全球供应链受疫情冲击尚未完全恢复的背景下，俄乌冲突加剧了国际局势的紧张，一系列制裁引致全球能源价格飞涨，多国生活生产成本上升。诸多外部因素使得全球创业活动面临更为严峻的挑战,而全球创业观察作为重要的全球创业研究报告,近年来尤其重视企业家在高度不确定性中对创业机会的识别和把握,注重分析创业活动,这恰好体现了全球创业观察组织在跟踪监测创业活动时,将现有的数据收集方法与全新的方法结合起来,把握数字时代新机遇。

### (二)指数结构分析

首先,全球创业观察指数通过评估经济水平、制度支持、社会环境等方面的13个子指标建立国家创业环境指数(NECI),以反映经济体创业活动所处的总体经济环境,其子指标如表1所示。

表1 国家创业环境指数框架

| 一级指标 | 子指标 |
| --- | --- |
| 企业融资 | 企业融资可得性 |
|  | 企业融资难易程度 |
| 政府政策 | 政府扶持政策 |
|  | 政府税收与官僚机构 |
| 政府项目 | 政府创业项目 |
| 创业教育 | 学校创业课程教育 |
|  | 毕业阶段创业教育 |
| R&D转移 | 研发转化 |
| 专业的商业基础设施 | 商业和法律环境 |
| 内部市场动态和准入管制 | 境内市场活力 |
|  | 市场准入管制 |
| 电力、网络基础设施等 | 物质基础设施 |
| 社会对创业的认可度 | 社会和文化规范 |

资料来源:《2022~2023全球创业观察》;GEM(Global Entrepreneurship Monitor),"Global Entrepreneurship Monitor 2022/2023 Global Report: Adapting to a 'New Normal'," 2023, https://gemconsortium.org/file/open?fileId=51147。

其次,全球创业观察指数在创业者视角下通过调查当地社会创业观念和个人创业动机,研究经济体开展创业活动的社会环境。在社会观念层面,个人对他人创业活动的认知、对当地创业机会的识别以及对创业活动难易程度的感知将显著影响个人创业活动决策，全球创业观察指数通过测算经济体两年内参与创业活动的人口比例、计划6个月内创业的个人比例以及个人对创业难易程度的判断进行量化分析。在创业动机层面，全球创业观察指数对改变世界、创造财富、继承家族传统、维持生计4种创业动机进行分析。其中值得一提的是，在参与调查的49个经济体中有26个初创企业及其已建立的企业均表示将在经营中运用更多的数字技术；从国家层次来看，部分欧洲高收入水平国家倾向于将数字技术运用到经营活动中。

最后，如表2所示，全球创业观察主要从3个指标入手考察创业活动：早期创业活动（TEA）、成熟企业活动（Established Business Ownership，EBO）、员工创业活动（Entrepreneurial Employee Activity，EEA）。全球创业观察相关指标通过国家（地区）的子指标得分来计算总分，最后再对总分在世界范围内进行排名。

表2 全球创业观察指数中的创业活动指数

| 创业活动指数 | 具体内涵 |
| --- | --- |
| 早期创业活动 | 正在创办或经营新企业的成年人口比例 |
| 成熟企业活动 | 拥有成熟企业的成年人口比例 |
| 员工创业活动 | 作为雇员参与过创业的成年人口比例 |

资料来源：《2022~2023全球创业观察》；GEM（Global Entrepreneurship Monitor），"Global Entrepreneurship Monitor 2022/2023 Global Report：Adapting to a 'New Normal'，"2023，https：//gemconsortium.org/file/open？fileId=51147。

### （三）指数排名

在总体创业环境层面，在国家创业环境指数的13个子指标中，中国有9个指标被认定具有较高水平，国家创业环境指数在收入水平同为第三层次的国家中位居第三，仅次于印度和印度尼西亚。在创业活动活跃度评估层面，全球创业观察指数的核心考察指标是早期创业活动，其内涵指本国18~64岁参与企业建设或运营少于42个月的个体数量在成年人口中所占的比例，包含新手创业者和新企业所有者。中国在这一指标的总体表现处于全球中下游水平，并从2020年的第35位下滑到2022年的第44位（见图1）。由此可见，尽管我国就业环境及社会观念良好，但创业活跃度有待提升。

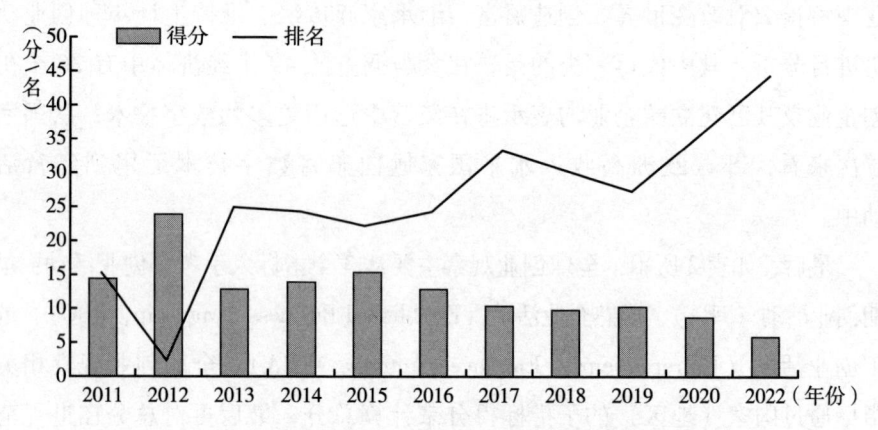

**图1　2011~2022年中国早期创业活跃度指数得分及排名**

说明：2021~2022全球创业观察年度报告未将中国纳入调查范围。

如表3所示，在国家创业环境指数的13个子指标中，在商业和法律环境、社会和文化规范、市场准入管制、企业融资可得性4个子指标上，中国表现不如美国。而在政府扶持政策、政府税收与官僚结构、政府创业项目和境内市场活力4个子指标上，中国处于领先水平。一方面，应充分肯定近年来我国鼓励创业的政策取得了一定成果；另一方面，通过与美国以及同样处于低收入水平的经济体进行比较，应充分认识到我国在改善商业和法律环境、为创业活动提供更优条件方面仍有待加强。

**表3　中国国家创业环境指数各子指标得分及排名情况**

单位：分

| 子指标 | 中国 | 低收入经济体排名 | 美国 | 高收入经济体排名 |
| --- | --- | --- | --- | --- |
| 企业融资可得性 | 5.6 | 3/13 | 6.0 | 5/22 |
| 企业融资难易程度 | 5.2 | 2/13 | 5.0 | 11/22 |
| 政府扶持政策 | 6.3 | 2/13 | 3.9 | 21/22 |

续表

| 子指标 | 中国 | 低收入经济体排名 | 美国 | 高收入经济体排名 |
|---|---|---|---|---|
| 政府税收与官僚机构 | 6.5 | 1/13 | 4.8 | 17/22 |
| 政府创业项目 | 5.6 | 2/13 | 4.0 | 21/22 |
| 学校创业课程教育 | 3.9 | 3/13 | 3.5 | 12/22 |
| 毕业阶段创业教育 | 4.8 | 6/13 | 4.7 | 17/22 |
| 研发转化 | 4.9 | 2/13 | 4.1 | 17/22 |
| 商业和法律环境 | 5.1 | 5/13 | 6.4 | 5/22 |
| 境内市场活力 | 7.0 | 3/13 | 5.4 | 9/22 |
| 市场准入管制 | 4.4 | 4/13 | 4.9 | 12/22 |
| 物质基础设施 | 7.3 | 1/13 | 7.4 | 6/22 |
| 社会和文化规范 | 6.4 | 2/13 | 7.0 | 3/22 |

注：各子指标得分通过加权平均得到，1分表示极度缺乏，9分表示高度充足；低收入经济体与高收入经济体类别根据全球创业观察指数于最新报告中首次自行提出的定义划分，人均GDP低于20000美元为低收入经济体，高于40000美元为高收入经济体。

资料来源：《2022~2023全球创业观察》；GEM（Global Entrepreneurship Monitor），"Global Entrepreneurship Monitor 2022/2023 Global Report：Adapting to a 'New Normal'，" 2023，https：//gemconsortium.org/file/open？fileId=51147。

如表4所示，在2022年全球创业观察早期创业活动（TEA）中，部分具有代表性的新兴市场和发达市场呈现不同幅度的变动趋势。在新兴市场中，哥伦比亚得分显著提高，巴西、印度的排名有不同程度下降。在发达市场中，英国、法国以及德国排名均有较为明显的上升，美国、日本排名小幅波动，而加拿大排名有所下降。

表4　2021~2022年部分发达市场、新兴市场早期创业活动指数得分及排名

单位：分

| 国家 | 地区 | 2022年得分 | 2022年排名 | 2021年得分 | 2021年排名 |
|---|---|---|---|---|---|
| 中国 | 亚洲 | 6.0 | 44 | — | — |
| 印度 | 亚洲 | 11.5 | 24 | 14.4 | 18 |
| 巴西 | 南美洲 | 20.0 | 8 | 21.0 | 7 |

续表

| 国家 | 地区 | 2022年得分 | 2022年排名 | 2021年得分 | 2021年排名 |
|---|---|---|---|---|---|
| 哥伦比亚 | 南美洲 | 28.0 | 2 | 15.7 | 15 |
| 墨西哥 | 北美洲 | 12.9 | 18 | — | — |
| 美国 | 北美洲 | 19.2 | 10 | 16.5 | 12 |
| 加拿大 | 北美洲 | 16.5 | 13 | 20.1 | 8 |
| 英国 | 欧洲 | 12.9 | 10 | 12.6 | 23 |
| 日本 | 亚洲 | 6.4 | 43 | 6.3 | 41 |
| 德国 | 欧洲 | 9.1 | 30 | 6.9 | 38 |
| 法国 | 欧洲 | 9.2 | 29 | 7.7 | 36 |

注：新兴市场和发达市场参照胡必亮（2021）、王晓勇（2022）等人的研究选择。

资料来源：《2022~2023全球创业观察》；GEM（Global Entrepreneurship Monitor），"Global Entrepreneurship Monitor 2022/2023 Global Report：Adapting to a 'New Normal'"，2023，https：//gemconsortium.org/file/open？fileId=51147；《2021~2022全球创业观察》，GEM（Global Entrepreneurship Monitor），"Global Entrepreneurship Monitor 2021/2022 Global Report：Opportunity Amid Disruption，"2022，https：//gemconsortium.org/file/open？fileId=50900。

### （四）主要结论

首先，经济发展水平与早期创业活动具有负相关关系。对比全球早期创业活动指数，排名前五的是位于南美洲的中低收入国家，而德国、澳大利亚、日本等得分较低，排第30~50名。尽管发达经济体早期创业活动指数得分大多较低，但并不代表低收入经济体比高收入经济体更有利于开展创业活动。在发达经济体中，个人创业动机因社会存在较多的高收入机会而削弱，反观低收入经济体，由于收入水平较低，创业活动成为其提高收入、创造财富的重要途径。结合国家创业环境指数来看，早期创业活动排名靠前的低收入经济体的营商环境并非最优，该类经济体创业活动活跃是由于缺乏其他获取收入的机会，同时市场较活跃、竞争环境宽松，非正式部门就业占比大，个体经济发达，因而地区创业活跃度较高。而美国等高收入经济体，创业活跃度排名靠前是由于其在创业融资、政策支持、创业教育、科研成果转化、商业环境以及社会文化认可等方面具有显著优势。因此，降低初创企业融资难度、出台政策重点帮扶创业、加大学校及社会创业教育力度、完善法律法规、改善营商环境、为创业活动提供商业基础设施均有助于提高社会创业活跃度。

其次，在疫情冲击下创业者性别差异呈缩小趋势，而创业者年龄结构和创业意向整体上无明显变化。对比疫情前（2019年）与疫情后（2022年）均参与调查的38个经济体的创业数据，分析创业者特征发现，男性创业者占比仍高于女性创业者，介于18~34岁的年轻创业者占比仍高于35~64岁的创业者。在38个经济体中，有21个经济体的男性创业者和女性创业者占比差距缩小，有37个经济体的18~34岁年龄组的早期创业活动总量超过了35~64岁年龄组。在创业意向方面，在美国等12个经济体中，认为当地有良好的创业机会的成年人占比至少下降5%；在巴西、沙特阿拉伯等9个经济体中，认为当地有良好的创业机会的成年人占比至少增加5%。由此可见，疫情加速了创业者性别差异的缩小趋势，因正式就业中女性不具有竞争优势，反而在非正式制度中获益更多。疫情冲击下，创业机会的识别对女性创业者尤为关键。创业者群体年龄结构没有发生明显变化，年轻人仍占据较大比重，全球经济体的创业意愿并无显著变化的主要原因在于，各国政府在疫情期间对企业和家庭采取积极措施进行经济援助。

最后，对失败的恐惧是制约创业活动开展的重要因素之一，但是创业活动中数字技术的重视程度呈现上升趋势。根据APS中对个人创业机会识别、自身能力评估以及失败恐惧判断的调查结果，在参与调查的经济体中，因害怕失败而不采取创业行动的人占比均达到30%以上，在12个经济体中，该比例达到50%。在创业活动比较活跃的新兴市场，如巴西等地，尽管能够识别较好的创业机会且对自身能力和经验评估认为可行的人比例较高，但是其中仍有相当一部分人因害怕失败而不敢采取行动。疫情影响下，创业者对经济预期不确定性的担忧加剧了其对失败的恐惧，郝喜玲等将创业者失败的恐惧分为内源性和外源性两个角度，内源性的失败恐惧有利于提升创业者对机会的识别能力，外源性的失败恐惧则会产生消极影响。因此，通过政策支持、社会观念引导，为创业活动提供科学指引、规范指导的同时，应加强对创业者的失败教育，降低初创企业的失败风险和感知成本，提高创业者的风险规避能力，从而对创业活动产生积极影响。根据全球创业观察的调查结果，在参与调查的49个经济体中，有17个经济体考虑社会责任的初创企业和现存企业经营者占比达到80%。在低收入经济体中，考虑社会责任的经营者数量显著低于中高收入经济体。提高收入和创造财富不再是企业家开展创业活动的唯一目标，他们还认为应该承担更多的社会和环境责任。而绿色低碳的生产、生活方式将开辟新的市场，节能环保类产品促进创业企业可持续发展、增强其竞争力，为经济带来新的增长点。同时，在参与调查的49个经济体中，有26个经济体早期创业活动的创业者倾向于加强数字技术的应用，包括8个低收入经济体、8个中等收入经济体和10个高收入经济体，表明对数字技术的应用与收入水平高低不存在显著关系。该项数据说明数字化为社会经济活动注入了新动力。创业者更倾向于利用数字技术销售产品或服务，立足新技术和产品实现经营利润增长成为处于弱势地位的初创企业新的扩张方式和增长点。数字技术的高速发展为重塑世界经济格局带来新机遇。

## 二 全球创业生态指数

### （一）指数介绍

2012年，全球创业生态指数（Global Startup Ecosystem Report，GSER）首次发布。该指数由Startup Genome公司构建，2011年Startup Genome与硅谷创新大师Steve Black以及斯坦福大学一起开展对影响科技初创公司取得成功的因素调查。全球创业生态指数的基础数据库涵盖了280多个城市的300多万家公司，包括近300个创业生态系统。截至2022年，该公司已经发布了8期报告。自构建以来，该报告不断完善：2017年报告首次将中国纳入考察范围；2018年以后的报告涵盖了创业生态系统的生命周期模型，进一步完善了创业生态系统的评价体系；2020年首次区分顶级创业生态系统和新兴创业生态系统，新兴创业生态系统为除当年排前40名的顶级创业生态系统以外的其他生态系统；从2022年开始，报告还将排前5名的初创公司以及"独角兽"公司添加到初创公司总部所在的生态系统中，以此确定初创公司的诞生地与吸引力所在。近年来，问卷调查的范围持续扩大，报告覆盖的创业生态系统自2018年的60个拓展至2022年的将近300个。

### （二）指数结构分析

全球创业生态指数以城市为基本单位，从多维信息出发探究不同城市创业生态的活跃度。全球创业生态指数认为每个城市的创业生态系统对初创企业的成立与发展以及区域经济发展具有重要作用，并提出了可量化分析创业生态系统的生命周期模型，在此基础上，对生态系统业绩、融资、市场覆盖率、连通性、人才与创业经验、知识专利6个维度进行量化分析，以此对全球顶级创业生态系统进行评价（见表5）。

表5 全球顶级创业生态指数框架

单位：%

| 指标 | 权重 | 指标说明 |
| --- | --- | --- |
| 业绩 | 30 | 衡量创业生态系统中创业企业的估值、产出、成功存活率和退出率 |
| 融资 | 25 | 衡量早期创业企业接受的融资规模、融资质量 |
| 市场覆盖率 | 15 | 衡量创业企业可以覆盖的市场规模、创业企业步入全球市场的难易度 |
| 连通性 | 5 | 衡量创业生态系统与全球知识网络的连通性、与生态系统内部知识的连通性 |
| 人才与创业经验 | 20 | 衡量创业生态系统中人才的密度、成本与质量,创业团队的创业经验 |
| 知识专利 | 5 | 衡量创业生态系统中专利的数量和质量与创业企业的研究能力 |

资料来源：Startup Genome, "The Global Startup Ecosystem Report 2022," 14 June, 2022, https://startupgenome.com/report/gser2022。

由于新兴创业生态系统的培育和发展重点与顶级创业生态系统有所差异，指数结构也略有差异。对于新兴创业生态系统，全球创业生态指数从生态系统业绩、融资、市场覆盖率、人才与创业经验4个维度进行量化分析，且在各个维度的具体衡量指标和权重上也与顶级创业生态系统有所区别（见表6）。

表6　全球新兴创业生态指数框架

单位：%

| 指标 | 权重 | 指标说明 |
| --- | --- | --- |
| 业绩 | 45 | 衡量创业生态系统中创业企业的估值、产出、成功存活率和退出率 |
| 融资 | 30 | 衡量早期创业企业接受的融资规模 |
| 市场覆盖率 | 15 | 衡量创业企业可以覆盖的市场规模 |
| 人才与创业经验 | 10 | 衡量创业生态系统中人才的密度、成本与质量，创业团队的创业经验 |

资料来源：Startup Genome，"The Global Startup Ecosystem Report 2022," 14 June, 2022, https://startupgenome.com/report/gser2022。

在创业生命周期模型中，创业被划分为启动期、全球化期、扩张期和整合期，由此生态系统的绩效通过该生态系统中创业企业早期退出率、成功率以及"独角兽"企业的产出率来评估。

## （三）指数排名与主要结论

与2020年和2021年排名一样，2022年硅谷生态系统依然位居榜首（见表7）。硅谷连续11年保持全球顶级创业生态系统首位，纽约、伦敦并列第二，波士顿超越北京跻身第四。随着创业企业和风险投资数量不断刷新历史纪录，首尔发展态势迅猛，从2020年的第20名，到2021年的第16名，再到2022年首次进入全球顶级创业生态系统前10名。以生态系统价值作为参考，排名前五的生态系统总价值达3.8万亿美元，排名第六至第三十的创业生态系统价值总计2.3万亿美元。此外，硅谷在全球早期投资中所占的份额已从2012年的25%下降到2021年的13%，这一趋势表明，世界其他地区的科技发展速度快于硅谷。

以生态系统所属大洲来看，在全球排名中北美洲城市继续领跑，在排名前三十的顶级创业生态系统中，有47%的城市位于该洲。亚洲以

30%的占比紧随其后，2020~2021年，亚洲超过5000万美元的退出金额增长312%。与其他创业生态系统相比，中国的早期融资增长速度有所放缓，整体城市的排名略有下降。2020~2021年，中国的早期融资交易金额增长69%。在亚洲经济体中，印度表现突出：德里首次进入前三十，排第26名；班加罗尔—卡纳塔克邦升至第22名；孟买排第36名。欧洲稳中有进，赫尔辛基排名上升了20多名，排第31名；哥本哈根也从上年的第43名上升至第35名。

表7　2022年全球顶级创业生态指数得分与排名

单位：分

| 城市 | 排名 | 排名变化（以2021年为基准） | 业绩 | 融资 | 连通性 | 市场覆盖率 | 知识专利 | 人才与创业经验 |
| --- | --- | --- | --- | --- | --- | --- | --- | --- |
| 硅谷 | 1 | 0 | 10 | 10 | 10 | 10 | 10 | 10 |
| 纽约 | 2 | 0 | 10 | 10 | 9 | 10 | 5 | 10 |
| 伦敦 | 2 | 0 | 9 | 10 | 10 | 10 | 6 | 10 |
| 波士顿 | 4 | +1 | 10 | 9 | 8 | 9 | 7 | 9 |
| 北京 | 5 | -1 | 10 | 8 | 3 | 9 | 10 | 10 |
| 洛杉矶 | 6 | 0 | 9 | 10 | 7 | 9 | 7 | 9 |
| 特拉维夫 | 7 | 0 | 9 | 8 | 10 | 10 | 6 | 8 |
| 上海 | 8 | 0 | 9 | 6 | 1 | 9 | 10 | 9 |
| 西雅图 | 9 | +1 | 8 | 7 | 6 | 8 | 8 | 8 |
| 首尔 | 10 | +6 | 7 | 9 | 7 | 5 | 8 | 7 |
| 华盛顿 | 11 | 0 | 8 | 6 | 8 | 7 | 3 | 8 |
| 东京 | 12 | -3 | 5 | 8 | 1 | 4 | 9 | 9 |
| 圣地亚哥 | 13 | +8 | 8 | 4 | 3 | 8 | 7 | 6 |
| 阿姆斯特丹—三角洲 | 14 | -1 | 5 | 7 | 10 | 6 | 1 | 7 |
| 巴黎 | 15 | -3 | 1 | 8 | 7 | 1 | 1 | 8 |
| 柏林 | 16 | +6 | 6 | 7 | 8 | 4 | 1 | 7 |
| 多伦多—滑铁卢 | 17 | -3 | 1 | 9 | 9 | 3 | 1 | 7 |
| 新加坡 | 18 | 0 | 1 | 9 | 6 | 8 | 1 | 5 |
| 芝加哥 | 19 | -4 | 4 | 6 | 5 | 6 | 1 | 7 |

续表

| 城市 | 排名 | 排名变化(以2021年为基准) | 业绩 | 融资 | 连通性 | 市场覆盖率 | 知识专利 | 人才与创业经验 |
|---|---|---|---|---|---|---|---|---|
| 悉尼 | 20 | +4 | 7 | 5 | 6 | 5 | 1 | 5 |
| 深圳 | 23 | -4 | 7 | 1 | 1 | 1 | 9 | 7 |
| 杭州 | 36 | -11 | 5 | 1 | 1 | 1 | 10 | 5 |

资料来源：Startup Genome,"The Global Startup Ecosystem Report 2022," 14 June, 2022, https://startupgenome.com/report/gser2022。

2022年新兴创业生态系统排前10名的城市与上年相比发生了较大的变化（见表8）。2021年新兴创业生态系统前5名分别是孟买、哥本哈根、雅加达、广州、巴塞罗那，2022年为底特律、香港、都柏林、明尼阿波利斯和休斯敦。孟买和哥本哈根已然出现在2022年全球顶级创业生态系统的榜单中，这印证了新兴创业生态系统中的城市或地区具有进入全球顶级创业生态系统的潜力。此外，香港、都柏林、三角研究园都是2022年进入榜单的新成员，这同样表明新兴创业生态系统具有较强的活跃性。

以所属洲划分，欧洲和北美洲的城市仍然在新兴创业生态系统排名中占据大量席位，拉丁美洲、中东以及非洲的新兴创业生态系统数量保持稳定，分别为5个、4个以及3个。在新兴创业生态系统榜单中，亚洲上榜的城市数量从2021年的18个减少到17个。与上年一样，大洋洲有新西兰和布里斯班两个新兴创业生态系统进入前100名。前100名新兴创业生态系统的价值总计超过1万亿美元，比上年增长96%，表明新兴创业生态系统总体发展态势良好。

表8 2022年全球新兴创业生态指数得分与排名

单位：分

| 城市 | 2022年排名 | 2021年排名 | 业绩 | 融资 | 市场覆盖率 | 人才与创业经验 |
|---|---|---|---|---|---|---|
| 底特律 | 1 | 16 | 10 | 8 | 10 | 10 |
| 香港 | 2 | 31(顶级生态系统排名) | 9 | 10 | 10 | 10 |
| 都柏林 | 3 | 36(顶级生态系统排名) | 10 | 8 | 10 | 10 |
| 明尼阿波利斯 | 4 | 21~30 | 10 | 8 | 10 | 9 |

续表

| 城市 | 2022年排名 | 2021年排名 | 业绩 | 融资 | 市场覆盖率 | 人才与创业经验 |
|---|---|---|---|---|---|---|
| 休斯敦 | 5 | 19 | 9 | 9 | 7 | 9 |
| 曼彻斯特—利物浦 | 6 | 14 | 9 | 9 | 4 | 10 |
| 广州 | 7 | 4 | 10 | 5 | 4 | 10 |
| 三角研究园* | 8 | New | 9 | 9 | 8 | 10 |
| 巴塞罗那 | 9 | 5 | 8 | 10 | 1 | 9 |
| 布鲁塞尔 | 10 | 12 | 9 | 10 | 2 | 10 |
| 无锡 | 17 | 7 | 10 | 3 | 6 | 8 |
| 南京 | 21 | 31 | 10 | 2 | 3 | 8 |
| 成都 | 31 | 31 | 10 | 1 | 4 | 9 |
| 台北 | 31 | 21 | 7 | 8 | 1 | 5 |
| 武汉 | 51 | 51 | 8 | 1 | 4 | 5 |
| 天津 | 71 | 81 | 8 | 1 | 3 | 4 |
| 厦门 | 71 | 71 | 6 | 1 | 4 | 6 |

\* 三角研究园（Research Triangle Park）成立于1959年，由北卡罗来纳州学术界、商界和政府的领导人创立，是北美洲最大的持续运营的研究园区，占地7000英亩，拥有200多家研究、技术和农业生物公司，雇用了40000多名知识工作者。

资料来源：Startup Genome, "The Global Startup Ecosystem Report 2022," 14 June, 2022, https://startupgenome.com/report/gser2022。

在该指数研究的13个中国城市①中，有8个城市2022年的排名有所下降，总体上中国上榜的城市连通性较弱。尽管2022年中国城市的排名情况整体不是很好，且前几年在经济结构调整中不少行业受到了一定程度的冲击，但中国依然是创业大国，尤其是在业绩和知识专利等细分项目上得分较高，投资者对中国基础科技领域的关注度仍居高不下。与此同时，工信部表示拟在2022年新培育3000家左右"小巨人"企业，带动培育省级"专精特新"中小企业50000家左右，给予技术、资金、人才等各种支持，向国内外潜在投资者发出合作信号。同年，创业投资企业和天使投资

① 分别为北京、上海、深圳、杭州、香港、广州、无锡、南京、成都、台北、武汉、天津、厦门。

个人投资初创科技型企业所得税政策出台,以进一步支持创业活动。①据彭博社报道,2021年中国的风险投资飙升至1301亿美元,约比2020年高出50%。②

此外,深圳在全球顶级创业生态榜单中排第23名,比上年下降4名;香港跌出该榜单,首次进入全球新兴创业生态系统榜单,排第2名;广州排第7名,比2021年下降了3名。受疫情持续,以及外部环境恶化和金融状况收紧的影响,香港的货物出口、服务输出、股票市场和劳工市场都有较大幅度的波动。③即便如此,粤港澳大湾区仍具有强劲的发展势能。深圳作为全球制造业中心,对创业公司的吸引力持续提升。近几年,深圳创业密度持续保持全国第一,平均每年新增中小企业15万家以上,目前总数超过220万家,占全市企业总数的比重超过99%,贡献了七成以上的技术创新成果,是深圳产业结构转型升级的主力军。④为吸引风投机构在深圳落户,深圳市政府对新设立或新迁入的股权投资、创业投资企业给予500万元奖励。⑤相比全国25%的企业税,深圳被允许将企业税税率降低至15%,从事IT外包、知识流程外包、计算机和信息服务以及研发等业务的公司可享受免税期,未来5年深圳计划投资7000亿元用于研发。深圳正以实际行动成为更具竞争力、创造力、影响力的全球数字先锋城市。广州在创业层面的主要优势明显:现代产业基础坚实,商贸流通体系发达,人才资源突出,市场环境稳

---

① 《关于延续执行创业投资企业和天使投资个人投资初创科技型企业有关政策条件的公告》,中国政府网,2022年2月9日,http://www.gov.cn/zhengce/zhengceku/2022-02/21/content_5674868.htm。
② 《1301亿美元!美媒:中国风险投资再创纪录》,环球网,2022年1月1日,https://oversea.huanqiu.com/article/46LzODgglxp。
③ 《二零二二年经济概况及二零二三年展望》,香港特别行政区政府网站,2023年2月,https://www.hkeconomy.gov.hk/tc/pdf/er_c_22q4.pdf。
④ 《20210063关于营造环境助力中小企业实施数字化转型的建议》,深圳市工业和信息化局网站,2021年12月2日,http://gxj.sz.gov.cn/xxgk/xxgkml/qt/rdjyhzxtabl/zxtabljggk/content/post_9423966.html。
⑤ 《深圳市地方金融监督管理局关于印发〈关于促进深圳风投创投持续高质量发展的若干措施〉的通知》,深圳政府在线网站,2022年4月7日,http://www.sz.gov.cn/cn/xxgk/zfxxgj/zcfg/content/post_9683682.html。

定，城市知名度高。政府的财政支持和政策扶持等驱动因素提升了广州的创业吸引力。广州于 2021 年 9 月正式实行《广州市科技创新条例》，从研究布局、人才培养机制、资金扶持等方面入手，对广州科技创新政策环境提供明确指引，为广州产学研发展奠定政策基础，① 在业绩和人才与创业经验等细分指标方面仍保持较高的水平。同时，广州每年举办多场开放性、常态化的交流会，促进创业创新成果转化。广州拥有 9 家"独角兽"企业，新兴创业生态系统价值为 39 亿美元，早期融资额为 11.34 亿美元，处于全球前列。

### （四）全球创业生态系统的变化

一方面，全球创业生态系统迅速恢复，呈现欧美稳居前列、亚洲竞争激烈、拉丁美洲和非洲加快追赶的格局。据 Crunchbase 数据统计，2021 年全球风险投资总额达到创纪录的 6430 亿美元，较 2020 年增长近 1 倍，是 2012 年的 10 倍以上。全球风险投资的交易数量则从 2020 年的 31623 笔增长到 2021 年的 38644 笔。② 2021 年欧洲投资于初创公司的资金量、交易量和退出数量创历史新高，风险投资交易超过 1 万笔，总额近 1030 亿欧元，其中接近 2900 笔交易是首次风险融资，金额达 99 亿欧元。北美洲 5000 万美元以上投资额增长 105%，早期融资金额增长 43%，同时有超过 300 家科技初创公司成为"独角兽"企业，约占全球总数的 58%，而这一数值在 2020 年还不到 100 家。2020~2021 年亚洲超过 5000 万美元的退出金额增长 312%，2021 年 5000 万美元以上的退出总额为 5310 亿美元。2020~2021 年，早期融资交易金额增长 69%。其中，印度的生态系统价值整体呈增长趋势；韩国的 18 家"独角兽"企业中有 15 家位于首尔；中国 5000 万美元以上的大额退出资金的增速有所下降，但总体退

---

① 《广州市科技创新条例》，广州市科学技术局网站，2021 年 6 月 15 日，http://kjj.gz.gov.cn/xxgk/zwwgk/glgk/content/post_7713170.html。
② 《全球创业生态 10 年间报告：中美英引领天翻地覆变化》，东方财富网，2022 年 6 月 17 日，https://finance.eastmoney.com/a/202206172416839042.html。

出金额体量仍然庞大；日本的退出金额增长113%，远高于全球退出金额的增速中值（77%）。2021年，对非洲科技创业公司的投资达到前所未有的16亿美元（不包括中东和北非国家），投资额比2020年增长113%，2022年，非洲出现了3家"独角兽"企业。根据Crunchbase的数据，拉丁美洲是2021年全球风险投资增长最快的地区。①

另一方面，科技企业遍地开花，数字化浪潮成为创业热点。世界经济论坛估计，未来10年全球70%的新价值来源于数字商业模式；根据IDC发布的行业预测，到2023年全球超过一半的GDP是由数字化转型的企业和服务推动的；②普华永道估计，到2030年，仅人工智能的收益就将达到15.7万亿美元。③Web3.0、工业5.0、供应链4.0、5G创新、数字金融、人工智能等领域的全球主要创新趋势正在深刻影响物质世界。虽然各个经济体的体制机制、发展阶段、产业基础不同，推动数字化转型的侧重点也截然不同，但数字化转型需要依托完整的数字生态系统，包括数字基础设施、科研机构、数字教育等公共品，这些一般由政府提供或引导投入；同时数字化转型作为一项长期复杂的系统性工程，也需要政策文件统筹安排战略布局。这使得政府主导的发展战略成为全球产业数字化转型的共同特征。在2021年颁布的"数字新政2.0"中，韩国政府计划到2025年投资220万亿韩元用于"数字新政"等多个板块。2022年1月，国务院发布《"十四五"数字经济发展规划》，明确提出推进产业数字化转型迈上新台阶。④可以说，世界经济的未来是数字经济。

---

① "Global Venture Funding and Unicorn Creation in 2021 Shattered All Records," Crunchbase, May, 2022, https：//news.crunchbase.com/business/global-vc-funding-unicorns-2021-monthly-recap/.

② 《数字化转型将重新定义全球分工　预计到2030年全球超70%GDP将由数字化驱动》，凤凰财经网，2021年1月11日，https：//finance.ifeng.com/c/82x3ZG9S3kj。

③ 《微软预测2030年AI将为全球经济贡献15.7万亿美元》，环球网，2019年6月28日，https：//smart.huanqiu.com/article/9CaKrnKlc5u。

④ 石建勋、朱婧池：《全球产业数字化转型发展特点、趋势和中国应对》，《经济纵横》2022年第11期。

## 三 中国双创指数与国际创业指数的联系与比较

从时间跨度上看，全球创业观察自1999年发布，全球创业生态指数自2012年发布，中国双创指数自2018年发布。从评价对象上看，全球创业观察指数以国家为单位，侧重于衡量国家整体范围内创业活动的活跃程度。全球创业生态指数和中国双创指数均以城市为单位，但全球创业生态指数考察全球范围内主要城市的创业生态系统，将其划分为顶级创业生态系统和新兴创业生态系统，侧重从业绩、融资、市场覆盖率、连通性、人才与创业经验和知识专利6个维度评价不同城市创业生态的活跃度，而中国双创指数考察中国各个城市的创新创业水平，以创新创业活动的外在环境、资源可获得性、绩效成果3个主体框架下细分的二级指标和三级指标衡量各个城市的创新创业竞争力。

### （一）指标构成比较

两个具有代表性的创业指数与中国双创指数中对创业活动的评价框架大体一致，尽管各有侧重，但是3个指数框架均将融资水平、人才资源、专利研发以及基础设施4个维度纳入影响创业活动的研究范围。在数字经济时代，数字金融水平的提高使创业活动中创业者获得融资的难度和成本降低，银企间信息不对称问题缓解能够有效提升地区创业水平；专利研发、企业家精神是创新创业活动的驱动力量，因此人才资源、专利研发是城市创业活动的源泉；而信息基础设施能够激发城市创新、提高人力资源水平，从而刺激创业活动。

与全球创业生态指数相比，全球创业观察指数更加侧重社会环境对创业活动的影响，包括公共政策、政府采购、营商条件等方面。自疫情发生以来，政府治理和公共政策在应对突发重大公共事件、维持社会经济运行等方面发挥了重要作用，中国政府在2020年为市场主体减负超过2万亿元，政府针对中小微企业和个体工商户出台阶段性税费减免、延期缴纳以及租金减免等政策，有利于帮助创业者在疫情冲击下降低融资成本。在创新创业活动中，知识产权司法保护等营商条件是促进双创活动高质量发展的基本保障，知识产权司法保护能够保护在起步阶段处于劣势地位的创新型企业，从而提高其市场竞争力。因此，完善政府政策、法律制度等对进一步激发创业活动潜力具有重要意义。

中国双创指数涵盖对创新和创业两个维度的评估，而全球创业观察指数和全球创业生态指数仅关注创业维度。在创业维度上，全球创业观察指数通过调查问卷数据反映各个国家孕育创业活动的整体环境；而全球创业生态指数通过收集全球300多万家公司和1万多名创业者等微观层面数据建立指标体系，评估创业生态系统的发展水平；中国双创指数则选用政府发布的统计年鉴和财政决算等宏观数据，间接反映城市的创新创业活力。此外，中国双创指数不仅通过城市的基础设施、政策支撑、产业结构等方面反映其双创活动的发展潜力，同时通过人力资源、新三板上市企业以及个体就业水平等维度衡量当地双创活动的活跃程度，试图打破国际指数的局限性，有利于中国城市提升双创水平。相较全球创业观察通过对成年人和专家开展问卷调查获取数据、全球创业生态指数通过收集大量的企业和创业者数据，对国家（地区）创业活动及其环境进行评估，中国双创指数体系通过官方渠道广泛收集衡量地区多个维度的数据，构建能够反映城市创业活动水平的指标。数据来源、指标结构、侧重点各异，各个指数体系反映了创业活动和创业环境的不同方面，在对国家（地区）提出政策建议时应当结合多个指数进行综合考察。

### （二）排名比较

中国双创指数评价体系以筛选出的全国100座城市作为研究样本。由于全球创业观察指数主要是国家层面的对比，而全球创业生态指数以城市为基本单位。因此，本报告对构建的中国双创指数和全球创业生态指数中的全球顶级创业生态指数与全球新兴创业生态指数排名进行对比分析（见表9）。

表 9　中国双创指数和全球创业生态指数的排名对比

| 城市 | 中国双创指数 | 全球顶级创业生态指数 | 全球新兴创业生态指数 |
| --- | --- | --- | --- |
| 北京 | 1 | 5 | — |
| 深圳 | 2 | 23 | — |
| 上海 | 3 | 8 | — |
| 广州 | 4 | — | 7 |
| 苏州 | 5 | — | — |
| 杭州 | 6 | 36 | — |
| 南京 | 7 | — | 21 |
| 武汉 | 8 | — | 51 |
| 宁波 | 9 | — | — |
| 重庆 | 10 | — | — |
| 天津 | 11 | — | 71 |
| 厦门 | 12 | — | 71 |
| 佛山 | 13 | — | — |
| 成都 | 14 | — | 31 |
| 青岛 | 15 | — | — |
| 常州 | 16 | — | — |
| 东莞 | 17 | — | — |
| 济南 | 18 | — | — |
| 无锡 | 19 | — | 17 |
| 合肥 | 20 | — | — |

资料来源：中国双创指数排名源自本报告中国双创指数篇数据，全球创业生态指数排名源自《2022年全球创业生态系统报告》。

可以发现，在中国双创指数中排名靠前的城市同样在全球创业生态指数中名列前茅（见图2至图4）。北京、深圳、上海、广州、杭州表现良好，无论是在环境支持、资源能力上还是绩效价值上都占据领先优势，其创业能力得到了国内外指标体系的认可。

其中，南京、武汉、天津、厦门、成都、无锡在两个榜单中处于第二梯

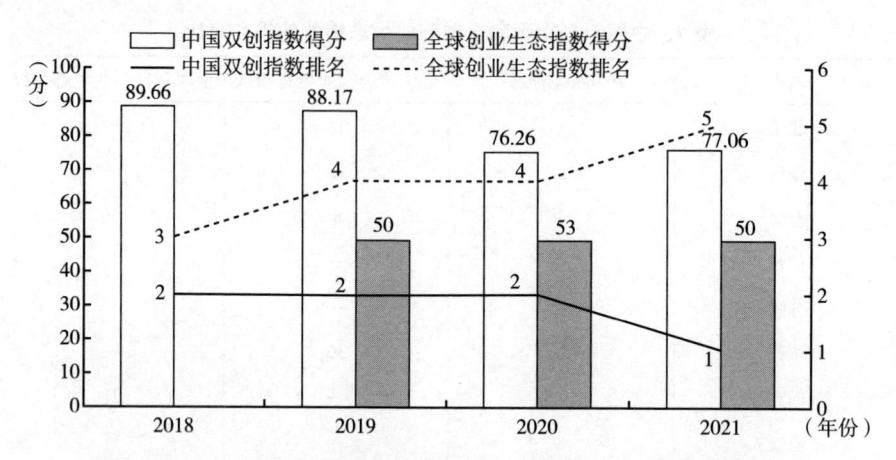

**图 2  2018~2021 年北京中国双创指数和全球创业生态指数得分及排名**

资料来源：中国双创指数源自本报告中国双创指数篇数据，其他源自 2019~2022 年《全球创业生态系统报告》①。

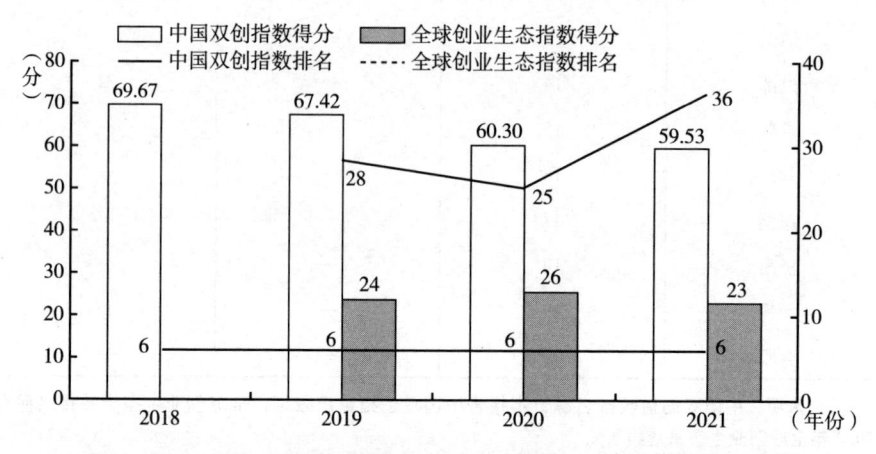

**图 3  2018~2021 年杭州中国双创指数和全球创业生态指数得分及排名**

资料来源：中国双创指数源自本报告中国双创指数篇数据，其他源自 2019~2022 年《全球创业生态系统报告》。

---

① 由于《2018 年全球创业生态系统报告》仅披露全球排前 30 名的城市，故 2018 年的数据有部分缺失，图 3~4 同。

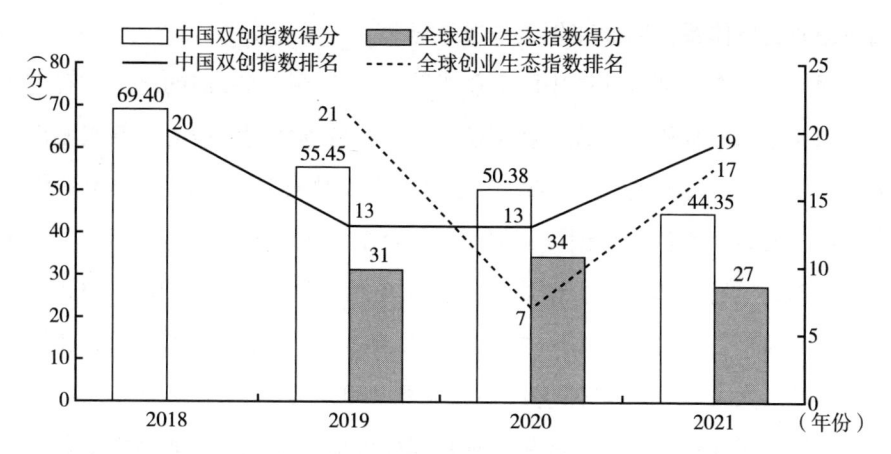

**图 4  2018~2021 年无锡中国双创指数和全球创业生态指数得分及排名**

资料来源：中国双创指数源自本报告中国双创指数篇数据，其他源自 2019~2022 年《全球创业生态系统报告》。

队。两个榜单均显示无锡在绩效价值方面表现不俗。早在 2017 年，无锡市政府就首次提出工业绩效全面评价体系，从亩均产出、资源能源消耗、产业结构等方面构建指标体系，根据结果差别化施政，[①] 同时在 2019 年出台的新规中指明新投产、初创期的企业暂不参加评价，为其发展提供缓冲期，营造更好的成长环境，[②] 为经济高质量发展提供了统一但不唯一的政策支持。《2022 年城市营商环境创新报告》显示，南京在对外开放提升、监管体制创新两个观测维度上入选创新城市。[③] 2022 年，南京市江宁区培育自主创业人员 1.04 万人，其中农民有 0.18 万人。全年新设立各类市场主体 4.07 万户，个体工商户 21.19 万户，当年新增 2.60 万户。[④] 这些城市形成了相对完善的

---

[①] 《我市首次提出工业绩效全面评价体系》，无锡市人民政府网站，2017 年 9 月 30 日，http://www.wuxi.gov.cn/doc/2017/09/30/1484395.shtml。

[②] 《工业企业绩效评价新规出台》，无锡市人民政府网站，2019 年 8 月 17 日，http://www.wuxi.gov.cn/doc/2019/08/17/2616805.shtml。

[③] 《中央广播电视总台〈2022 城市营商环境创新报告〉在京发布　南京在两个观测维度上入选创新城市》，南京市人民政府网站，2023 年 4 月 4 日，http://www.nanjing.gov.cn/njxx/202304/t20230404_3879004.html。

[④] 《2022 年国民经济和社会发展统计公报》，南京市江宁区人民政府网站，2023 年 3 月 31 日，http://www.jiangning.gov.cn/sjfb/tjgb/202303/t20230331_3876653.html。

创新创业支持体系，因此双创工作成效显著。

同时，还有一部分入围中国双创指数榜单甚至排名靠前的城市没有进入全球创业生态指数榜单，说明我国还有很多具备创新创业潜力的新兴城市未被发掘出来。以苏州为例，2022年苏州市人民政府牵头组织了诸如青年科技创业、人力资源数字化创业、创业周等众多主题的创业大赛，培育了许多优秀的创业项目，不断完善创业政策体系和改善创业环境。2009~2022年，苏州国际精英创业周已连续举办14届，累计邀请了全球40多个国家和地区的近4万名人才参会，累计落户项目总数10932个，其中创业类9942个，充分发挥了招才引智的平台效果和项目集聚效应，苏州在产业绩效上取得不俗的成绩。① 2023年苏州、重庆、宁波、青岛、佛山、合肥、东莞再度入围新一线城市，以持续的魅力吸引年轻群体进入，呈现鲜活的城市面貌。常州作为中国长三角地区的中心城市之一，资源能力突出、资本市场中新三板企业规模可观；济南作为北方城市中为数不多的"双万城市"（GDP超万亿元、人口规模超千万人），从人才落户、购房补贴、配套保障上尽心竭力地激励更多人才到济南创业就业。

综上所述，我国城市数量庞大，发展优势各有千秋，未来在国际创新创业这条赛道上将会出现更多来自中国的"千里马"。

## 四 数字化对创业活动的驱动作用

数字化是借助云计算、大数据、人工智能、物联网等技术手段，以数据为核心驱动力，促进企业商业模式、生产模式、经营管理模式转型升级的一个动态过程。平台经济、共享经济、数字金融、产业互联网等推动初创企业向"独角兽"企业和巨型平台发展。各个国家在加速数字技术、产品和服

---

① 《恭喜！59家创业周落户企业上榜，占比超三成！》，苏州市人力资源和社会保障局网站，2023年2月18日，http://hrss.suzhou.gov.cn/jsszhrss/zxdt/202302/968f6618a8a5411690a48223056cc3d9.shtml。

务创新上达成一致，要将数字化转型上升至国家战略层面。

中国信息通信研究院将其内涵分为4个部分：数字产业化、产业数字化、数字化治理、数据价值。本部分将从这4个方面入手探讨数字化如何驱动创业活动。

## （一）数字产业化

数字产业化，即信息通信产业，具体包括电子信息制造业、电信业、软件和信息技术服务业、互联网行业等。以人工智能、区块链、云计算、大数据等底层数字技术催生了一批新产业、新业态、新模式。

数字化直接催生新兴技术领域的创业创投创新机会。创业机会的认知是创业者、用户和市场不断交互的过程。随着数字技术和社会融合程度不断加深，"双千兆"网络的应用和智能终端加速升级，数字用户的消费习惯发生了巨大转变，远程办公、在线教育、智慧医疗等数字服务产业需求剧增，支撑产业发展的数字技术领域蕴藏大量的创业机会。2022年上半年，全球新增"独角兽"企业194家，平均估值为18.4亿美元，其中业务集中在区块链和智能制造的企业分别有16家和13家。[1]

以人工智能为例，全球人工智能技术和产业进入新一轮快速发展期。与自动化技术相结合的人工智能可以通过支持计算机或机器模拟人类大脑进行实时决策，优化供应链管理的工作流程，并且针对个性化的用户需求和用户体验，推动创新型智慧产品生产。人工智能技术的突破在多个领域催生了一批新的细分行业。根据Venture Scanner 2022年第一季度的调查，60%的人工智能资金流向了种子公司和早期初创公司。[2] 欧盟构建了2021~2027年跨年度财务支撑框架（Multiannual Financial Framework），着重投资包括人工智

---

[1]《2022年上半年全球独角兽企业观察》，创业邦，2022年7月29日，https://www.cyzone.cn/article/691718.html。

[2] "AI Q1 Summary," Venture Scanner, April 28, 2022, https://www.venturescanner.com/2022/04/28/artificial-intelligence-q1-2022-summary/.

能在内的五大领域。① 2019 年，欧洲仅吸引了全球 13% 的风险投资和公司基金，中国吸引了全球将近一半的风险投资，这些资金主要投资于人工智能初创企业。2021 年国内 30 余家企业成功融资，最高金额达 30 亿美元，聚焦云原生、数据库、人工智能技术等领域。

数字化助力教育培训，充实创业人才储备。数字化转型需要培养具有数字化思维和能力的人才，以满足日新月异的社会需求。人力资本专业化和多样化能够有效提升区域数字化创业活动的活跃度。综观世界各国教育数字化经验可以发现，基础教育、职业教育、高等教育等各个阶段都在有序推进数字化技能培养，企业内部或专业机构培训也成为补充选项。

在德国由政策性银行、国家引导基金等机制创新金融工具为企业创新创业提供资金支持，支持企业培养大量具备数字技能的人才。2022 年 3 月 28 日，中国国家智慧教育公共服务平台正式上线，助力基础教育、高等教育、职业教育、就业创业，释放数字技术对教育高质量发展的放大、叠加、倍增、持续溢出效应。上线一年来，平台访问总量超过 67 亿次，现已成为世界最大的教育资源库。

数字化降低了在线课程资源的交付成本，增强了课程的可得性和灵活性，有助于创业者开展创业学习。例如，Accion 和联邦快递在 2018 年将其课堂商业教育项目 Ovante 数字化，惠及 5.2 万名微型企业家。②

数字技术构建生态共赢圈，营造良好的创业环境。数字科技企业巨头是数字技术发展壮大的核心力量，依托自身的先发优势和市场份额，在业务运营上拥有绝对的优势地位。但随着数据的大量增长和数字化技术应用场景的持续拓展，科技巨头对原本服务于内部业务场景的技术框架进行开源，为产业链下游合作伙伴提供底层技术，满足工业级应用需求，逐步完善整体生

---

① "Financing Start-ups and Growth: Overview of Funding Instruments," 德国联邦经济和气候事务部，2020 年 11 月，https://www.bmwk.de/Redaktion/EN/Downloads/financing-start-ups-and-growth-overview-of-funding-instruments.pdf?__blob=publicationFile&v=10。

② "Global Entrepreneurship," FedEx, October 12, 2020, https://fedexcares.com/our-focus/global-entrepreneurship.

态，能够最大限度发挥公共数据的社会经济价值，实现合作共赢。如华为MindSpore、百度PaddlePaddle、旷视MegEngine、腾讯TNN、阿里MNN、字节跳动BytePS、小米Mace以及亚马逊MXNet技术服务于科研、政务、军事、医药、金融等诸多领域。中国政府同样鼓励数字化服务商为受疫情影响的中小微企业减免用云平台的费用，2022年中小微企业宽带和专线平均资费再降10%。创业者依托良好的数字环境，能够充分释放创业动能。

## （二）产业数字化

产业数字化，即传统产业应用数字技术所带来的产出增加和效率提升部分，包括但不限于工业互联网、智能制造、车联网、平台经济等融合型新产业、新模式、新业态。数字技术赋能实体经济是数字应用落地的必由之路，可以创造更多数字经济领域的创业与就业机会。根据中国信通院的测算，近年来，中国的数字产业化和产业数字化规模稳步提升，其中产业数字化的发展势头十分迅猛（见图5）。

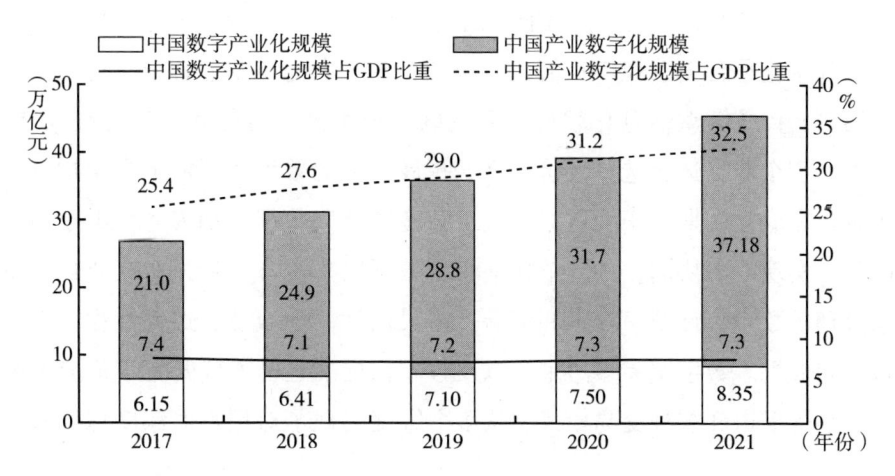

**图5 2017~2021年中国数字产业化和产业数字化规模及占比**

资料来源：中国信通院《中国数字经济发展报告》。

数字化丰富产业空间和产业形态，衍生大量低成本的创业机会。疫情加速了线下业务活动向线上的转变，旺盛的数字技术应用需求和数字化消费需求为数字产业的发展提供了持续有利的外部环境。

电子商务创新发展成为全球数字经济与实体经济融合发展的催化剂和加速器。2021年，19.7%的欧盟企业电子商务销售额占总营业额的比重超过1%，较2020年提高0.7个百分点，其中在线销售企业占比最高的是瑞典（36.6%），其次是丹麦（35.6%）、爱尔兰（35.2%）。① 2021年阿联酋电子商务支出为50亿美元，预计2022年将增加22.32%。② 2021年菲律宾的税务统计数据表明，在线内容创作者和零售业者累计贡献了价值约446亿比索（约合8亿美元）的税款。③

尽管面临诸多超预期因素的影响，中国的电子商务仍展现出极强的韧性。自2021年以来，全国网上零售额达13.1万亿元，跨境电商进出口额达1.92万亿元，电子商务从业人数超过6700万人。微商电商、网络直播等新个体经济带动了多样化的自主就业、分时就业，成为个体经营者融入经济网络的功能节点。2021年12月，国务院发布的《"十四五"数字经济发展规划》明确提出，鼓励个人利用社交软件、知识分享、音视频网站等新型平台实现就业创业，促进灵活就业、创业创新。

数字化平台创造规模价值，为初创企业提供优质创业资源。对初创企业而言，传统大型信息化软件和系统购买成本高、运行和维护过程复杂，因而初创企业更适合选择性价比高、扩展灵活的数字化开放平台架构，中小企业在成立初期利用大数据、人工智能等新兴数据吸纳人才，组建创业团队，实现业务协同，并且依托平台化数据共享服务，加强对企业自身质量管理的数字化诊断、培训和辅导，将灵活性、学习性、迭代性注入创业过程和成果。数字贸易多边平台以及数字化标准运营方式开拓了低成本的客户触达渠道和多种交易模式，从多个维度实现了对用户的深度理解和精

---

① 《欧盟企业在线销售占比持续增长》，商务部网站，2023年2月21日，http://dk.mofcom.gov.cn/article/jmxw/202302/20230203393733.shtml。
② 《阿联酋是全球增长最快的电子商务市场》，商务部网站，2022年10月15日，http://ae.mofcom.gov.cn/article/jmxw/202210/20221003361311.shtml。
③ 《非税务局：正探索对电子商务平台在线卖家的有效税收征管措施》，商务部网站，2023年3月15日，http://ph.mofcom.gov.cn/article/jmxw/202303/20230303395526.shtml。

准定位，并为其提供与之匹配的产品。

数字化转型下的企业通过知识的交互连接重塑组织边界，头部运营商不仅发挥自己在智能终端、移动互联网、物联网、企业解决方案等方面的优势进行创新，还致力于打造万众创新平台，为中小微企业甚至个人提供创新创业载体。例如，戴尔与中国中小商业企业协会联合成立"创业服务资源平台"，为中小企业数字化转型提供全流程服务；韩国科技创业公司红桌餐饮的初创团队利用自主搭建的美食旅行智慧服务平台，把收集到的餐厅地址、电话、菜单等信息多语种化，并发布在手机 App 上，服务于国内外游客的预定需求。

数字化打破了传统就业模式的时空限制，各类市场主体的创业热情度大幅提升。信息通信技术打破了传统的就业时间和空间界限，线上招聘、网络会议、居家办公等在降低创业成本的同时，进一步发挥效率效应和创新效应，激发创业动机。

数字化协同办公工具为初创企业提供了新的生产工具，帮助企业实现人员和组织的实时在线与灵活管理。商务沟通平台 Skype for Business 能够在设备上连接世界各地的用户，并提供联机提醒、即时消息、音频视频会议等功能，帮助中小企业降低成本。Zoom 主要针对网络会议，提供随时性、覆盖广、智能化的在线交流服务。TeamViewer 是一款能够支持远程访问和控制的交互操作软件，其用户可随时、随地开展工作。此外，还有诸如 Google doc 和钉钉等针对性办公软件，助力搭建数字化的管理方式，借此初创企业能够保持全局工作的高效便捷、组织架构的机动灵活，提升内部管理效率，快速响应市场用户对产品需求的变化，抵御经营风险。

## （三）数字化治理

数字化治理，包括但不限于多元治理，以"数字技术+治理"为典型特征。在全球数字化转型背景下，随着数字技术与实体经济的深度融合，数字经济在带动生产力发展和推动社会变革进入快车道的同时，重塑了现代社会生活形态，电子商务、移动支付、互联网金融等新型业态蓬勃发展，创新治理模式、提升治理能力已然成为我国治理现代化面临的新挑战,"互联网+政务服务""互联网+监管"成为数字化治理的有力抓手。

提高数字化治理水平的重要性在全球范围内得到广泛认可,截至2021年,全球已有155个国家发布与建设数字政府相关的战略,推进公共部门开展数字化改革。根据联合国发布的《2022联合国电子政务调查报告》,全球公共部门在疫情冲击下广泛采用数字技术提供公共服务,其中欧洲的电子政务发展水平最高,亚洲居于其次。我国的全球电子政务排名从2012年的第78位上升到2022年的第43位,① 是全球排名上升幅度最大的国家,这得益于我国一直高度重视并致力于探索提高政府数字化治理水平路径,党的十九届四中全会明确指出,要"推进数字政府建设,加强数据有序共享",② 习近平总书记在党的二十大报告中明确指出要打造宜居、韧性、智慧城市。③ 中国自十八届三中全会以来,以数字中国建设、数字政府建设、数字经济建设、智慧城市建设、智慧社区建设为重点领域,持续推进治理数字化转型。其中,数字政府与智慧城市的建设为我国创业活动注入强劲动力。

数字政府建设有利于优化在线政务服务,为创业活动提供更加优质的营商环境。一方面,在线办理行政手续能够大大提高初创企业的便利程度,降低创业者心理成本和时间成本,降低营商成本,有利于降低创业活动的隐形门槛;另一方面,政府部门简化审批程序、提高服务效率能够为创业公司提供更加稳定、透明、可预期的商业环境,提振创业者信心。因此,建设数字政府、提高政务服务质量有利于从政府层面降低创业难度、激发创业活动潜力,从而为社会营造更高水平的创业友好型制度环境。

---

① 《〈2022联合国电子政务调查报告(中文版)〉发布 我国电子政务排名升至全球第43位》,中央党校(国家行政学院)电子政务研究中心网站,2022年12月26日,http://www.egovernment.gov.cn/art/2022/12/26/art_ 476_ 6605.html。
② 《中共中央关于坚持和完善中国特色社会主义制度 推进国家治理体系和治理能力现代化若干重大问题的决定》,中国政府网,2019年11月5日,http://www.gov.cn/zhengce/2019-11/05/content_ 5449023.htm。
③ 《习近平:高举中国特色社会主义伟大旗帜 为全面建设社会主义现代化国家而团结奋斗——在中国共产党第二十次全国代表大会上的报告》,中国政府网,2022年10月25日,http://www.gov.cn/xinwen/2022-10/25/content_ 5721685.htm。

我国数字政府正由信息服务单一化向多元服务一体化转型。根据《中国数字经济发展报告（2022）》，① 2021年全国一体化政务服务平台实名用户超过10亿人，其中国家政务服务平台注册用户超过4亿人，总使用量达368.2亿人次，为地方部门提供身份认证核验服务29亿余次。通过数字政府标准、安全的一体化政务大数据体系建设，政府部门间实现全国政务数据共享，建立人口、法人、经济等基础库，从而构建全国一体化政务数据共享枢纽，② 改变了企业年报事项需要多次向市场监管部门、人力资源社会保障部门以及海关部门等重复填报的传统方式，使企业填报的信息在政府部门间高效共享。数字政府实现政务数据共享对处于各个阶段的企业均有所裨益，尤其为处于初创阶段的企业大大减轻了行政手续负担。对处于创业计划酝酿阶段、起步阶段的创业者来说，"掌上办""指尖办""最多跑一次""不见面审批"等创新政策，以及深圳、北京、上海、河南推行的"免申即享"方式让符合惠企政策的企业更加便利地享受政策红利。

智慧城市建设有利于健全数字基础设施，为创业活动营造更加优质的城市环境。智慧城市建设将在设施、人才、环境3个方面激发创业潜力。其一，智慧城市在注重建设5G、光纤宽带、数据中心等代表性的数字信息基础设施的同时能够有序推进农林牧渔业基础设施和生产装备智能化改造，推进数字基础设施建设，为社会创业活动所需的良好运营环境提供基础保障；其二，在文化教育、医疗健康等公共服务领域的数字技术运用能够提升城市的宜居水平，对人才的吸引力提升有利于激发创业活动潜力；其三，智慧城市建设加强了公共卫生、社会安全、应急管理等领域的数字化技术应用，提升了城市公用设施智慧水平，增强了城市对重大突发事件的响应和处置能力，有利于提高城市安全防范系统水平，为企业经营提供了更为平稳、安全的外在环境，有利于为创业活动提供蓬勃发展的"温床"。

---

① 《中国数字经济发展报告（2022）》，中国信通院，2022年7月，http：//www.caict.ac.cn/kxyj/qwfb/bps/202207/t20220708_405627.htm。
② 《国务院办公厅关于印发全国一体化政务大数据体系建设指南的通知》，中国政府网，2022年10月28日，http：//www.gov.cn/zhengce/content/2022-10/28/content_5722322.htm。

### （四）数据价值

数据要素指根据特定生产需求汇聚、整理、加工而成的计算机数据及其衍生形态，① 而数据价值化指对数据进行资源化、资产化和价值化，最终实现数据的交易融通和应用增值，数据价值化能够促进数据资产流通，加速数据红利的多维价值释放和整合性价值创造，助力数字经济的发展。

根据联合国贸发会发布的《2021年数字经济报告》，中国和美国是全球范围内数字经济参与度最高、受益最多的国家。亚马逊在卫星宽带方面投资了约100亿美元，亚马逊、苹果、脸书、谷歌和微软是2016~2020年人工智能初创公司的最大收购者。疫情期间，这些平台的利润和市值都大幅飙升。② 美国的苹果、微软、亚马逊以及中国的腾讯和阿里巴巴等互联网巨头通过向平台用户提供服务收集数据，在此基础上对数据进行深度加工、分析，使数据资源助力商业决策、市场分析，数据资本化、资源化，经不同市场主体应用，在数据出让方数据价值不受转移影响损失的情况下，在价值流通链上实现数据价值增值。

数据价值化能够帮助创业者提高管理效率，降低经营成本，优化风险管理。从横向看，在创业阶段，企业通过建设业务信息系统对自身业务产生的数据加强管理，能够帮助企业监测流程，提高初创企业内在系统的自我监测能力。通过数据及时识别业务流程风险并量化其影响，帮助初创企业进行高效管理，为加强风险管理提供低成本、高收益的工具。从纵向看，管理和分析长期业务积累的大量数据，一方面能够使初创企业利用数据涵盖的核心指标和关键信息评估其发展态势，另一方面能够为经营数据资产化奠定基础。

数据价值化能够为创业者更优决策提供数据支撑，帮助其优化产品和服

---

① 《数据要素白皮书（2022年）》，中国信通院，2023年1月7日，http://www.caict.ac.cn/kxyj/qwfb/bps/202301/t20230107_413788.htm。
② 《联合国贸发会发布〈2021年数字经济报告〉》，中国国际贸易促进委员会，2021年10月15日，https://www.ccpit.org/a/20211015/20211015ceyn.html。

务。数据价值化意味着企业对自身生产环节产生的数据进行加工、整合、分析后,能够为决策提供有效支撑,在由全体生产者组成的市场中,数据价值化将推动数据资产流通,为创造数据的企业带来流转价值的同时,为其他企业提供更大的决策参考价值。首先,由于数据要素的特殊性,数据提供商将数据流通变现并不减损其自身持有数据及其价值,将数据价值变现可能给企业带来新的增长点。其次,随着数字经济的发展,企业能够在分析自身数据的基础上结合市场及上下游数据进行分析,能够更好地掌握来自供应链供给端、市场需求端的数据,调整自身产品及服务的设计与供应,能够帮助创业企业识别市场潜在机会,从而开发更加符合市场需求的产品和服务,做出可获得更高利润的决策。

以个性化定制服装企业——青岛红领为例。青岛红领是 C2M 产业互联网生态科技企业青岛酷特智能股份有限公司旗下的个性化服装定制品牌 REDCOLLAR。用户能够通过手机应用程序自主定制偏好的面料、花色等服装设计细节,平台将客户需求传输至数据库形成数字模型,由计算机制版分解为独立工序,并将个性化数据储存在对应的专属芯片中,通过物联网控制下的自动化设备以高效率、低成本为客户制造个性化的产品。[①] 青岛红领通过将数据要素与自动化制造相结合,满足用户高度个性化的需求,从而提高企业产品和服务的认可度,并打造强有力的市场竞争优势。

数据要素对创业活动的作用,由于各国数据治理规则的不协调而受限。数据价值化使得数据要素成为创造企业价值、社会价值的重要战略资产,但是当数据进入市场范畴进行交易,随之而来的便是各国高度重视的数据安全问题。为保障数据安全性,各国法律更倾向于设置数据跨境传输障碍,以限制数据的跨境流动,成本的提高导致原本合法的数据变得更加昂贵和耗时。因此,在符合国家数据安全的基础上将数据转化为商业机会,充分发挥数据价值需要各国政府在数据治理规则上协同行动、消除数据治理分歧、缩小数字鸿沟,进一步发挥数据要素对创业活动的积极作用。从数据经济发展的积

---

① 青岛酷特智能股份有限公司官网,http://redcollerr.com.cn。

极作用看，数据价值在流通中方能充分实现。根据美国信息技术和创新基金会（ITIF）发布的"How Barriers to Cross–Border Data Flows Are Spreading Globally, What They Cost, and How to Address Them",[①] 各国限制数据跨境流动的动机包括隐私和网络安全保护、维护数字主权、信息保护、执法监管以及地缘政治风险和金融制裁5个方面。在诸多限制措施下，全球跨境数据流动呈现持续高速增长态势，但是数据要素充分流动发挥价值仍需各国精诚合作。

数字化顺应了新一轮科技革命和产业变革的趋势，当前很多国家已经将其视为未来经济增长的重要引擎，数字技术的应用将加快社会整体技术创新、产品升级和商业模式变革。作为创业的驱动要素，数字技术的应用范围将持续扩大。

**参考文献**

陈勇兵、陈永安、王贝贝：《金融如何支持创业：基于城市商业银行设立的自然实验》，《世界经济》2022年第12期。

丁任重、李俞、李标：《新冠肺炎疫情下如何复工复产：基于产业链视角》，《财经科学》2020年第5期。

郝喜玲、王敬涵、陈雪：《亦敌亦友：失败恐惧对机会识别的双向影响》，《软科学》2023年4月15日。

胡必亮、刘清杰：《新兴市场30国：综合发展水平测算与评估》，《中国人口科学》2021年第4期。

郭海、杨主恩：《从数字技术到数字创业：内涵、特征与内在联系》，《外国经济与管理》2021年第9期。

李齐、曹胜、吴文怡：《中国治理数字化转型的系统论阐释：样态和路径》，《中国行政管理》2020年第10期。

---

① "How Barriers to Cross-Border Data Flows Are Spreading Globally, What They Cost, and How to Address Them", 美国信息技术和创新基金会（ITIF）网站，2021年6月19日，https://itif.org/publications/2021/07/19/how-barriers-cross-border-data-flows-are-spreading-globally-what-they-cost。

梁翠、王智新：《推动创新创业高质量发展的知识产权司法保护法律政策研究》，《科学管理研究》2019年第2期。

涂玉琦、郝喜玲、杜晶晶：《创业失败恐惧的来源与差异性分析》，《企业经济》2022年第8期。

马述忠、沈雨婷：《数字贸易与全球经贸规则重构》，《国际经济评论》2023年4月6日。

孟宏玮、赵华平、张所地：《信息基础设施建设与区域数字化创业活跃度》，《中南财经政法大学学报》2022年第4期。

孟天广：《政府数字化转型的要素、机制与路径——兼论"技术赋能"与"技术赋权"的双向驱动》，《治理研究》2021年第1期。

沈莉、廖家娴：《创业者正念何以激发再创业意向？失败学习与风险规避的作用》，《中国人力资源开发》2023年第1期。

王琳、陈志军、崔子钰：《数字化转型下知识耦合如何重构组织边界？——基于创业警觉的认知逻辑》，《南开管理评论》2023年4月6日。

王鉴忠等：《全球创业观察（GEM）项目研究回顾与展望》，《辽宁大学学报》（哲学社会科学版）2017年第5期。

王晓永、张旭峰：《汇率对CPI传递的非线性效应——来自新兴市场和发达市场的经验》，《华侨大学学报》（哲学社会科学版）2022年第2期。

王影、张宏如、梁祺：《失败后的反刍思维与创业韧性关系研究——来自互联网行业的证据》，《科技进步与对策》2022年第21期。

王震：《新冠肺炎疫情冲击下的就业保护与社会保障》，《经济纵横》2020年第3期。

温永林、张阿城：《信息基础设施建设能促进创业吗？——基于"宽带中国"示范城市建设的准自然实验研究》，《外国经济与管理》2023年4月5日。

尹西明等：《数据要素价值化动态过程机制研究》，《科学学研究》2022年第2期。

余江等：《数字创业：数字化时代创业理论和实践的新趋势》，《科学学研究》2018年第10期。

赵策、武舜臣、诸品璋：《宗族网络、社会责任履行与农民创业企业竞争力》，《农业经济与管理》2023年第1期。

中国信通院：《工业数字化绿色化融合发展白皮书》，2023年1月。

中国信通院：《全球数字经济白皮书》，2022年12月。

中国信通院：《中国数字经济发展报告（2022）》，2022年7月。

朱巍等：《人工智能：从科学梦到新蓝海——人工智能产业发展分析及对策》，《科技进步与对策》2016年第21期。

C. M. Chen, Y. C. Huang, S. S. Wu, "How Do Institutional Environment And Entrepreneurial Cognition Drive Female And Male Entrepreneurship from a Configuration Perspective?" *Gender in*

*Management* 2023.

H. Guo, A. Guo, H. Ma, "Inside the Black Box: How Business Model Innovation Contributes to Digital Start-up Performance," *Journal of Innovation & Knowledge* 2 (2022).

H. Ozalp et. al., "Digital Colonization of Highly Regulated Industries: An Analysis of Big Tech Platforms' Entry into Health Care and Education," *California Management Review* 4 (2022).

J. C. Pinho, E. SA, "Cross-cultural Cognitive Conditions and Gender Differences in the Entrepreneurial Activity During the COVID-19 Pandemic," *Gender in Management* 2023.

Z. Varpina et. al., "Back for Business: The link Between Foreign Experience and Entrepreneurship in Latvia," *International Migration* 2023.

H. Zaheer et. al., "The Entrepreneurial Journeys of Digital Start-up Founders," *Technological Forecasting and Social Change* 2022.

# B.11
# 全球数字经济发展研究

兰赛 吴映君 王晴*

**摘　要：** 以数字技术和数据要素为核心的数字经济不断渗透经济社会各个层面，数字经济推进创新发展，其既是经济转型增长的新变量，也是经济提质增效的新蓝海。本报告主要研究近年来全球主要经济体的数字经济发展动态，结合我国数字经济发展的实际，厘清当前我国数字经济发展所具备的优势与存在的不足，并提出相关建议，最后聚焦数字经济如何助力粤港澳大湾区协同创新。发展数字经济是构建以国内大循环为主体、国内国际双循环相互促进的新发展格局和打造高质量发展新引擎的现实需要，有利于推动构筑国家竞争新优势，使我国在新一轮产业变革中抢占先机，研究全球数字经济发展对我国具有重大的现实意义和战略意义。

**关键词：** 数字经济　创新　粤港澳大湾区

## 一　全球数字经济发展脉络

### （一）数字经济的内涵

数字经济的概念源自 Tapscott 于 1996 年发布的《数字经济》，1998 年

---

\* 兰赛，管理学博士，法国里昂商学院副教授兼商业智能中心运营副主任，主要研究方向为创新与创业、国际商业管理、企业战略；吴映君，中山大学国际金融学院硕士研究生，主要研究方向为创业创新、区域经济；王晴，经济学博士，中山大学国际金融学院副教授，主要研究方向为劳动经济学、发展经济学等。

美国商务部正式将数字经济纳入核算,此后数字经济逐渐被世界各地所重视和熟悉。各国学者对数字经济的界定存在不同看法,数字经济在各国具有不同的内涵。根据《"十四五"数字经济发展规划》[①],数字经济指以数据资源作为关键生产要素,以现代信息网络作为主要载体,以信息通信技术融合应用,以全要素数字化转型为重要推动力,使公平和效率更加统一的新经济形态。数字经济主要包括数字产业化、产业数字化、数字化治理和数据价值化4个部分(见图1),以数据安全作为基石。其中,数字产业化为产业数字化提供要素支撑,产业数字化为数字产业化创造应用场景,两者相辅相成,共同构成以数据为核心生产要素的新经济范式。

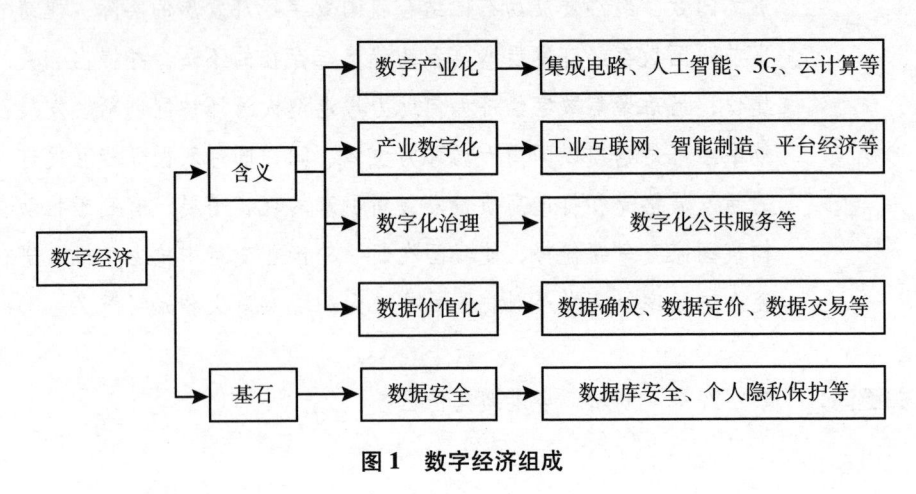

```
                   ┌─ 数字产业化 → 集成电路、人工智能、5G、云计算等
                   │
              ┌ 含义├─ 产业数字化 → 工业互联网、智能制造、平台经济等
              │    │
数字经济 ─────┤    ├─ 数字化治理 → 数字化公共服务等
              │    │
              │    └─ 数据价值化 → 数据确权、数据定价、数据交易等
              │
              └ 基石 ─ 数据安全 → 数据库安全、个人隐私保护等
```

**图 1　数字经济组成**

资料来源:作者自制。

近年来,疫情的发生使得数字经济实现跨越式发展。一方面,在疫情对经济社会正常运转的干扰下,传统产业与数字技术加速融合,远程医疗、在线教育、协同办公等走进公众生活,越来越多的活动在线上开展,提高了消费者对数字化产业的需求以及对数字化消费的认可和关注。另一方面,数字化产业成为经济复苏的重要推手,各国纷纷加大对半导体、智能机器人、数

---

① 《国务院关于印发"十四五"数字经济发展规划的通知》,中国政府网,2021年12月12日,http://www.gov.cn/zhengce/content/2022-01/12/content_5667817.htm。

字基础设施等数字产业的投入。2020年全球互联网带宽提高了35%，是自2013年以来增幅最大的一年。2021年，全球47个主要经济体的数字经济规模为38.1万亿美元，同比增长5.1万亿美元，数字经济规模占GDP的比重为45.0%，数字经济名义增速为15.6%，较同期GDP增速高2.5个百分点。第一、第二和第三产业的数字经济增加值占行业增加值的比重分别为8.6%、24.3%和45.3%。此外，产业数字化是全球数字经济发展的主导力量，产业数字化规模为32.4万亿美元，占数字经济的比重为85%。[①]

各经济体数字经济发展规模差距较大。人均GDP与人均宽带普及率的相关系数为0.67。2020年，发达国家的移动宽带普及率是发展中国家的两倍，是最不发达国家的4倍。发达国家约98%的人口被3G或更快网络覆盖，而发展中国家和最不发达国家的这一比例分别为92%和77%。固定宽带连接方面，发达经济体的平均速度几乎是最不发达国家的8倍，这反映了基础设施和技术的差距（如光纤网络的采用）。数据中心方面，截至2021年1月，全球共有4714个数据中心，其中近80%位于发达国家（主要在北美洲和欧洲），897个在不包括转型经济体的发展中经济体（主要在亚洲），119个在转型经济体。[②] 发达国家数字经济规模总计高达27.6万亿美元，占所统计的47个主要经济体数字经济规模的72.4%，占其GDP的比重为55.7%，而发展中国家数字经济规模占GDP的比重为29.8%。[③] 从总体来看，经济发展水平越高的国家，其数字经济发展水平也越高，且与经济发展水平较低的经济体之间的差距较大，发达国家在数字经济领域处于领先位置。

在驱动数字经济发展并从中受益方面，中国和美国表现亮眼。中国和美国的超大规模数据中心占了全球的一半，全球5G普及率最高，过去5年中国和美国人工智能初创企业融资总额占比高达94%，两国拥有的数字平台

---

[①] 中国信息通信研究院：《全球数字经济白皮书（2022年）》，2022年12月。
[②] "Digital Economy Report 2021," UNCTAD, Sep 2021, https：//unctad.org/publication/digital-economy-report-2021.
[③] 中国信息通信研究院：《全球数字经济白皮书（2022年）》，2022年12月。

市值占比达90%，苹果、微软、谷歌、脸书、腾讯和阿里巴巴在全球范围内拥有强大的金融、市场和技术力量，掌握大量用户数据。①

### （二）数字经济与创新的关系

创新通过创造新的市场与行业、提高生产率和效率、促进产业结构调整和转型升级等推动经济发展和转型升级，是经济高质量发展的重要驱动力，但创新需要投入大量的时间和资源，本身往往也存在一定的风险，可能会面临失败或巨大的竞争压力。数字技术不仅可以打破创新中面临的困境，还能提高创新精准度和决策效率，增强创新效果。

一是数字经济促进自主创新。数字技术从根本上改变了科学研究、产品开发、工艺流程和设备运维的范式，极大地提高和增强了技术创新的效率和效果，促进企业降本提质增效。数字经济通过降低企业成本、提高资源配置效率的方式降低企业经营风险，同时增强企业融资可获得性，减少创新投入约束。二是数字技术促进协同创新。数字经济涉及范围广，数字技术加速了知识和信息的分散与传递，打破了地域限制，为各经济主体之间提供了更加高效便捷的沟通渠道，从而使经济系统中的资源渗透、融合和协同能力得到提高，资源配置效率得到提升，"政、产、学、研、用"各类主体创新活力进一步迸发。三是数字经济促进开放创新。数字技术拓展了创新网络，重新定义了创新边界，创新由传统的线下实体空间活动转变为线上线下相互结合，由身份明确的创新人员转变为线上平台创新资源开放共享。通过信息网络建立创新生态，连接全球各类专家人才，极大地丰富了创新资源，企业实现知识与技术的外溢效应，弥补单一企业知识匮乏的不足，有利于企业更好地利用知识和技术进行创新活动。四是数字经济推动市场变革。一方面，数字经济通过采集、分析和利用大数据，让企业更好地了解市场需求、消费者偏好等信息，以此为基础创造出更多符合市场的商品和服务。另一方面，数

---

① "Digital Economy Report 2021," UNCTAD, Sep 2021, https：//unctad.org/publication/digital-economy-report-2021.

字经济改变了传统的商业模式,使更多服务场景和产品的实现成为可能,数字经济带来的市场竞争使新企业的快速成长和在位企业的市场地位被颠覆成为可能,激励企业通过创新获取更多收益。

数字经济以数字技术为基础,数字技术的创新反过来推动了数字经济的发展。第一,创新提高了数字经济的竞争力。随着科技的进步,数字产业也在不断更新迭代,唯有持续地创新,数字产品和服务的质量与效率才能不断提升,保持其在全球市场的竞争力。创新增强了企业的市场竞争力,增强了数字经济的可持续发展能力。第二,创新打破了传统行业的局限性。随着数字技术的不断创新,数字要素应用场景不断开发,传统产业与数字技术进一步结合,传统产业更多地参与数字经济,提高了数字经济的整体水平。同时,新要素的数字化和虚拟化特征使其呈现边际效益递增的特点,有效克服了劳动、资本等要素稀缺的困难,有效打破了经济增长的限制。第三,创新推动了数字经济的可持续发展。随着数字经济焕发出愈加强大的生命力,各经济体也在不断探索如何利用数字技术创新实现数字经济可持续发展,环境可持续性为其中的重要议题之一。利用数字技术推广绿色低碳生产模式、智能化城市治理等,需要不断推进技术创新。

### (三)主要经济体数字经济政策梳理

#### 1. 美国

在数字产业化方面,2020年10月,美国商务部发布《关键与新兴技术国家战略》,指出美国要成为关键和新兴技术的世界领导者,并构建技术同盟,还列出了包括先进计算、先进常规武器技术、先进工程材料等在内的20项"关键与新兴技术"清单。[①] 美国高度重视数字基础设施的建设,2019~2022年,美国先后发布《国家战略性计算计划(更新版):引领未来计算》、《关于加强负责任使用定位、导航和授时服务以增强国家弹性的行

---

[①] 《美国商务部发布 关键与新兴技术国家战略》,中国科学院科技战略咨询研究院,2021年2月4日,http://www.casisd.cn/zkcg/ydkb/kjzcyzxkb/2020kjzc/202012/202102/t20210204_5885365.html。

政令》和《平价网络连接计划》，以加强数字基础设施建设。在人工智能领域，2021年1月，美国白宫宣布成立国家人工智能计划办公室，统筹政府与私营部门实施美国国家AI战略，这是美国政府确保美国在人工智能领域保持领先地位的又一举措。软件开发领域，在2022年5月华盛顿举行的开源软件安全峰会上，Linux基金会和开源安全基金会提出一项为期两年的近1.5亿美元的投资计划，目的在于加强美国的开源安全。美国也发布了大量量子科技领域相关的政策文件，2020年美国成立国家量子计划咨询委员会和量子经济发展联盟，2022年美国国家科学技术委员会发布的《量子信息科技人才培养国家战略规划》拓展了劳动力方面的政策。① 在5G领域，中国被美国政府视为最大的竞争对手，美国接连发布《美国将赢得5G全球竞赛》《5G全球竞争》等众多报告。2021年12月，《边缘网络，核心策略：保护美国的6G未来》报告指出美国政府应牵头进行新的技术开发和战略部署，保持其6G竞争力。

在产业数字化方面，美国关注制造业高附加值环节，商务部计划到2024财年累计拨款19.3亿元，完成45家先进制造创新中心建设，推动先进制造技术的商业转化。

在数字化治理方面，2018年美国白宫发布《联邦政府云战略》，新一任美国政府又制定云敏捷战略，旨在让各机构采用最新的云解决方案。

在数据价值化方面，2019年美国白宫发布《联邦数据战略与2020年行动计划》，确立政府机构应使用联邦数据的长期框架，该战略反映美国对数据的关注重点从"技术"转向"资产"。2022年，美国国家科学技术委员会发布《数据创新推动计划》，通过改进现有的卫生数据来预测、防范和应对潜在的严重生物威胁，开启了数据在大西洋两岸自由流动的时代，《公平数据愿景——公平数据工作组建议》旨在制定一项可促进数据平等使用和反映美国公众数据多样性的数据治理战略，并提出了5项

---

① 《美国NSTC发布 量子信息科技人才培养国家战略规划》，中国科学院科技战略咨询研究院，2022年7月11日，http://www.casisd.cn/zkcg/ydkb/kjzcyzxkb/kjzczxkb2022/zczxkb 202203/202207/t20220711_ 6474168.html.

建议。

在数字安全方面，2020年4月，美国通信服务业外国参与审查委员会成立，"对由外国参与引起的涉及公众利益的国家安全和执法问题进行审查"。① 2021年，《2021年K-12网络安全法案》用以加强中小学的网络安全。同年8月，美国管理与预算办公室发布《强化安全措施，保护关键软件》备忘录，加强软件供应链安全，保障联邦政府机构使用软件的环境安全。

2. 中国

"数字经济"已经连续6年出现在政府工作报告中，自2017年强调"促进数字经济加快发展"至2023年指出"大力发展数字经济，提升常态化监管水平，支持平台经济发展"。2023年2月，中共中央、国务院印发《数字中国建设整体布局规划》，② 指出数字中国建设要按照"2522"的整体框架布局，即夯实数字基础设施和数字资源体系"两大基础"，推进数字技术与经济、政治、文化、社会、生态文明建设"五位一体"深度融合，提升数字技术创新体系和数字安全屏障"两大能力"，优化数字化发展国内国际"两个环境"。2023年3月，组建国家数据局并由国家发改委管理，负责协调推进数据基础制度建设，统筹数字资源整合共享与开发利用，统筹推进数字化建设。③ 此外，中国还积极与其他经济体开展数字经济合作，积极推进《数字经济伙伴关系协定》（DEPA），在世界贸易组织、《区域全面经济伙伴关系协定》（RCEP）等框架下推动电子商务规则构建，开展双多边数字经济治理合作，营造良好的国际环境。2020年被称为"中国与东盟数字经济合作年"，2022年中国又与东盟共同发布《中国—东盟数字经济合作伙伴关系行动计划（2021—2025年）》，持续加强在智慧城市、5G等领域的合作。

---

① 《美国成立专门委员会对外国参与美国通信行业进行审查》，澎湃新闻，2020年4月5日，https://www.thepaper.cn/newsDetail_forward_6846619。
② 《中共中央 国务院印发〈数字中国建设整体布局规划〉》，中国政府网，2023年2月27日，https://www.gov.cn/zhengce/2023-02/27/content_5743484.htm。
③ 《组建国家数据局》，新华社，2023年3月7日，http://www.xinhuanet.com/politics/2023-03/07/c_1129419141.htm。

在数字产业化方面，2022年1月的《"十四五"数字经济发展规划》提出，以加强统筹协调和组织实施、加大资金支持力度、提升全民数字素养和技能等为保障措施，开展优化升级数字基础设施、充分发挥数据要素作用等8项具体工作，支持数字经济迈向2025年的全面扩展期和2035年的繁荣成熟期。① 在数字基础设施建设领域，自2013年以来，我国长期实施宽带中国发展战略，2018年的政府工作报告提出要加大网络提速降费力度，实现高速宽带城乡全覆盖，扩大公共场所免费上网范围。2022年，国务院发布的《"十四五"数字经济发展规划》部署了包括优化数字基础设施在内的8个方面的重点任务。

在产业数字化方面，2018年我国发布《关于促进"互联网+医疗健康"发展的意见》，并提出了促进互联网与医疗健康深度融合发展的一系列政策措施。2019年，中共中央、国务院通过《关于坚持农业农村优先发展做好"三农"工作的若干意见》，提出数字乡村战略，之后《数字乡村发展战略纲要》颁布。2020年7月，国务院发布的《关于促进国家高新技术产业开发区高质量发展的若干意见》强调，引导企业广泛应用新技术、新工艺等同实体经济深度融合，促进产业向智能化、高端化和绿色化发展。

在数字化治理方面，2019年中共第十九届中央委员会发布的《中共中央关于坚持和完善中国特色社会主义制度、推进国家治理体系和治理能力现代化若干重大问题的决定》指出健全使用数字技术进行行政管理的制度规则，提高政务服务信息化、智能化、精准化和便利化水平。2020年，《国家中长期经济社会发展战略若干重大问题》指出，要乘势而上，加快数字经济、数字社会、数字政府建设，推动各领域加快数字化发展，积极参与数字货币、数字税等国际规则的制定，塑造新的竞争优势。② 2022

---

① 《国务院关于印发"十四五"数字经济发展规划的通知》，中国政府网，2021年12月12日，http://www.gov.cn/zhengce/content/2022-01/12/content_5667817.htm。
② 《习近平：国家中长期经济社会发展战略若干重大问题》，求是网，2020年10月31日，https://www.spp.gov.cn/spp/tt/202010/t20201031_483621.shtml。

年，中央全面深化改革委员会第二十五次会议强调，要全面贯彻网络强国战略，把数字技术广泛应用于政府管理服务，推动政府数字化、智能化运行。

在数据价值化方面，2020年国务院签署的《区域全面经济伙伴关系协定》明确了在电子商务活动中各成员方数据本地化和数据跨境流动的"原则+例外"基本准则，为全球数据跨境流动制度构建提供了"亚洲方案"。2022年，国务院发布的《"十四五"数字经济发展规划》指出，扩大高质量要素供给，加快数据要素市场化流通，创新数据要素开发利用机制等。2022年12月，《中共中央 国务院关于构建数据基础制度更好发挥数据要素作用的意见》就数据产权、流通交易、收益分配、安全治理4个方面提出20条政策举措。

在数据安全方面，2022年6月，中央全面深化改革委员会第二十六次会议强调，数据基础制度建设事关国家发展和安全，要维护国家数据安全，保护个人信息和商业秘密，促进数据高效流通使用、赋能实体经济，统筹推进数据产权、流通交易、收益分配、安全治理，加快构建数据基础设施制度体系。①

3. 欧盟

近年来，欧盟密集发布了一系列数字化转型政策，数字经济成为欧盟政策的重点。2021年8月欧盟发布《通向数字十年之路》，确定了推动欧盟2030年数字化目标落地的具体安排，欧盟委员会将基于与各成员国的年度合作机制建立治理框架，以实现数字技能、数字基础设施、企业和公共服务数字化领域的各项目标。2019年，德国联邦经济与能源部发布《工业战略2030》（正式版），从产业政策角度"首次提出了一项连贯的德国和欧洲的产业战略"。2020年，德、法两国又确立了云基础设施Gaia-X的发展路线图，力求为欧洲建立可信安全的数据基础设施。在人工智能领域，2021年欧盟委员会修订了《人工智能协调计划》，指导各成员国协调行动，共同实

---

① 《习近平主持召开中央全面深化改革委员会第二十六次会议强调 加快构建数据基础制度 加强和改进行政区划工作》，央广网，2022年6月23日，http://china.cnr.cn/news/sz/20220623/t20220623_525878858.shtml。

现欧盟人工智能全球领导地位的目标。在量子科技领域，2021年欧洲量子产业联盟正式启动，该联盟将负责倡导、促进和推动欧洲量子产业面向所有量子技术利益相关方；① 同年10月，欧洲核子研究中心发布《量子技术倡议（QTI）战略和路线图》，意在促进量子技术的发展并推动量子技术在高能物理领域的应用。② 从欧盟具体国家来看，德国巴伐利亚州启动"慕尼黑量子谷"计划，致力于整合各方优势，创造量子技术生态系统，研发全球最具竞争力的先进量子技术；法国总统马克龙启动了法国量子技术国家战略，计划5年内投资18亿欧元用于量子技术领域。在5G技术领域，《加速欧洲5G转型：如何增加对变革性5G解决方案的投资》希望通过投资创新项目支持5G生态系统发展，确保欧洲5G在全球的竞争力和战略主动权。2022年2月，《欧洲芯片法案》提出一揽子措施，以确保欧洲在芯片制造领域的领先地位，欧盟拟将超过430亿欧元的公共资金和私有资金用于支持芯片生产、试点项目和初创企业，重申将半导体市场份额提升到20%的目标。

在产业数字化方面，2021年3月，26个欧洲国家签署《欧盟绿色和数字化转型宣言》，以加快绿色数字技术的应用，造福环境。欧洲能源研究联盟发布的"能源数字化"联合研究计划通过信息技术和能源数字化实现零碳欧洲目标，同年发布《工业5.0：迈向可持续、以人为本和韧性的欧洲工业》，系统阐述未来欧洲工业发展愿景。2022年的《欧洲数字权利和原则宣言（草案）》提供了促进欧洲数字化转型的明确参考点。同年法国还公布了《法国"农业和数字化"路线图》，以加速部署创新解决方案。

在数字治理方面，2020年欧盟出台了《数字服务法案》，为"网络平台在非法和有害内容方面的问责制"设定了新标准，若科技巨头的市场主导

---

① 《欧洲量子产业联盟正式启动》，中科院网信工作网，2021年5月19日，http://www.ecas.cas.cn/xxkw/kbcd/201115_ 128709/ml/xxhzlyzc/202105/t20210519_ 4562466.html。

② 《欧核中心发布 量子技术倡议战略和路线图》，中科院网信工作网，2021年11月12日，http://www.ecas.cas.cn/xxkw/kbcd/201115_ 128863/ml/xxhzlyzc/202111/t20211112_ 4564803.html。

行为威胁到客户及中小竞争对手的利益则会被强制采取业务分拆或出售措施。同年出台的《数字市场法》旨在限制大型互联网企业的不正当竞争行为。2021年12月，欧盟又通过开源软件开发的新规则，意在促进委员会在更短时间内向公众提供软件源代码。

在数据价值化方面，2020年欧洲议会发布《欧洲数字主权》，从构建数据框架、营造可信赖的环境以及调整竞争和监管规则3个路径对保护欧洲数据主权提出了进一步的倡议。同年11月发布的《欧洲数据治理条例》完善了数据的可用性机制，减少数据再利用的障碍。2021年的《欧洲数字身份框架》使得所有欧盟公民和企业都能使用欧洲数字身份钱包。2021年，德国联邦政府发布的《数据战略》包含4个行动领域的240余条具体措施，意在促进数据在商业、科学、公民社会和行政等领域的使用，使德国成为欧洲创新使用和共享数据的先行者。2022年欧盟的《数据法案（草案）》对互联网产品的制造商、数字服务提供商和用户等在数据共享、公共机构访问等方面提出诸多规定，具有重要的风控合规风向标意义。

在数据安全方面，2018年5月欧盟的《通用数据保护条例》（GDPR）正式生效，该法规旨在保护欧盟公民的个人数据和隐私权，并规定了个人数据的收集、使用和处理方式，对违法行为设定了严格的处罚措施。2022年，GDPR制裁金额增至30亿美元。2019年，欧盟首次明确提出欧盟网络安全认证计划并通过《网络安全法案》，该法案的实行是新时期欧盟网络安全治理的里程碑。2021年2月，法国政府发布《网络国家安全战略》，计划投入10亿欧元用于网络安全产业，在5年内使法国掌握网络安全技术。2021年4月，欧盟发布了《制定统一的人工智能规则（人工智能法）并修正某些联合立法》，这是针对人工智能发展的一个重量级法案，限制了人工智能技术在一些领域的使用，例如，司法和执法部门。同年《无线电设备指令》授权法案要求无线电设备制造商在产品的设计和生产中，必须考虑网络安全的法律要求。欧盟还提议成立一个新的联合网络部门，加强欧盟各成员国之间的合作，以应对可能影响公众利益的重大恶性网络事件，打击网络犯罪行为。2022年发布的《关于网络安全风险管理标准的报告》阐述了涉及风险管理的各个方面,并列出了可能的缓释风险实施方法及工具。

**4. 英国**

在数字产业化方面,2022年6月,英国政府发布《英国数字战略》,重点关注数字基础、创意和知识产权、数字技能和人才、为数字增长畅通融资渠道、高效应用和扩大影响力、提升英国国际地位6个领域,以实现数字化转型,推动数字技术成为英国经济增长和技术创新的引擎。在人工智能领域,2018年,英国政府发布《产业战略:人工智能领域行动》,在想法、人民、基础设施、商业环境、地区5个生产力基础领域制定具体举措以确保英国在人工智能领域的领先地位。[①] 2021年,英国先后发布《人工智能路线图》《国家人工智能战略》,为发展人工智能提供方向指导,以使英国成为全球人工智能超级大国。

在数字化治理方面,于2020年出台的《自由保护法2012》允许警察基于国家安全的目的保留和使用生物识别信息。同年10月,英国政府将内容监管范围扩大到互联网阅读、付费点播、在线游戏等数字经济领域,打击网络盗版现象。

在数据价值化方面,2020年9月,英国数字、文化、媒体和体育4个部门联合发布《国家数据战略》,阐述了英国如何充分发挥数据价值,并通过数据使用推动创新、提高生产力、创造新的创业和就业机会以及改善公共服务。2021年8月,英国政府发布脱欧后的一系列关于数据的措施,以抓住数字产业发展机遇,包括建立全球数据伙伴关系、增设信息专员职位,完善数据保护制度等。

在数据安全方面,2020年英国议会通过《电信(安全)法案》,提高了英国电信网络的安全标准,对违反规则的电信运营商给予严厉惩罚。2021年英国政府发布《国家网络空间战略》,计划不断加强网络能力建设,减少

---

① 《英国发布人工智能领域产业战略具体行动》,中科院网信工作网,2021年10月19日,http://www.ecas.cas.cn/xxkw/kbcd/201115_128847/ml/xxhzlyzc/202110/t20211019_4564568.html。

网络风险,到2030年成为最安全宜居和具有较强投资吸引力的数字经济体之一。2022年国防部发布《国防网络弹性战略》,指出网络攻击风险已成为英国国防最高风险之一,确立了七大优先事项,以及具体实现的途径和指导原则,以解决网络防御的关键问题。

5. 日本

在数字产业化方面,2019年,日本政府发布《信息通信技术(ICT)全球化战略》,推动经济社会领域的数字化发展,以实现联合国提出的可持续发展目标。在人工智能领域,2019年6月,日本政府出台《人工智能战略2019》,希望通过人工智能推动社会制度改革,改善公民生活,提升日本国际影响力。2020年4月,日本政府又发布《AI战略2022》。在量子技术领域,2021年5月,日本政府计划与包括丰田、东芝、富士通等在内的约50家日本企业携手共建一个量子研究团体,以推动量子技术的发展。在芯片技术领域,2021年11月,日本政府召开第四次"半导体与数字产业战略研讨会",提出强化日本半导体产业基础的"三步走"方案。

在数字治理方面,2019年,日本内阁通过《道路交通车辆法》,明确自动驾驶汽车的配备、测试和维修等要求,以确保在安全条件下推动驾驶产业发展。2021年,负责行政数字化的最高部门——日本数字厅成立。同年12月,针对半导体产业发展的《促进特定信息通信技术研发供给和应用法》和《新能源与产业技术综合开发机构法》修正案发布。

在数据安全方面,2020年6月日本通过《个人信息保护法(修订)》,修订了个人使用数据的权利、义务和制度。

6. 巴西

作为国际社会重要的新兴力量,推动数字经济发展是巴西政府20多年来的一项长期目标,巴西数字化转型起步较晚,与发达国家相比仍存在一定的差距,但整体数字化转型意识不断增强,实践经验日益丰富,具备后发优势。

在数字产业化方面,2019年,巴西参议院批准新的电信法案,减少对电信企业的限制,以提高电信企业的竞争力。2021年5月,巴西通信部制定"数字化巴西"计划,计划于 2023 年 12 月之前将数字电视信号扩展至全国各地,以迎接 5G 技术的到来。

在产业数字化方面,2019 年,巴西政府发布"国家物联网计划",制定了包括建立物联网创新平台、支持建立物联网技术等在内的 75 项措施,其中,农业综合企业和制造业是优先发展领域。在移动支付应用上,巴西领先于其他拉丁美洲国家,2020 年巴西中央银行宣布即时支付生态系统正式上线,未来两年巴西计划推出"央行数字货币",为公众提供便捷、安全的电子支付方式。在工业领域,巴西经济部和科技创新通信部积极推进巴西"工业 4.0"计划,科技创新通信部还与教育部共同资助巴西研究和工业创新公司,该公司的建立旨在鼓励研究机构与工业部门合作,以制定更多针对数字化转型的创新技术解决方案。

在数据安全方面,巴西个人数据保护局发布的首部综合性数据保护法律《通用数据保护法》于 2020 年 8 月正式生效,对个人信息的收集、使用、运用和存储以及违反法律的行为做了清晰的界定,强调数据主体的所有权和使用权。

### (四)全球数字经济发展趋势

第一,使用和保护数据要素。一方面,各国加快对数据要素的储存、分析和利用。在全面推进数字化进程中,呈现爆发式增长态势的海量数据蕴含巨大的潜力和价值,是数字经济时代的关键性生产要素。为使海量数据发挥其巨大价值,各国将持续加快公共数据开放和行业数据标准化,打破数据垄断、激发创新服务、培育要素市场、释放数据要素潜能成为各国的探索方向,以技术应用为基础、以市场流通为关键、以制度创新为保障,三者并举,促进数据要素价值释放。另一方面,数据安全事关国家主权、个人隐私。当前数字产品、数据要素的保护由于多边协定的差异而缺乏有效完备的手段,未来各国有望就数据安全问题进行深入的探讨和合作。在跨境数据流动方面,存在不同数据持有方保护能力强弱不一、数据流出后适用法律法规不同等的风险,各国如何在充分尊重各自主权和发展利益的基础上,协商构建数据跨境安全有序流动的国际规则是未来需要共同推进的事务；在网络安全方面，各国需要在标准制定、技术研发等方面开展合作，增强共同打击网络犯罪和保护数据要素的能力。

第二，各国继续加大与加强新基础设施的投入与建设。国家发改委将"新基建"的范围界定为信息基础设施、融合基础设施以及创新基础设施3个方面。加强新基建一直是各国的共识。短期看，各国正处于经济复苏期，新基建兼顾扩大供给和需求的要求；长期看，持续提升数据获取的量级和频率，不断丰富数据传输的渠道和方式，以及扩大数据存储空间，增强数据加工能力，创新数据使用能力，都是数字经济得以蓬勃发展的重要基础条件，推动新基建有利于增强国家的自主创新能力、经济增长动力和国家竞争实力。近年来，各国通过简化监管流程、提供资金支持、减免税收等方式推动新基建，在下一阶段，各国将继续加快发展5G、人工智能、工业互联网等数字基础设施建设，新基建加速朝着高速率、全覆盖、智能化方向发展。值得一提的是，新基建与传统基础设施并非割裂和对立关系，相反，数字技术为传统基础设施效能提升与作用升级创造了条件。在与互联网、大数据、人工智能等数字技术的逐步融合下，电网、水利、公路、铁路、港口等传统基础设施进行智能化转型升级，从而提升能源利用效率和资源调度能力，反哺数字经济社会可持续发展。以新基建为依托，各国将加快推进社会智能化发展，万物互联和人机物共融将成为网络架构的基本形态。

第三，推进数字技术与实体经济的深度融合发展是首要战略任务。首先，传统产业为数字技术提供了广阔的应用场景和需求空间，各国长期高度重视制造业数字化转型，着力推动数字技术赋能传统产业。其次，长期以来，与服务业相比，制造业数字化程度较低，物联网、云计算和区块链等技术将充分释放制造业数字化后发优势。数字技术的进一步发展和深度应用为利用数字化实现制造业资源整合提供了良好的条件。最后，全球经济仍处于相对稳定的复苏阶段，以先进制造业为代表的实体经济将继续作为主要增长点，在与数字技术的深度融合中不断焕发新的活力。例如，生成式人工智能（AIGC）在被广泛采用后的10年内可以将美国劳动生产率的年增长率提高

1.5%左右，人工智能技术最终可以使全球年 GDP 增长 7%。① 作为新一代人工智能技术成果的代表，ChatGPT 能够通过理解、模拟和学习人类自然语言进行对话，并根据聊天上下文进行实时互动，在游戏、传媒、教育、医疗、广告、营销等相关领域都有赋能产业转型升级的空间。生成式人工智能已逐渐在社会生产各个环节发挥效能，正把各个产业推向"自动化时代"。据埃森哲测算，到 2035 年，人工智能技术的应用将使制造业资产总值（GAV）增长近 4 万亿美元，年增长率达到 4.4%。下一阶段，全球各经济体将持续提高产业数字化程度，运用互联网、大数据、人工智能等新一代数字技术对产业赋能，逐步实现从生产要素到创新体系，从业态结构到组织形态，从发展理念到商业模式的全方位变革突破。②

第四，数字技能和素养推动消费者能力升级。以数字技术为标志、知识资源为依托的数字经济已成为重塑全球格局的核心动力，在日益数字化的世界，数字素养逐渐成为一种普遍的能力，体现为公民学习工作生活所具备的数字获取、制作、使用、评价、交互、分享、创新、安全保障、伦理道德等一系列素质与能力的集合。③ 公民只有具备一定的数字化技能和素养，才能更好地挖掘数据价值，使用数字化产品和享受数字化服务。作为需求端，他们对数字化资源的获取、理解和感受，将影响数字消费水平，关系数字经济整体的发展质量。提升公民数字素养有利于推动数字消费、扩大内需、增强内生动能；提升公民数字素养与技能是顺应数字经济时代发展的要求，是实现从网络大国到网络强国的必由之路。全球已有多个国家意识到数字素养的重要性并开展数字素养教育，例如，美国、日本、澳大利亚、中国等。全球

---

① "The Potentially Large Effects of Artificial Intelligence on Economic Growth（Briggs/Kodnani），Goldman Sachs，" https：//www.key4biz.it/wp－content/uploads/2023/03/Global－Economics－Analyst_ －The－Potentially－Large－Effects－of－Artificial－Intelligence－on－Economic－Growth－Briggs_ Kodnani. pdf.

② 《以数字技术赋能产业转型升级》，新华网，2022 年 8 月 9 日，http：//www.xinhuanet.com/tech/20220809/f2556ebe94de42469d575c8d6d7e4b47/c.html。

③ 《提升全民数字素养与技能行动纲要》，网信中国，2021 年 11 月 5 日，http：//www.cac.gov.cn/2021－11/05/c_ 1637708867331677.htm。

各国将愈加重视公民数字素养的挖掘和培养。公民数字素养和技能日益成为衡量一个国家国际竞争力和软实力的关键指标。

## 二 中国数字经济发展特征

### （一）中国数字经济发展现状

我国深入实施数字经济发展战略，数字经济取得了一定的发展成就，总体规模连续多年位居世界第二，2021年，中国数字经济规模为20.97万亿元，占GDP的比重为18.41%，数字经济已成为中国经济增长的重要支点。① 在数字基础设施方面，我国建成了全球最大的光纤和移动宽带网络，截至2022年7月，累计建成5G基站196.8万个。固定宽带端到端用户体验速度达到51.2Mbps，速度在全球176个国家和地区中排第18位。算力基础设施达到世界先进水平，全国一体化大数据中心体系基本建成，截至2022年6月，数据中心机架总规模已超过590万个。在数字产业方面，2021年全国软件业务收入达9.6万亿元，工业互联网核心产业规模超1万亿元，大数据产业规模达1.3万亿元，2012~2021年云计算产业规模年均增速超过30%。产业数字化方面，截至2022年6月底，全国工业企业关键工序数控化率、数字化研发设计工具普及率分别达55.7%、75.1%，比2012年分别提升31.1个百分点、26.3个百分点；网络零售市场规模连续9年居世界首位，近10年年均增速达29.15%。公共服务方面，全国一体化政务服务平台基本建成，电子政务在线服务指数的全球排名从2012年的第78位上升至2022年的第9位。② 对不同地域进行细分，《中国区域数字化发展指数报告》从创新要素投入、数字基础设施、数字经济发展和数字社会建设4个层面进

---

① 李扬主编《数字经济蓝皮书：中国数字经济高质量发展报告（2022）》，社会科学文献出版社，2022。
② 《国务院关于数字经济发展情况的报告》，中国人大网，2022年11月14日，http://www.npc.gov.cn/npc/c30834/202211/dd847f6232c94c73a8b59526d61b4728.shtml。

行测算,排名前五的省市依次为广东、浙江、北京、江苏、上海。① 根据《中国数字经济发展报告（2022年）》,2013~2021年广东整体增速居全国前列,北京数字基础设施驱动力强,江苏数字科技发展快,湖南产业数字化持续推进,四川各方面数字经济发展较为均衡。《城市数字化发展指数（2022）》从数字基础设施、数字经济、数字社会3个层面对242个城市数字化发展程度进行衡量,242个城市指数平均分为54.3分,得分排名前六的城市依次是北京、上海、杭州、深圳、成都、广州。

### （二）中国数字经济发展优势

首先,公众参与程度高,数据资源丰富,数字前景广阔。数据是数字时代的生产要素,为云计算、人工智能等创新发展奠定了基础。数字技术的开发和迭代需要海量数据,中国人口众多,在数据资源生产上具有天然的优势,数据挖掘和数据开发潜力巨大。截至2021年底,中国互联网普及率为73%,远高于世界平均水平,上网人数达10.32亿人,移动电话用户总数达16.43亿户,其中5G移动电话用户达3.55亿户,约占全球的3/4,网络基础设施IPv6活跃用户达6.97亿户。2021年,我国数据产量达到6.6ZB,同比增加29.4%,占全球数据总产量的9.9%,仅次于美国（16ZB）,位列全球第二。近3年,我国数据产量每年保持30%左右的增速。② 2019年,中国跨境数据流远超包括美国在内的其他10个国家和地区。中国跨境数据流的占比为23%,中国的领先地位主要来源于其与亚洲其他地区的联系。中国14亿人口所带来的超大需求规模稳居世界首位,人口多、市场规模大、应用前景广阔。依托于庞大的互联网用户,中国诞生了许多世界级数字经济企业,例如,腾讯、阿里巴巴、百度、蚂蚁金服、小米、京东、滴水旅游等7家互联网企业跻身全球互联网前20名。

---

① 《中国区域数字化发展指数报告 简版全文：各省份数字化发展水平"方位图"》,凤凰网,20221年3月24日,https://finance.ifeng.com/c/84sRrMpbC0y。
② 《关于数字经济发展情况的报告》,中国政府网,2022年11月28日,http://www.gov.cn/xinwen/2022-11/28/content_5729249.htm。

其次，我国信息基础设施处于国际先进水平。信息基础设施是以数据创新为驱动、以通信网络为基础、以数据算力设施为核心的基础设施体系。[①] 中国信息基础设施是国家基础设施和新基建的交集，是国家战略性、先导性、关键性的基础设施。我国深入实施"宽带中国"战略，建成了全球最大的光纤和移动宽带网络，截至2021年底，光缆线路长度达5481万公里。截至2022年7月，已许可的5G中低频段频谱资源共计770MHz，已许可的5G中低频段频谱资源总量位居世界前列。我国累计建成开通196.8万个5G基站，5G普及率已超过美国。截至2022年6月，数据中心机架总规模超过590万个，建成153家国家绿色数据中心，全国一体化大数据中心体系基本建成。[②] 基础设施建设先行为中国数字经济的发展奠定良好基础，数字基础设施建设赋能数字经济发展，是打造数字未来的底座。

最后，中国制度优势明显，组织领导体制健全，较为完整的政策体系为数字经济发展提供了支撑。各级党委和政府高度重视，国家决策层从顶层设计层面出台了多项专门的战略规划，习近平总书记多次就数字经济的发展发表重要讲话，为中国数字经济的发展提供了指引方向，各级地方政府部门也高度重视，并纷纷按照指引因地制宜采取各类具体措施。以数字基础设施为例，新型基础设施建设具有规模大、涉及产业广、投资多等特点，高昂的建设成本需要多方的共同支持，我国具备集中力量办大事的制度优势，组织各类资本力量积极参与，为数字经济发展奠定良好基础。另外，自上而下形成的宽松、包容的数字经济相关政策法规体系为打造数字社会营造了良好的环境。据统计，2021年，我国各省份共计出台了216个与数字经济相关的政策。其中，包括32个顶层设计政策，6个数据价值化政策，35个数字产业化政策，54个产业数字化政策，89个数字化治理政策。[③] 政府、企业、民

---

[①] 《数字基础设施：打造数字未来坚实底座》，人民网，2022年11月11日，http://finance.people.com.cn/n1/2022/1111/c1004-32563996.html。

[②] 《加速绿色数据中心建设"低碳"算力助力数字经济发展》，中国人大网，2022年11月18日，http://www.gov.cn/xinwen/2022-11/18/content_5727744.htm。

[③] 中国信息通信研究院：《中国数字经济发展报告（2022年）》，2022年9月。

众对数字经济的认识统一，为数字经济发展营造良好氛围，促使数字经济的潜能得以释放。

### （三）中国数字经济发展存在的问题

第一，关键技术受制于人，创新型人才供给存在缺口。尽管我国数字产业的创新能力已取得明显进步，但由于发展时间短、基础研究能力不足等问题，云计算、工业数字化、工业设计、工业互联网、智能制造、虚拟专网、工业机器人等方面的技术储备仍有待加强，集成电路、工业软件、操作系统、高端通用芯片等核心技术与世界先进水平还有较大差距。在人才储备方面，我国数字产业也存在创新型人才数量不够、分布不均衡的情况。首先，人工智能、工业互联网、新基建、无人驾驶、半导体等前沿产业需要高水平创新人才进行研发。其次，在顶层设计上，我国积极鼓励制造业、农业、服务业、交通、物流、银行、保险等传统行业和传统领域的数字化改造，各行各业的数字化转型需求日益迫切。最后，在数字化转型的推动下，人力资源管理、财务管理、行政管理等一些传统行业都对数字技术提出了更高的要求，许多职位都需要掌握数字技术的复合型人才。《产业数字人才研究与发展报告（2023）》对国内互联网、智能制造、智能汽车、人工智能、金融等11个重点产业的数字人才发展情况进行了梳理与分析，估算结果表明数字化综合人才总体缺口在2500万~3000万人，且缺口仍在持续扩大。此外，我国85%的数字人才分布在产业的研发领域，深度分析、先进制造、数字营销等领域的人才总计不足5%。[1]

第二，数字鸿沟会加剧区域经济发展的不平衡，阻碍我国创新发展的进程。一是区域数字鸿沟明显。我国数字经济累计量大、增速快，但地区数字经济发展不平衡问题突出。以广东、北京、浙江等为代表的东部地区数字经济发展起步较早，基础设施投资周期长，互联网发展时间长，形成了浓郁的数字经济发展氛围。而以内蒙古、山西、青海等为代表的省份，数字经济起

---

[1] 中国联通研究院：《"2022全球数字经济大会"点燃数字文明之路》，2022年9月。

步较晚,现有的数字基础设施和产业不足以支撑数字经济的协调发展。数字经济通过产业数字化和数字产业化优化产业结构,通过降低生产成本和提高创新效率改善市场环境,从而赋能城市创新。数字鸿沟将导致区域间创新能力和发展能力差距进一步拉大,影响我国整体经济高质量发展。二是城乡在获取数字资源方面存在一定差距。数字经济的用户主要集中在城市地区,《中国互联网络发展状况统计报告》显示,在我国9.04亿网民中,城镇网民占比高达71.80%,而农村网民仅占28.20%。社会越来越强调数字知识和技能的重要性,以及互联网在经济增长和创新中的作用,没有这些技能的个体无法获得和分享重要的信息与知识,这将限制个体的创新能力和发展潜力。三是我国不仅有数字化水平世界领先的企业,还有一大批数字化投资小、数字化水平低的企业。数字鸿沟主要存在于传统制造企业与新技术、数字化企业之间以及大企业与中小企业之间,中小企业受资金等的约束,数字化转型能力相对较弱。在数字技术应用方面缺乏必要的资源和技能的企业无法充分利用数字优势进行创新,或只能在有限的领域进行创新,无法拓展更广阔的市场空间。

第三,产业数字化整体渗透率低,影响创新能力和效率。产业数字化可以显著提高企业研发资金的供给效率和使用效率,提高产业数字化程度是促进创新的重要手段之一。但当前我国在产业数字化进程中主要面临三类问题。一是部分制造企业设备依赖进口,各国际厂商提供的工业数字化设备网络接入和工业软件交互标准不统一,难以实现互联互通,构建一体化工业互联网平台。① 二是第一产业数字化进展缓慢,第二产业数字化程度比较低。服务业是数字化进程最快的领域,尽管我国工业数字化正积极从消费向生产扩散,但由于生产的自然属性等因素,第一产业数字化进程仍然滞后,第二产业数字化步伐正在加快,但与第三产业相比仍处于较低水平。消费互联网普及率高、需求旺盛,而产业互联网处于起步阶段,市场尚未得到有效开

---

① 《加快传统产业数字化转型》,求是网,2022年11月8日,http://www.qstheory.cn/qshyjx/2022-11/08/c_1129109757.htm。

发。三是不少中小企业体量小、收入低、数字化技术需求不一，虽然数字化愿望强烈，但受限于劳动力和资金，往往"心有余而力不足"。互联网数据中心（Internet Data Center，IDC）发布的《中国中小企业生存现状报告》显示，中小企业数字化程度较低，信息与通信技术（ICT）总支出约占中国企业ICT总支出的30%。大多数中小企业仅基于二维码、条码等识别技术实现数据采集，只有不到25%的企业在关键业务系统之间集成应用，使用大数据分析技术支持生产经营决策的企业甚至不超过5%。

### （四）中国数字经济发展建议

高质量数字人才是数字经济发展的核心要素，推动数字经济实现高质量发展，必须大力推动数字经济创新人才培养，提高全民数字素养和技能。高校需根据本国数字经济发展需求调整学位类型和课程体系，加强教师的数字化技能培训和数字化意识，提供数字化相关的设备与配套设施，为学生提供多样化的数字化学习资源和支持，建成高校与数字企业产教融合协同育人机制。2021年，爱尔兰政府推出"就业实习经验计划"，通过23所高校开设短期高等教育微证书项目，涵盖科学、工程、信息通信技术等领域的课程。美国研究型大学在专业课程体系和组织机构变革以适应数字化社会方面展开了积极的尝试，例如，2018年卡内基梅隆大学开设了全美第一个人工智能学士学位，其核心课程包括计算机科学、数理统计、机器学习、人文艺术等；斯坦福大学于2019年成立了人工智能研究院，集聚了计算机科学、神经科学、经济学、哲学等学科专业研究人员和业界专家，共同组成研究团队开展人工智能相关前沿课题研究。由于现有人才储备在短时间内难以充分满足社会数字化转型的需求，尤其是高层次数字人才稀缺、培养周期长，根据本国的数字产业发展特征，有针对性地出台跨国技术移民政策也是扩充数字人才队伍的选择。2022年1月，为吸引更多与计算机技术等专业相关的国际人才，美国推出新政策允许符合条件的科学、技术、工程和数学（STEM）领域的访问学生完成最长36个月的学术培训，而其他专业领域的国际学生这一时间为12个月。① 德国2020年正式生效的《劳动技术移民法》取消此前非大学教育技术人才引进的限制,针对信息通信技术等行业高技能人才简化签证申请流程,这些高技能人才可在一定条件下获取永久居留权。② 随着数字技术对生产生活的进一步渗透,全民数字素养的重要性日益凸显,需逐步推广数字技术应用、加强数字安全教育、普及数字知识和提供数字咨询培训服务。法国政府在2021年推出"教育数字领地"项目,对教师和学生家庭的数字设备、教育内容进行全方位部署。德国联邦教研部"职业教育中的数字媒体"计划斥资1.5亿欧元,帮助职业教育更多研发与使用数字媒体、"网络2.0"和移动技术,侧重资助医疗卫生职业培训中的数字媒体、职业教育中的虚拟和增强现实等专门的培训或专门的数字媒体技术。③

区域数字经济失衡主要受技术创新集中在发达地区、生产要素向高回报地区集聚、新兴产业发展依赖市场、落后地区数字基础设施薄弱等因素影响。④ 面对区域数字经济发展失衡的问题,一方面,可考虑通过制度或法律等方式强化大型互联网企业社会责任。发达地区的大型互联网企业凭借其市场支配地位攫取大部分利润,同时为实现效益最大化,他们更倾向于在主要市场和经济中心投资,这将加剧区域数字鸿沟。大型互联网企业更多地承担社会责任,将增强数字经济发展的包容性和可持续性。⑤ 例如,2018年,欧盟委员会裁定谷歌滥用其市场支配地位,限制其他公司经营,对其施以50亿美元的反垄断罚款,以确保互联网企业的行为有利于经济社会的健康发

---

① 《美国政府推出新政策以吸引科技等领域国际学生》,财联社,2022年1月23日,http://biz.jrj.com.cn/2022/01/23102034235886.shtml。
② 《世界各国如何构建数字人才体系》,光明网,2022年10月13日,https://epaper.gmw.cn/gmrb/html/2022-10/13/nw.D110000gmrb_20221013_1-14.htm。
③ 《伍慧萍:德国职业教育数字化转型的项目布局》,同济大学德国研究中心,2021年6月10日,https://german-studies-online.tongji.edu.cn/e7/9f/c42a190367/page.htm。
④ 中国信息通信研究院:《中国数字经济发展与就业白皮书(2019年)》,2019年。
⑤ 中国信息通信研究院:《中国数字经济发展与就业白皮书(2019年)》,2019年。

展。① 另一方面，加强对受数字经济冲击较大地区和数字投资能力较弱地区的支持。对于经济较为落后或产业受数字技术冲击较大的地区，政府应将其作为重点扶持对象，完善数字经济顶层设计，明确落后地区数字经济发展重点和比较优势，加强基本保障，提高当地人员的数字素养。从发达国家经验来看，面对城乡数字转型鸿沟问题，可从加大农村地区数字基础设施投资、推广普及数字技术以提高当地居民数字素养和能力等方面入手。2000年，美国联邦农业部乡村发展办公室公布的乡村建设政策涉及乡村通信设施、乡村电子网络和远程教育网络设施等内容，社区越偏远、人口越稀少、收入越低的地区获得的资助越多。② 美国东北大学与负责发展智慧城市项目和技术的非营利机构 Ignite 共同领导的项目 ARA，不仅探索在农村地区提供宽带的不同方式，还探索开发和实施精准农业、教育、医疗保健、清洁能源等创新解决方案。康沃尔郡走在英国农村综合数字化战略的前列，推出了宽带、数字学习、社区数字中心和电子医疗等创新措施。数字学习和社区数字中心与当地慈善组织、艺术团体、园艺俱乐部等企业和组织合作，为当地居民提供数字技能培训课程，并引入虚拟现实等前沿技术，搭建数字沟通桥梁。

中国在发展新兴产业的同时，要注意推动传统产业在自动化、信息化方面的改造升级。一方面，推动工业数字化需建立以企业为主体、政府保驾护航、高校和研究机构提供协助的良性制造业发展合作关系，加快科技成果转化。2012年美国提出创建国家制造业创新网络（Manufacturing USA），截至2021年，已在全国范围内建立16个顶级创新中心，涵盖数字化与自动化、生物制造与清洁能源等重点领域，由政府、企业和学术界多方合作设立，并提供资金、资源和专业知识等支持创新活动，结合"政府前期投资—学术机构研究—企业后期投资与推广"，推动美国工业先进制造技术的发展。类似地，日本采用"官产学"一体化合作机制。另一方面，加快中小企业数

---

① 《欧盟决定对谷歌罚款 43.4 亿欧元》，新华网，2018 年 7 月 19 日，http：//www.xinhuanet.com/world/2018-07/19/c_ 1123146078. htm。
② 《国际乡村数字化转型建设实践与启示》，腾讯研究院，2021 年 12 月 14 日，https：//www. tisi. org/22922。

字化是国民经济数字化转型的重要基础，需提高中小企业数字化转型意识和技能、减少中小企业数字化转型的融资约束、推动数据相关的基础设施建设。首先，从战略上高度重视中小企业数字化转型。从整体来看，OECD国家中有34个已经制定了国家数字化战略，均涉及"中小企业数字化"。[①] 其次，发挥各类政策性平台的作用，为中小企业数字化转型提供公共服务。基于效益最大化原则，政府通过建立具有公共性质的平台，集成各类政策资源，为解决中小企业数字化转型中遇到的问题提供各类公共服务。2018年法国政府推出的在线平台FranceNum集聚了大量与数字化转型有关的公共与私人顾问，中小企业可在该平台咨询并获得意见。德国设立了27家中小企业4.0卓越中心，与来自各地、各领域的1000名专家合作，免费为中小企业提供数字化咨询服务。最后，为中小企业数字化转型提供更多资金支持。借鉴国际经验，可从资金支持、减税优惠、引进金融机构等角度缓解中小企业数字化困境，加快数字化转型。以西班牙为例，2021年11月，西班牙政府启动"数字工具包"计划，以助力中小企业数字化转型，企业根据规模大小获得不同额度的补贴，拥有10~49名员工的企业有望获得1.2万欧元的"数字奖金"，资金可用于企业的网站建设和互联网营销，包括域名托管、网站设计、电子商务和社交网络管理等。[②]

## 三 数字经济驱动粤港澳大湾区发展

粤港澳大湾区具备开放的环境、活跃的外资，高新技术产业蓬勃发展，是亚太地区最具活力的经济区域之一。作为我国开放程度高、经济活力强的区域之一，粤港澳大湾区是我国数字经济发展高地，形成了以深圳、广州为核心的多层次发展格局，产业集群效应明显，是我国数字经济发展的重要引

---

[①] 《推动中小企业数字化转型》，经济日报网站，2023年2月3日，http://views.ce.cn/view/ent/202302/03/t20230203_38373565.shtml。
[②] 《多国助力中小企业加快数字化转型（国际视点）》，人民网，2022年4月28日，http://world.people.com.cn/n1/2022/0428/c1002-32410589.html。

擎。数据显示，2021年广东省数字经济增加值规模达5.9万亿元，连续5年居全国首位，占GDP比重逐年提高，2019年，深莞惠经济圈的数字经济对GDP贡献率已超过65%。①

与我国其他经济区域相比，粤港澳大湾区在创新型人才储备、数据资源储备、数字产业基础和数据化治理等方面占有优势。粤港澳大湾区高水平人才和数字人才均处于净流入状态，人才平均数字化程度为26.98%，深圳则超过30%，远高于其他城市，超过25%的人才具有国际教育背景，30%为研究生及以上学历。在数据汇集方面，大湾区"9+2"城市群总数量储备超过2500EB，约占全国的21.5%。② 在数字基础设施方面，粤港澳大湾区是全国一体化大数据中心算力网络体系八大枢纽之一，拥有广州、深圳两大国家级超算中心，已形成以穗港深为核心、阶梯式辐射周边的产业布局，物联网产业链条较为完善。据中国电子信息行业联合会数据，在2021年电子信息10强企业中，华为、TCL、比亚迪等均位于粤港澳大湾区。在2021年世界500强企业榜单中，中国有11家信息与通信技术企业上榜，粤港澳大湾区有4家。此外，粤港澳大湾区还有4.3万家国家级高新技术企业。在数字化治理方面，2022年广东创新推出粤复用、粤公平、粤基座、粤优行等一批国内领先的标志性政务应用成果，经过5年的建设，广东已形成"12345+N"的业务体系，③ 广东已连续4年在省级政府一体化政务服务能力评估中稳居全国前列，④ 数字政府建设成效显著。

基于粤港澳大湾区协同创新发展中的产业同质化、创新要素流动约束、

---

① 朱金周、方亦茗、岑聪：《粤港澳大湾区数字经济发展特点及对策建议》，《信息通信技术与政策》2021年第2期，第15~21页。
② 普华永道、中山大学数字治理研究中心：《粤港澳大湾区数字治理研究报告2022》，2022。
③ "1"指牵头一个要素市场；"2"指构建两个法规体系；"3"指三大支撑体系；"4"指瞄准四个主攻方向；"5"指突出五大产研带动；"N"指系列标志性成果，持续打造粤省事、粤商通、粤政易、粤省心、粤智助、粤优行、粤治慧、粤公平等"粤系列"平台，取得数字财政、智慧水利、数字住建、智慧医院、智慧消防等一大批数字政府创新成果。
④ 《广东全面推动"数字湾区"建设，通过粤港澳三地"五个通"实施"湾区通"工程》，21经济网，2023年2月8日，https://www.21jingji.com/article/20230208/herald/5d50e911cad04d47c42b9e58f1da5e82.html。

创新资源共享不充分等问题，结合粤港澳大湾区独有的数字经济发展优势和数字经济特点，数字经济将赋能粤港澳大湾区高质量发展。

第一，数字经济将弱化地理因素影响，提升资源配置效率，优化产业布局，促进各城市之间产业优势互补、紧密协作、联动发展，提高产业协同创新能力。珠三角地区产业门类齐全，产业链条完善，珠三角自主创新示范区等也取得了一定成效，但还存在重复投入和重复建设的现象，如深圳、东莞和珠海内部工业同构系数均达 0.9 以上，中山、佛山和珠海之间的系数也在 0.8 左右，①无法将有限的资源聚焦于支持本地优势领域。数字经济可将传统的地理集聚和地理协同转变为线上集聚和线上协同，优化粤港澳大湾区的产业空间布局，减少城市之间产业同质化恶性竞争问题，使区域协同创新作用得到充分发挥。

第二，弱化行政界限，提高粤港澳大湾区创新要素跨境流动水平。粤港澳三地不同法律、不同关税区、不同货币等制度约束存在，各地之间的创新力量自成体系、独立运行、分散重复，整体创新协同水平较低，粤港澳大湾区的人流、物流、资金流和信息流等要素的加速流动必须借助数字化手段，推进粤港澳三地深度合作。例如，粤港澳大湾区首个跨境数据验证平台于 2022 年 3 月上线，首阶段围绕金融信息进行试验，为粤澳两地机构提供了高效的跨境数据验证基础设施和便捷的跨境服务体验，中国建设银行横琴分行、中国银行澳门分行等已相继接入平台。

第三，打造高水平科技载体和平台，提升不同创新主体顺畅对接和协同行动的能力，提升产学研融合水平，推进科技资源开放共享。粤港澳大湾区尚未建立统一的科技信息资源共享体系和平台，在科学数据、专家库、重点实验室等创新资源方面的共享还不充分，高校、科研院所、企业的产学研协同发展不足，基础研究的优势与完善的产业链优势未能有效融合。数字化平台能够降低创新主体之间的交易成本、信息成本和时间成本，提高产学研协

---

① 《深入推进粤港澳大湾区高水平协同发展》，智库中国网，2022 年 12 月 27 日，http://www.china.com.cn/opinion/think/2022-12/27/content_ 85028361.htm。

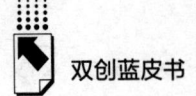

同创新意愿。数字经济下的共享经济具有"使用而不占有"的特征，也能激活大量未得到有效配置的创新资源，为产学研主体协同创新带来新动能，有利于构筑产学研相协同、大中小企业相融合的创新发展格局。2019年正式上线的广东省科技资源共享服务平台即为省级大型仪器设施开放共享网络核心节点，是引导省直部门、地市政府、高校院所、骨干企业等现有科技资源平台无缝对接的省级共享平台，目前总计开放共享科学数据4366个、科研仪器13316套，[①] 为个体研发或生产对接所需科学资源。

**参考文献**

陈劲、李佳雪：《数字科技下的创新范式》，《信息与管理研究》2020年第Z1期。

陈明明、张文铖：《数字经济对经济增长的作用机制研究》，《社会科学》2021年第1期。

陈永伟、曾昭睿：《机器人与生产率：基于省级面板数据的分析》，《山东大学学报》（哲学社会科学版）2020年第2期。

党琳、李雪松、申烁：《数字经济、创新环境与合作创新绩效》，《山西财经大学学报》2021年第11期。

复旦大学发展研究院金砖国家研究中心：《金砖国家数字经济与智慧城市发展》，2022年6月21日。

郭朝先、刘艳红：《中国信息基础设施建设：成就、差距与对策》，《企业经济》2020年第9期。

郭吉涛、梁爽：《共享经济如何作用于新旧动能转换：驱动机制和影响机理》，《深圳大学学报》（人文社会科学版）2020年第6期。

韩璐、陈松、梁玲玲：《数字经济、创新环境与城市创新能力》，《科研管理》2021年第4期。

李川川、刘刚：《数字经济创新范式研究》，《经济学家》2022年第7期。

李挥、黄燕玲：《数字经济助力粤港澳大湾区发展路径研究》，《广东经济》2022年第12期。

---

[①] 《广东省科学技术厅关于印发《广东省科学技术厅关于深入推进重大科研基础设施与大型科研仪器开放共享的若干措施》的通知》，广东省人民政府网站，2023年3月20日，https://www.gd.gov.cn/zwgk/zcjd/snzcsd/content/post_4136715.html。

李志坚、叶茂桂：《粤港澳大湾区推进协同创新发展的问题与对策》，《科技中国》2019年第10期。

刘军梅、谢霓裳：《国际比较视角下的中国制造业数字化转型——基于中美德日的对比分析》，《复旦学报》（社会科学版）2022年第3期。

马玥：《数字经济赋能经济高质量发展的机理、挑战及政策建议》，《求是学刊》2022年第6期。

邱洋冬：《数字经济发展如何影响企业创新》，《云南财经大学学报》2022年第8期。

邱子迅、周亚虹：《数字经济发展与地区全要素生产率——基于国家级大数据综合试验区的分析》，《财经研究》2021年第7期。

童锋、张革：《中国发展数字经济的内涵特征、独特优势及路径依赖》，《科技管理研究》2020年第2期。

万晓琼、王少龙：《数字经济对粤港澳大湾区高质量发展的驱动》，《武汉大学学报》（哲学社会科学版）2022年第3期。

王春英、李金培、黄亦炫：《数字鸿沟的分类、影响及应对》，《财政科学》2022年第4期。

王桂军、李成明、张辉：《产业数字化的技术创新效应》，《财经研究》2022年第9期。

尹西明、陈劲：《产业数字化动态能力：源起、内涵与理论框架》，《社会科学辑刊》2022年第2期。

岳宇君、张磊雷：《企业信息化、技术创新与创业板公司高质量发展》，《技术经济》2022年第3期。

张鸿、董聚元、王璐：《中国数字经济高质量发展：内涵、现状及对策》，《人文杂志》2022年第10期。

张振刚：《以数字技术创新推进创新体系变革》，《财经界》2022年第17期。

中国联通研究院：《"2022全球数字经济大会"点燃数字文明之路》，2022年9月。

中国信息通信研究院：《全球数字经济白皮书（2022年）》，2022年12月。

中国信息通信研究院：《中国数字经济发展报告（2022年）》，2022年9月。

周适：《中小企业发展面临的趋势、问题与支持战略研究》，《宏观经济研究》2022年第7期。

紫光集团数字中国研究院：《城市数字化发展指数（2022）》，2022年。

UNCTAD: "Digital Economy Report 2021," September 2021, https://unctad.org/publication/digital-economy-report-2021.

M. Peitz, J. Waldfogel, *The Oxford Handbook of the Digital Economy*, OUP Catalogue, Chapter 1, Internet Infrastructure, 2012.

T. J. Sturgeon, "Upgrading Strategies for the Digital Economy," *Global Strategy Journal* 1

(2021).

"The Potentially Large Effects of Artificial Intelligence on Economic Growth ( Briggs/Kodnani)," https://www.key4biz.it/wp-content/uploads/2023/03/Global-Economics-Analyst_-The-Potentially-Large-Effects-of-Artificial-Intelligence-on-Economic-Growth-Briggs_Kodnani.pdf.

# 后 记

《双创蓝皮书：中国双创发展报告》是由深圳大学中国经济特区研究中心、一带一路国际合作发展（深圳）研究院、北京大学、中山大学、深圳市社会科学院等高等院校与著名智库共同组建的学术队伍倾力打造的一个学术品牌，由国务院参事、国务院推进政府职能转变和"放管服"改革协调小组专家组成员、深圳大学理论经济学博士后合作导师王京生先生担任主编，原深圳大学党委副书记、纪委书记，现深圳大学中国经济特区研究中心主任、一带一路国际合作发展（深圳）研究院院长陶一桃教授担任执行主编。《双创蓝皮书：中国双创发展报告（2022~2023）》的完稿离不开深圳大学王淑婷、陈楷彬、马宇浩3位同学前期做的数据整理工作，在此向这3位同学表示衷心的感谢。

《双创蓝皮书：中国双创发展报告（2022~2023）》通过借鉴国际前沿双创指标评价体系，结合我国双创发展的现实特征，重点关注企业等创新创业发展主体，构建与时俱进的反映创新创业全过程生态链的中国双创指数评价体系，力求客观准确全面地评估中国双创发展状况，总结提炼我国双创发展的内在规律和示范经验，以期为科技自立自强及国家建设贡献思想、智慧与路径。

《双创蓝皮书：中国双创发展报告（2022~2023）》分为4个部分：总报告、中国双创指数篇、前沿篇和国际篇。其中，总报告构建了由35项统计指标组成的中国双创指数评价体系，并通过数据汇总和系统计算对全国100座主要城市的双创发展近况进行评估；指数篇基于总报告的双创指数评价体系，逐级评估本年度的城市双创发展状况，描绘城市双创发展的整体轮廓，接着深入挖掘各级双创指标间的共生关系，重点分析一级指标的相关性；前沿篇以地理区域为分析基点，首先对比分析我国东部、中部、西部和东北四大区域的城市双创发展现状和动态变化，接着聚焦大健康产业和"互联网+"数字化转型平台建设等新兴的双创产业以及双创典范城市——深圳的创新创业发展新趋势，并对广东省高等教育发展进行了分析；国际篇根据2022年两个全球创业指数公布的内容，分析中国及部分城市的创业发展近况，以及从不同维度上与中国双创指数进行比较，同时融合时代特性分析数字化对创业活动的驱动作用。

# Abstract

In 2022, Xi Jinping emphasized in his 20th National Congress report that from now on, the central task of the CPC is to unite and lead the people of all nationalities to fully build a strong socialist modern state, achieve the second century goal, and comprehensively promote the great rejuvenation of the Chinese nation with Chinese-style modernization. Based on the long-term exploration and practice since the founding of New China, especially since the reform and opening up, and after the innovative breakthroughs in theory and practice since the 18th National Congress, our Party has successfully promoted and expanded Chinese-style modernization. Chinese-style modernization is a modernization with a huge population, a modernization with com-mon prosperity for all people, a modernization with harmonization of material and spiritual civilization, a modernization with harmonious coexistence between human beings and nature, and a modernization following the road of peaceful development. In the process of Chinese-style modernization, it is the requirement of the new era to make innovation the first driving force of Chinese-style modernization. Therefore, a timely, accurate and comprehensive assessment of the development of innovation and entrepreneurship in China is of great practical significance to stimulate market vitality and social creativity, promote the high-quality development of China's economy and build Chinese-style modernization.

Against this background, the *Annual Report on the Development of China's Innovation and Entrepreneurship* (2022 – 2023) is built from the perspective of the innovation and entrepreneurship ecological chain of environment-resources-perfor-mance, with the primary indicators of environmental support, resource allocation and performance value, 11 secondary indicators and 35 tertiary indicators. Based on the criteria of city economic development and regional balance, 100 cities are selected as samples for the study, and the development of dual innovation in China is measured based on the cities and the whole country. The evaluation results show that Beijing, Shenzhen and Shanghai have been ranked as the top three cities in China's dual-innovation index for six consecutive years, and new first-tier cities such as Chengdu, Hangzhou and Nanjing have shown outstanding performance, reflecting that the construction of new highlands for dual-innovation development in China is beginning to show results.

In addition to the comprehensive evaluation and analysis of each city, the book also reveals the characteristics of China's dual-innovation development at multiple levels, reflecting the contemporary and forward-looking nature of dual-innovation development. It includes both a micro focus on the digital transformation of enterprises and a macro comparison between domestic regions and the international level. As for the development of dual-innovation industry, big health industry and digital platform construction have become emerging industries with great potential for dual-innovation; as for the development of dual-innovation in domestic regions, the situation that the eastern region is dominant across the board remains unchanged, but the development of each region is more balanced, and the western region has achieved a slight advantage over the central region; as for the development of international dual-innovation, although China has slightly regressed in terms of entrepreneurial performance, the overall entrepreneurial environment and entrepreneurial In terms of international dual venture development, although China has slightly regressed in terms of entrepreneurial performance, the overall entrepreneurial environment and entrepreneurial activities are still at a high level, especially in the context of global digitalization, China's entrepreneurial ecology will rise to a new stage.

**Keywords**: Innovation and Entrepreneurship City; Innovation and Entrepreneurship Index; Innovation and Entrepreneurship Form

# Contents

## I  General Report

**B.1**  China's Innovation and Entrepreneurship Development
Report (2022-2023)  *Li Fan, Chen Qiao* / 001
    1. Macro-Background and Research Significance  / 002
    2. Mass Innovation and Entrepreneurship Index Construction
       and Evaluation Mechanism  / 005
    3. Evaluation Results and Comprehensive Analysis  / 010
    4. Basic Judgements and Suggestions  / 017

**Abstract:** At present, the new round of scientific and technological revo-lution and industrial change is accelerating globally, and actively promoting innovation and entrepreneurship is conducive to opening up new fields and tracks for economic development and generating more new technologies and industries. To analyze the development of the China Innovation and Entrepreneurship, this report constructs the China Innovation and Entrepreneurship Index consisting of 35 statistical indicators, and evaluates the recent development of dual innovation in 100 major cities through data aggregation and systematic calculation. The results show that Beijing, Shenzhen and Shanghai ranked the top three in the overall China Innovation and Entrepreneurship Index for five consecutive years. Based on the results of the 3 dimensions of environmental support, resource capacity and perfor-mance value, this report further analyzes the top 10 cities in China and compares their characteristics. Finally, targeted suggestions are made in terms of strengthening policy support for science and technology innovation, enhancing enterprises' innovation capability and stimulating talents' innovation vitality.

**Keywords:** Index of Innovation and Entrepreneurship; Innovation and Entrepreneurship City; Innovation and Entrepreneurship

# Ⅱ China Innovation and Entrepreneurship Index

**B.2** Analysis of the Ranking by the Index for Mass Entrepreneurship and Innovation　　　*Huang Yiheng, Li Gui and Ma Ruiying* / 021

**Abstract:** Because of COVID-19 and the negative macro shocks like the global growth slowing down, the Index for Mass Entrepreneurship and Innovation (IMEI) of year 2021 kept declining. The change of IMEI differs from previous year. First, the IMEI of cities with high initial scores declined much slower than last year. Second, the most important reason for the IMEI decline is the decline of the resource capacity score. The declines of the scores of environment support and value efficiency play moderate roles in the overall IMEI decline. By the stratification of cities, the negative macro shocks enlarge the within-group heterogeneity. The change of IMEI suggests the strong tenacity of the urban economy of China, and it is reasonable to expect a rebound of IMEI.

**Keywords:** Innovation and Entrepreneurship Index; Environment Support; Resource Capacity; Value Effciency

**B.3** Analysis of the Sub-features of Innovation and Entrepreneurship Index　　　*Li Shengli, Dong Jingwen* / 043

**Abstract:** This report analyzes the ranking of the top 100 cities for entrepreneurship and innovation from three aspects: environmental sub-characteristics, resource sub-characteristics, and performance sub-characteristics. The analysis shows that the overall performance of the environment for entrepreneurship and innovation in China is improving from the last year, and the gap between cities has also been reduced to a certain extent. Affected by the epidemic, the top 100 cities have declined in terms of resources for entrepreneurship and innovation, but some cities have still made great progress, such as Baotou and Dezhou. In terms of the performance of entrepreneurship and innovation, the overall performance increased compared with the previous year, and the increase in low-segment cities was greater than that of high-segment cities. At the same time, the gap between the performance cities and the difference between the range of high-segment cities and low-segment cities are narrowing. The performance of entrepreneurship and innovation generally shows a trend of improvement and concentration.

**Keywords**: Sub-characteristics; Environment Support; Resource Capacity; Value Effciency

**B.4** Analysis of Main Indicators of Innovation and Entrepreneurship
*Miao Lu, Huang Xiaolin and Jiang Zijian* / 079

**Abstract**: In the context of the new era, innovation has become an impor-tant breakthrough for high-quality development in the face of many unexpected factors around the world and the triple pressure of domestic economy. Based on the entrepreneurship and innovation index evaluation system, this chapter extracts key indicators under three dimensions of environmental support, resource capability and performance value for in-depth analysis. At the same time, in order to clarify the internal logic of mutual influence between different dimensions, correlation analysis is carried out between different dimensions respectively. Finally, from the perspective of development situation, the mutual support and influence between various dimensions at different levels jointly constitute a good innovation ecology for urban entrep-reneurship and innovation development. The coordination between entrepr-eneurship and innovation environment, resources and performance should be strengthened to build an efficient innovation community.

**Keywords**: Entrepreneurship and Innovation Index Evaluation System; Environmental Support; Resource Capability; Performance Value

## Ⅲ  Regional Articles

**B.5** Analysis of the Overall Situation of the Region Based on the Mass Entrepreneurship and Innovation Index

*Chen Tinghan* / 114

**Abstract**: In the year 2021, the overall situation of the world has not improved. The global epidemic continues, and fundamentals have not improved; Logistics disruptions affect global supply chains; Chip scarcity, commodity prices soared, and the industrial chain was impacted; Rising global debt, flooded liquidity, and heightened financial market volatility; After US President Biden took office, he continued Trump's containment strategy against China, while relations between NATO and Russia continued to deteriorate, and global geopo-litical security issues were prominent. In the context of the deterioration of external factors, the development of China's Mass Entrepreneurship and Innovation has also changed. In order to further grasp the changing trend of China's Mass Entrepren-eurship and Innovation development in 2021, the "Regional Chapter" of China's Mass Entrepreneurship and Innovation focuses on the progress and changes of China's Mass Entrepreneurship and Innovation undertakings through comparative analysis and other means from a regional perspective, using the evaluation system of China's Mass Entrepreneurship and Innovation Index. From the overall characteristics, under the background of no improvement in external factors, the development of Mass Entrepreneurship and Innovation has not ended the downward trend since 2020. The eastern region has further consolidated its own advantages, and the western region has surpassed the central region; Among the key cities, the biggest change is that Beijing has surpassed Shenzhen to become the best performing city in the country for Mass Entrepreneurship and Innovation development. For the first time since 2018, Shenzhen relinquished its top spot. Compared with other mega cities, Beijing, Shenzhen and Shanghai have further consolidated their advantages; In terms of the analysis of the top 100 cities, from the perspective of environment, the performance of all regions in the country is better than that of the previous year, and the overall environment of Mass Entrepreneurship and Innovation continues to be optimized. From the perspective of resources, due to external influences and the impact of the global financial market, the level of resources in various regions of the country has declined greatly, but the investment in science and technology and human resources have continued to improve, indicating that the focus of resource investment in various regions in China has gradually shifted from finance to investment in high-end factors such as science and technology and talents. From the performance point of view, the national industrial and innovation performance has improved, and the central and western regions are catching up with the eastern region, but there is still a big difference with the eastern region in terms of entrepreneurial acti-vity. From the perspective of the overall level of Mass Entrepreneurship and Innovation, the eastern region has established a more obvious advantage in all aspects, and the western region has a relatively stable intermediate level, but the overall degree of balanced development is not as good as that of the central region. The northeast region is still on the verge of the development of the nation's Mass Entrepreneurship and Innovation, and it needs further relief.

**Keywords:** Regional Comparison; Sub-features; Performance Value

**B.6** Analysis on the Development of Shenzhen's General
Health Industry                     *Lai Mianshan, Liu Yunxiang* / 123

**Abstract:** The sound development of the health and related industries is an inevitable demand after the continuous improvement of China's economy and people's living standards. It is also a critical component of the transformation of China's economy to high-quality development. Shenzhen, as one of the leading cities in innovation, has unique advantages in innovations in various health related industries like medical devices, biotechnology, and digital medicine industries. At the same time, the average age of residents in Shenzhen is lower than that of other cities, thus the demand for products and services in the medical beauty and cosmetics industries is relatively active. As the first generation of city builders are gradually aging, Shenzhen's rehabilitation and elderly care industry will face greater supply pressure in the future. This report, on the basis of analyzing the status quo of Shenzhen's population and medical and health conditions, takes the policy dynamics of local health and the big health industry as an entry point to analyze the dynamics Shenzhen's general health industry. Post-epidemic era in terms of changes in consumer characteristics, aging and elderly care services, digital medical care are three main aspects that to be considered for the development of Shenzhen's general health industry.

**Keywords**: Shenzhen; General Health Industry; Rehabilitation and Elderly Care; Digital Medical Care

**B.7** The Construction of "Internet+" Digital Transformation Platform of China Salt Changzhou Chemical Co., Ltd

*Li Jinglin, Gu Liujie, Sun Yongdeng and Gu Jingjing* / 139

**Abstract**: China Salt Changzhou Chemical Co. Ltd, a subsidiary of China National Salt Industry Group, is a state-owned enterprise with a history of nearly 70 years, and with the need to grasp the new development stage, implement the new development concept and build a new development pattern, it has become a top priority to formulate a series of major strategic adjustments of overall significance. The construction of digital transformation platform is an urgent need to accelerate transformation and upgrading, build a first-class chemical enterprise, and also the only way to improve the corporate governance system and achieve high-quality development. Relying on the "intelligent transformation and digital transformation" action plan, the digital transformation platform covers data management, deviation management and decision-making management, involving comprehensive budget management, safety management, equipment management, total quality management, inspection, performance management, occupational health and safety, environmental protection, energy and other management elements. Automatic supervision of closed-loop and other functions. This report sorts out the background of the construction of the "Internet +" digital platform, the current implementation status, and the importance to the development of enterprises, reveals the operation logic of the platform, and finally looks forward to its development prospects.

**Keywords:** Digital Transformation; Salt Chemical Industry; Chia Salt Changzhou Chemical Co. Ltd

**B.8** 2022 Development of Mass Entrepreneurship and Innovation and It's Enlightenment to Shenzhen　　　　　*Li Tong* / 155

**Abstract:** In 2022, The 20th CPC National Congress held successfully, while the international surroundings got worse and worse. The Mass Entrepreneurship and Innovation achieved positive progress in process of stabling economy, preventing COVID-19 and safety development. the statistics shows that tech development indicators is relative with level of local economy development, which indicate the Mass Entrepreneurship and Innovation played a positive pulling-effect in economy and employment. The report summarizes the process and characteristics of Mass Entrepreneurship and Innovation in 2022 and in the background of building the Guangdong-Hong Kong-Macao Greater Bay Area, discuss the development situation of future. At last the report gives some suggestions on the issue.

**Keywords:** Innovation and Entrepreneurship; Shenzhen; Guangdong- Hong Kong-Macao Greater Bay Area

**B.9** Analysis of the Development of the Higher Education System in Guangdong Province　　　　*Luo Yifeng* / 167

**Abstract:** Higher education is one of the most important driving forces of innovation and sustainable development, especially during times of regional conflicts and global turbulences. In Guangdong Province, the higher education system is actively promoting the integration of industry and education and encouraging cooperation among university alliances, which, in turn, lead to the holistic development of the higher education system. Guangdong Province can continue to take its higher education system to the next level by focusing on the following aspects: education resource allocation, educational technology, mental health education, evaluation system upgrading, and sustainable development and social responsibility education.

**Keywords:** Higher Education; Human Capital; Education Technology

## IV  International Articles

**B.10** Analysis of the Global Entrepreneurship Index
　　　　*Wang Qing, Wang Shuting and Li Miao* / 186

**Abstract:** This report mainly studies the ranking of the two global entrepreneurship and innovation indexes in 2022 and the status quo of global entrepreneurship and innovation ecology reflected by them. On this basis, we compare the rankings and index composition of the above two indexes and China's entrepreneurship and innovation index, and analyze the stage of China's entrepreneurship, advantages and disadvantages, and future development opportunities. The research shows that both the Global Entrepreneur Monitor and the Global Startup Ecosystem Report show the activity of global entrepreneurship and the fierce competition at the industrial level in recent years. Although China has taken a step back in the entrepreneurial performance, the overall entrepreneurial environment and entrepreneurial activities are still at a high level, especially under the background of global digitalization, the entrepreneurial ecology in China will reach a new stage.

**Keywords**: GEM; GSER; Entrepreneurship; Digitization

**B.11** Research on Global Digital Economy Development

*Lan Sai, Wu Yingjun and Wang Qing / 221*

**Abstract**: The digital economy with digital technology and data elements as the core has continuously penetrated into all levels of the society. Digital economy that promotes innovative development is not only a new variable of economic transformation and growth, but also a new blue ocean for improving the quality and efficiency of the economy. This report mainly studies the development of digital economy of major economies in the world in recent years, clarifies the advantages and shortcomings of China's digital economy development combing with actual national conditions and gives some suggestions, finally focuses on how the digital economy help foster the collaborative innovation of Guangdong-Hong Kong-Macao Greater Bay Area. Developing digital economy is a realistic need to build a "dual circulation" development pattern and to build a new engine for high-quality development. With digital economy, China can create new national competitive advantages and seize the opportunity in the new round of industrial transformation, for which studying the development of global digital economy has great practical and strategic significance for China.

**Keywords**: Digital Economy; Innovation; Guangdong-Hong Kong-Macao Greater Bay

社会科学文献出版社

# 皮 书
## 智库成果出版与传播平台

### ❖ 皮书定义 ❖

皮书是对中国与世界发展状况和热点问题进行年度监测,以专业的角度、专家的视野和实证研究方法,针对某一领域或区域现状与发展态势展开分析和预测,具备前沿性、原创性、实证性、连续性、时效性等特点的公开出版物,由一系列权威研究报告组成。

### ❖ 皮书作者 ❖

皮书系列报告作者以国内外一流研究机构、知名高校等重点智库的研究人员为主,多为相关领域一流专家学者,他们的观点代表了当下学界对中国与世界的现实和未来最高水平的解读与分析。截至2022年底,皮书研创机构逾千家,报告作者累计超过10万人。

### ❖ 皮书荣誉 ❖

皮书作为中国社会科学院基础理论研究与应用对策研究融合发展的代表性成果,不仅是哲学社会科学工作者服务中国特色社会主义现代化建设的重要成果,更是助力中国特色新型智库建设、构建中国特色哲学社会科学"三大体系"的重要平台。皮书系列先后被列入"十二五""十三五""十四五"时期国家重点出版物出版专项规划项目;2013~2023年,重点皮书列入中国社会科学院国家哲学社会科学创新工程项目。

# 皮书网

（网址：www.pishu.cn）

发布皮书研创资讯，传播皮书精彩内容
引领皮书出版潮流，打造皮书服务平台

## 栏目设置

◆ **关于皮书**
何谓皮书、皮书分类、皮书大事记、
皮书荣誉、皮书出版第一人、皮书编辑部

◆ **最新资讯**
通知公告、新闻动态、媒体聚焦、
网站专题、视频直播、下载专区

◆ **皮书研创**
皮书规范、皮书选题、皮书出版、
皮书研究、研创团队

◆ **皮书评奖评价**
指标体系、皮书评价、皮书评奖

◆ **皮书研究院理事会**
理事会章程、理事单位、个人理事、高级
研究员、理事会秘书处、入会指南

## 所获荣誉

◆ 2008年、2011年、2014年，皮书网均在全国新闻出版业网站荣誉评选中获得"最具商业价值网站"称号；
◆ 2012年，获得"出版业网站百强"称号。

## 网库合一

2014年，皮书网与皮书数据库端口合一，实现资源共享，搭建智库成果融合创新平台。

皮书网　　"皮书说"　　皮书微博
　　　　　微信公众号

**权威报告·连续出版·独家资源**

# 皮书数据库
## ANNUAL REPORT(YEARBOOK) DATABASE

## 分析解读当下中国发展变迁的高端智库平台

### 所获荣誉

- 2020年,入选全国新闻出版深度融合发展创新案例
- 2019年,入选国家新闻出版署数字出版精品遴选推荐计划
- 2016年,入选"十三五"国家重点电子出版物出版规划骨干工程
- 2013年,荣获"中国出版政府奖·网络出版物奖"提名奖
- 连续多年荣获中国数字出版博览会"数字出版·优秀品牌"奖

皮书数据库

"社科数托邦"微信公众号

### 成为用户

登录网址www.pishu.com.cn访问皮书数据库网站或下载皮书数据库APP,通过手机号码验证或邮箱验证即可成为皮书数据库用户。

### 用户福利

- 已注册用户购书后可免费获赠100元皮书数据库充值卡。刮开充值卡涂层获取充值密码,登录并进入"会员中心"—"在线充值"—"充值卡充值",充值成功后可购买和查看数据库内容。
- 用户福利最终解释权归社会科学文献出版社所有。

社会科学文献出版社 皮书系列
卡号:926892458383
密码:

数据库服务热线:400-008-6695
数据库服务QQ:2475522410
数据库服务邮箱:database@ssap.cn
图书销售热线:010-59367070/7028
图书服务QQ:1265056568
图书服务邮箱:duzhe@ssap.cn

# S 基本子库
## SUB DATABASE

### 中国社会发展数据库（下设 12 个专题子库）

紧扣人口、政治、外交、法律、教育、医疗卫生、资源环境等 12 个社会发展领域的前沿和热点，全面整合专业著作、智库报告、学术资讯、调研数据等类型资源，帮助用户追踪中国社会发展动态、研究社会发展战略与政策、了解社会热点问题、分析社会发展趋势。

### 中国经济发展数据库（下设 12 专题子库）

内容涵盖宏观经济、产业经济、工业经济、农业经济、财政金融、房地产经济、城市经济、商业贸易等 12 个重点经济领域，为把握经济运行态势、洞察经济发展规律、研判经济发展趋势、进行经济调控决策提供参考和依据。

### 中国行业发展数据库（下设 17 个专题子库）

以中国国民经济行业分类为依据，覆盖金融业、旅游业、交通运输业、能源矿产业、制造业等 100 多个行业，跟踪分析国民经济相关行业市场运行状况和政策导向，汇集行业发展前沿资讯，为投资、从业及各种经济决策提供理论支撑和实践指导。

### 中国区域发展数据库（下设 4 个专题子库）

对中国特定区域内的经济、社会、文化等领域现状与发展情况进行深度分析和预测，涉及省级行政区、城市群、城市、农村等不同维度，研究层级至县及县以下行政区，为学者研究地方经济社会宏观态势、经验模式、发展案例提供支撑，为地方政府决策提供参考。

### 中国文化传媒数据库（下设 18 个专题子库）

内容覆盖文化产业、新闻传播、电影娱乐、文学艺术、群众文化、图书情报等 18 个重点研究领域，聚焦文化传媒领域发展前沿、热点话题、行业实践，服务用户的教学科研、文化投资、企业规划等需要。

### 世界经济与国际关系数据库（下设 6 个专题子库）

整合世界经济、国际政治、世界文化与科技、全球性问题、国际组织与国际法、区域研究 6 大领域研究成果，对世界经济形势、国际形势进行连续性深度分析，对年度热点问题进行专题解读，为研判全球发展趋势提供事实和数据支持。

# 法律声明

"皮书系列"（含蓝皮书、绿皮书、黄皮书）之品牌由社会科学文献出版社最早使用并持续至今，现已被中国图书行业所熟知。"皮书系列"的相关商标已在国家商标管理部门商标局注册，包括但不限于LOGO（ ）、皮书、Pishu、经济蓝皮书、社会蓝皮书等。"皮书系列"图书的注册商标专用权及封面设计、版式设计的著作权均为社会科学文献出版社所有。未经社会科学文献出版社书面授权许可，任何使用与"皮书系列"图书注册商标、封面设计、版式设计相同或者近似的文字、图形或其组合的行为均系侵权行为。

经作者授权，本书的专有出版权及信息网络传播权等为社会科学文献出版社享有。未经社会科学文献出版社书面授权许可，任何就本书内容的复制、发行或以数字形式进行网络传播的行为均系侵权行为。

社会科学文献出版社将通过法律途径追究上述侵权行为的法律责任，维护自身合法权益。

欢迎社会各界人士对侵犯社会科学文献出版社上述权利的侵权行为进行举报。电话：010-59367121，电子邮箱：fawubu@ssap.cn。

社会科学文献出版社